Robert Forrer

Die Kunst des Zeugdrucks vom Mittelalter bis zur Empirezeit

Robert Forrer

Die Kunst des Zeugdrucks vom Mittelalter bis zur Empirezeit

ISBN/EAN: 9783743390577

Hergestellt in Europa, USA, Kanada, Australien, Japan

Cover: Foto ©Thomas Meinert / pixelio.de

Weitere Bücher finden Sie auf **www.hansebooks.com**

Romanischer Silberdruck auf blau gefarbtem Leinen. Niederrheinische Arbeit des XII.—XIII. Jahrh. Naturgrösse.

Die

Kunst des Zeugdrucks

vom Mittelalter bis zur Empirezeit.

Nach Urkunden und Originaldrucken

bearbeitet

von

Dr. R. FORRER.

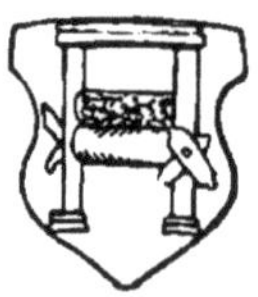

Mit 81 Tafeln, 190 Abbildungen in Licht- und Farbendruck.

Strassburg i. Els. 1898.
Verlag von Schlesier und Schweikhardt.
Druck der Aktiengesellschaft Konkordia, Bühl (Baden).

Vorwort.

In meinem vor 3 Jahren erschienenen Werke über „Die Zeugdrucke der byzantinischen, romanischen, gothischen und spätern Kunstepochen" habe ich die *Erzeugnisse* dieser Kunst in chronologischer Reihenfolge behandelt. Hier gilt es nun, ihre *Geschichte* zu verfolgen, die diesbezüglichen *Urkunden* zu studiren, die aus Diesen sich ergebenden *Techniken*, die *Druckorte* und die *Druckernamen* festzustellen. Eifriges und vom Glück begünstigtes Suchen haben mir eine unerwartet reiche Ausbeute an urkundlichem Material aller Art ergeben, trotzdem — in Folge der eigenartigen Zwitterstellung, welche die Stoffdrucker sowohl im Mittelalter, wie in den spätern Jahrhunderten einnahmen — die Quellen hier schwieriger als bei andern Künsten und Industriezweigen aufzufinden waren. Jedes andere „Kunsthandwerk" hatte seine bestimmte Zutheilung zu einer Zunft, so dass man heute sofort weiss, wo man die diesbezüglichen Urkunden zu suchen hat. Der Zeugdruck dagegen war „überall und nirgends", bald als klösterliche, bald als „freie" Kunst geübt, bald eine Beschäftigung der Maler, bald der Tuchscheerer, der Färber, der Buchdrucker u. s. w. Dazu kommt, dass das Bedrucken der Stoffe in den Urkunden bald als ein „Malen", bald als ein „Färben" oder als ein „Aufdrucken" bezeichnet wurde. Die letztere Benennung hatte wieder zur Folge, dass man ehedem alle diese „Drucker" ohne Weiteres für den Buchdruck in Anspruch nahm. Indessen hat gerade jenes im Interesse der Buchdruckergeschichte erfolgte Suchen nach Buchdruckern mir zahlreiche Urkunden geliefert, welche den Zeugdruck betreffen und sonst ohne Zweifel unbekannt geblieben wären. Andere, hier zum ersten Male veröffentlichte Urkundentexte ergänzen und bestätigen in glücklichster Weise ältere, länger bekannte Urkunden, sowie die auf Grund der Originaldrucke gezogenen Rückschlüsse. — Je mehr ich mich in das Studium dieser „Kunst" vertiefte, desto mehr Fragen drängten sich auf, für die ich in der neuern Textillitteratur vergeblich nach Aufschluss suchte, und wo schliesslich, selbst für die Zeit des XVIII. Jahrhunderts, eine Beantwortung nur auf Grund zerstreuter Notizen in alten Büchern und auf Grund der alten Stoffdrucke selbst erfolgen konnte. — Textil- und Kunst-, insbesonders Ornamentgeschichte, Zunft- und Industriegeschichte können bei solchen Untersuchungen nur gewinnen, und so hoffe ich denn, dass meine Arbeit zu weitern Forschungen anregen und dienlich sein werde. Dies sowohl im engern Rahmen, als zahlreiche Daten der Ergänzung bedürfen, wie im weitern Sinne, dass auch für andere Gebiete der Textil- und Industriegeschichte solche Spezialstudien zur Aufnahme gelangen möchten. Wie ein Blick auf die beigegebenen Tafeln zeigt, wird auch das moderne Kunstgewerbe aus solchen Arbeiten practischen Nutzen ziehen. — Sämmtliche im vorliegenden Werke reproducirten Stoffdrucke gehören, soweit nichts Anderes erwähnt ist, meiner in Strassburg befindlichen Zeugdrucksammlung an.

Allen Denen, welche mir bei der Beschaffung des nöthigen Studienmaterials, sowohl der Urkundentexte, wie der Originaldrucke, hülfreich zur Hand giengen, sei auch noch an dieser Stelle der herzlichste Dank ausgesprochen.

Strassburg i/Elsass, 1897.

Dr. R. Forrer.

Fig. 36. Blattmuster des romanischen Silberdruckes Tafel LXXXI.
$^{3}/_{4}$ der natürlichen Grösse.

Inhalt.

Tafeln I—LXXXI mit 155 Abbildungen; 36 Abbildungen im Text.

[NB. Die Maasse verstehen sich auf 1/2 der Linie (= 1/4 der Fläche)].

Alle Stoffe gehören, wo nichts Anderes angegeben ist, der Sammlung Forrer an.

Plinius Secundus über Wachsfärberei bezw. Wachsdruck in Aegypten.

Im 35sten Buche seiner „Historia naturalis" berichtet Plinius der Aeltere, nachdem er vorher von der Wachsmalerei der Alten und deren Anwendung zur Bemalung von Schiffen gesprochen hat, im XLII. Capitel über eine seltsame, in Aegypten übliche Art der Stofffärberei. Die Stelle lautet im Originaltexte wie folgt:[1])

„*De vestium pictura.* XLII. Pingunt et vestes in Aegypto inter pauca mirabili genere, candida „vela postquam adtrivere illinentes non coloribus, sed colorem sorbentibus medicamentis. Hoc „quum fecere, non adparet in velis: sed in cortinam pigmenti ferventis mersa, post momentum „extrahuntur picta. Mirumque, quum sit unus in cortina colos, ex illo alius atque alius fit in veste, „accipientis medicamenti qualitate mutatus. Nec postea ablui potest: ita cortina non dubie confusura „colores, si pictos acciperet, digerit ex uno, pingitque dum coquit. Ed adustae vestes firmiores „fiunt, quam si non urerentur."

In deutscher Uebersetzung:[2])

„In Aegypten malt man auch Kleider auf eine höchst wunderbare Weise, indem man die weissen Zeuge, nachdem sie gewalkt sind, nicht mit Farben, sondern mit Mitteln, welche die Farbe einsaugen, bestreicht. Nachdem dies geschehen ist, zeigt sich noch keine solche an den Zeugen; sondern diese werden in einen Kessel mit kochendem Farbstoff getaucht und nach einem Augenblicke gefärbt herausgezogen. Wunderbar ist, dass, während sich doch nur eine Farbe in dem Kessel befindet, aus demselben an dem Kleide diese und jene, je nachdem sie sich nach der Beschaffenheit des empfangenden Mittels verändert, entsteht und nachher nicht mehr abgewaschen werden kann; so vertheilt der Kessel, welcher ohne Zweifel die Farben, wenn er sie schon aufgetragen erhielte, vermengen würde, diese aus einer einzigen und malt, während er kocht. Und solche gesottene Kleider sind im Gebrauche dauerhafter, als wenn sie nicht gesotten wären."

Soweit Plinius, dessen „sed colorem sorbentibus medicamentis" von Osiander und Schwab mit „Mitteln, welche die Farbe *einsaugen*" übersetzt wird, wogegen Ajassan de Grandsagne (a. O. p. 61) diesen Passus übersetzt mit „substances sur lesquelles mordent les couleurs", also „mit Substanzen, auf welchen die Farben sich zersetzen". Solche farbenätzende Substanzen hat man vom letzten Jahrhundert bis heute im Zeugdruck vielfach angewendet, aber bei Plinius ist weder von einer derart „ätzenden" Substanz die Rede, noch kann es sich, wie die deutschen Uebersetzer schreiben, um eine solche Masse handeln, welche die Farbe „aufsaugt". Plinius kannte allem Anschein nach den Character dieser Substanz selbt nicht genau, denn sie wirkte statt ätzend oder aufsaugend lediglich durch ihre *Dichtigkeit* die Farben *verdrängend*. Es bleibt fraglich, ob Plinius diese Art der Zeugfärberei von ägyptischen Arbeitern hat ausführen sehen, oder ob er diese Mittheilung lediglich einem Werke der vielen Schriftsteller verdankt, aus denen er für seine Naturgeschichte Material geschöpft hat. Dass aber seine Angaben, ab-

[1]) Histoire naturelle de Pline, par Ajasson de Grandsague, Paris 1833.

[2]) Nach Osiander und Schwab, Römische Prosaiker, 1856. 212 Bd. p. 4018.

gesehen von dem „sorbentibus", durchaus zuverlässige sind, beweist die Thatsache, dass dieselbe Technik, welche Plinius hier beschreibt, auch in Indien, auf Java etc. seit Jahrhunderten üblich ist, und dass in jüngster Zeit Aegypten antike Stoffe geliefert hat, welche nur durch die von Plinius geschilderte Färbeweise ihre Zeichnung und Farbe erhalten haben können. Ich habe dieser Funde bereits in meinem Werke „Die Zeugdrucke der byzantinischen, romanischen, gothischen und spätern Kunstepochen" (pag. 11) gedacht. Es sind Leinentücher, welche auf blauem, seltener rothem Farbgrunde in weissgebliebener Zeichnung Ornamente und Figuren aufweisen. Ihre Herstellung geschah genau wie Plinius sie uns beschreibt. Man bemalte weisses Leinen mit einer farblosen und farbenabstossenden Flüssigkeit; dann tauchte man den Stoff für einen kurzen Moment in eine Küpe mit heisskochender Farbbrühe: die vom Pinsel des Malers freigebliebenen Flächen nahmen die Farbe an, die mit jener farblosen Masse bedeckte Zeichnung aber blieb farbfrei. Diese farblose Substanz muss wie bei den Wachsdrucken des XVII. und XVIII. Jahrhunderts und wie bei den Batiks Javas flüssig gemachtes *Wachs* gewesen sein. Diese Annahme wird zur Gewissheit, wenn man an die gerade auch in Aegypten geübte Malerei mit Wachsfarben denkt, und wenn man beachtet, dass die von Plinius erwähnte Kochung des Stoffes das Wachs gleichzeitig *ausschmilzt* und dem Stoffe jene Eigenschaft giebt, die Plinius im Schlusssatze lobt: Das Gewebe ist nach dieser Operation nicht nur gefärbt, sondern auch ausgekocht und durch das ausgeflossene Wachs derart imprägnirt, man möchte sagen apprêtirt, dass es *dauerhafter als vorher* geworden ist! In der That hat man in altkoptischen Gräbern Oberägyptens schon mehrfach Seiden- und Leinenstoffe gefunden, die durch Wachstränkung Apprêt erhalten und diesen Glanz bis auf uns bewahrt haben.[1]) Selbst von jenen antiken Geweben, welche in dieser Technik gefärbt sind und auf ein und demselben Stoffe *mehrere Farbennüancen* tragen (wie dies Plinius in den oben reproducirten Zeilen andeutet), hat die Fundquelle jener Stoffe, Achmim in Oberägypten, eine Probe geliefert. Es ist dies der in „Die Zeugdrucke" Fig. 1 Taf. III facsimilirte Baumwollstoff, auf welchem eine dunkelblaue und eine grünlichblaue Musterung (Kreise mit eingelegten Kreuzen) in Anwendung der oben beschriebenen Färbeweise aufgetragen ist. Bei der Mehrzahl der bisher zu Tage geförderten derartigen Stoffe ist die Auftragung des Wachses durch Aufmalen aus freier Hand vor sich gegangen, dagegen könnte dies letzterwähnte Muster seinen Wachsauftrag auch mittelst Anwendung einer in Wachs getauchten hölzernen Druckform erhalten haben. *Sicher* ist die Anwendung dieses Vervielfältigungshülfsmittels bei der im folgenden Capitel zu besprechenden Kindertunica von Achmim, deren Alter nur wenig unter demjenigen der Plinius'schen Historia naturalis liegen kann, und die deshalb zu der Frage berechtigt, ob nicht bereits auch zu des Plinius Zeiten die Drucktechnik bei der Herstellung solcher in Wachsfärberei gemusterten Stoffe Anwendung fand.

Indien hat eine ähnliche Färbemethode von Alters her in die Neuzeit sich erhalten. Das Färben und Drucken der Kattune ist dort beinahe ganz in den Händen der Muhamedaner. Das Mustern geschieht mittelst hölzerner Model durch Auftrag rother Thonerde, wobei diese das Muster beim Eintauchen des Stoffes in die Farbküpe farbfrei erhält. Nachher wird diese Thonerde wieder ausgewaschen und der Färbeprozess mit andern Farben wiederholt, wenn eine mehrfarbige Decoration stattfinden soll.

Ob diese exotischen Färbeweisen auf die altägyptische des Plinius zurückgehen, oder ob eine jede sich selbstständig entwickelt hat, muss dahingestellt bleiben, für die altägyptische aber möchte ich den Gedanken nicht gerade von der Hand weisen, dass sie als ein Zufallsproduct aus der Wachsmalerei der Alten hervorgegangen und die Mutter der indischen Drucktechnik geworden ist.

Eine bedruckte byzantinische Kindertunika und andere antike Druckstoffe von Achmim-Panopolis.

Die Existenz bedruckter Stoffe zur byzantinischen Zeit habe ich bereits in meinem Werke „Die Zeugdrucke" an Hand eines *mittelst Holzformen roth und schwarz bedruckten Stoffes* und einer *hölzernen Originaldruckform* nachgewiesen. Die Letztere, deren Bild ich hier in Fig. 1 Tafel II. reproducire,

[1]) Vgl. Forrer, Die römischen und byzantinischen Seidentextilien von Achmim-Panopolis, Strassburg 1893.

zeigt zwei vor einem stilisirten Baume sich gegenüberstehende Vogel (Pfauen) in Rankenwerkumrahmung — eine Musterung des VII.—VIII. Jahrhunderts. Das bedruckte Gewebe, von dem hier auf Tafel II. in Fig. 2 gleichfalls eine verkleinerte Nachbildung gegeben ist,[1]) zeigt schwarzes Netzwerk mit rothfarbigem Grund- und Bortendruck. Die Datirung stützt sich auf einen Vergleich dieser Musterung mit ähnlich decorirten Seidenstoffen jener Zeit und hat auch die Zustimmung bewährter anderer Textilforscher gefunden. An derselben Stelle signalisirte ich ein mit weissen Rosetten gemustertes, blau grundirtes Leinengewebe, dessen Ornamentik vielleicht durch Druck vervielfältigt worden ist, indem man das sich fortwährend gleichförmig wiederholende Rosettenmuster als Holzform reproducirt in eine flussige Wachsmasse tauchte, damit den Stoff bedruckte und diesen dann in der oben geschilderten Technik des Plinius durch Färbung weiter behandelte. Heute nun liegt mir von Achmim *eine complete Kindertunika vor, ganz in der obigen Weise bedruckt und gefärbt!* Ich erwarb sie mit vielen andern ausgegrabenen Stoffen und Gewändern aus römischer und byzantinischer Zeit, als ich im Marz 1894 auf dem Gräberfelde in der Wüste vor Achmim Ausgrabungen vornahm, um die dortigen Fundverhältnisse kennen zu lernen.[2]) Es ist die 47 cm. hohe, unten 51 cm, oben mit den ausgestreckten Aermeln 57 cm. breite Aermeltunika eines ungefähr 3—3½ Jahre alten Kindes, dem diese Tunika als zweifellos kostbarstes Kleid, das es im Leben getragen, von seinen Eltern als Totenkleid mit ins Grab gegeben worden war. Auch ohne die Musterung des Stoffes ware dies Gewand schon durch seine Form eines der kostbarsten antiken Gewänder, die Achmim uns geliefert hat. Unsere Photographie (Tafel I.) zeigt die Art des Schnittes, indem sie deutlich die Nahte erkennen lässt, mit welchen die Aermel oben an das Mittelstück und die Seiteneinsätze an die untere Parthie desselben angenäht sind. Der Halsausschnitt ist umsäumt und lässt sich durch einen Einschnitt über die eine Schulter erweitern, sowie durch ein leinenes Knöpfchen festschliessen. Das Innere des Rockes ist mit einem dichten weissen Leinenstoffe gefüttert, indessen das äussere Gewebe aus einer etwas zartern Leinwand besteht. Dieser Gewandstoff trägt eine Musterung, welche sich aus einem gewellten Rautennetz mit eingelegten Sternen zusammensetzt. Das Gewebemuster ist nun keineswegs auf die Tunika aufgetragen, nachdem sie zugeschnitten und zusammengenäht war, sondern man hat zu dem Gewande einen Stoff verwendet, auf dem jene Musterung bereits fix und fertig vorlag, als man daraus das Kleid zurechtschnitt. Dies erhöht die Sicherheit der Vermuthung, dass diese Musterung keineswegs speciell für das Kinderkleid hergestellt wurde — wie etwa man im Mittelalter sich den Leinenstoff fur ein Gewand extra weben und farben liess —, sondern dass hier ein Stoff vorliegt, der derart gemustert ein Handelsobject bildete, demgemäss im Grossen fabricirt und dann, sei es durch Hausirer, sei es auf den grossen Jahresmärkten, unter die Leute gebracht wurde. Wir brauchen also durchaus nicht an eine in der Nähe des Fundortes erfolgte Herstellung des Stoffes zu denken, doch die Nachricht des Plinius, dass diese Färbeweise in Aegypten zu Hause war, und die Thatsache, dass Aegypten, berühmt durch seine Leinwand, sicher mehr exportirte als importirte, spricht dafür, dass wir es hier mit einem ägyptischen Producte zu thun haben. Deutlich sieht man, wie trotz hohen Alters, das die Leinwand ungleich verzogen hat, und trotz der gewisse Ungleichheiten begünstigenden Technik, die Muster mittelst Modeln hergestellt worden sind, indem man erst die Sternrosetten auf dem Stoffe vertheilte, dann das Rautennetz mittelst eines wellenförmigen Linienstempels combinirte und schliesslich in die Berührungspunkte jener Linien einen Rundstempel als Abschluss einfügte. Das Muster setzt sich also aus 3 verschiedenen Stempeln zusammen, die in ihrem Ensemble eine Netzmusterung mit eingesetzten Sternen ergeben — eine Flächendecoration, wie sie im ersten Jahrtausend vielfach Verwendung gefunden hat und für die byzantinische Kunst ein Characteristicum ist. Es ist der über die Fläche als Streumuster vertheilte Stern, wie man ihn schon auf antiken Vasenbildern Frauen- und selbst Männergewänder zieren sieht, der dann zur byzantinischen Zeit als Flächenzier wiederkehrt und gelegentlich mit einem Liniennetze umgeben worden ist. Eine scharfe Zeitbestimmung lässt indessen das Muster ohne andere Begleitumstände nicht zu, und selbst Form und Farbe der Tunika, ebensowenig wie die angewandte Technik, verbürgen nähere Daten. Das in Farbe und Technik (Wachsmalerei mit Blaufärbung) unserer Tunika

[1]) Grösser und in Farben abgebildet in: Forrer „Die Zeugdrucke“ Tafel I. und III.

[2]) Vergl. Forrer: Mein Besuch in El Achmim. Reisebriefe aus Aegypten. Strassburg 1895. Verlag von Fritz Schlesier. 33 Abb. u. 13 Taf.

verwandte Graf'sche Aposteltuch[1]) wird auf Grund der Zeichnung und der Inschriften dem IV. Jahrhundert zugewiesen und bietet dies vielleicht einen Hinweis auch für unsere Tunicella. Aus der späteren Zeit des Frühmittelalters sind weder in Aegypten noch in Europa Stoffe bekannt, welche in der Wachstechnik des Plinius gefärbt und gemustert wären, und so läge vielleicht auch hierin ein Grund vor, diese Kindertunika eher einer dem Zeitalter des Plinius näher gelegenen Periode zuzuschreiben, als sie von jenem weiter wegzurücken. Plinius starb 79 n. Chr., unsere Tunika mag, so lange keine zwingende Gründe vorliegen, ein paar Jahrhunderte später zu datiren sein — ich denke ungefähr an das IV. Jahrhundert, doch sei das nur als Hypothese beigefügt, und sollte Jemand mir Besseres wissen, so nehme ich gerne Belehrung an.

Diesem neuen Funde von Achmim gesellt sich ein Weiterer hinzu in Gestalt einer *zweiten Originaldruckform aus Holz.* Diese (Fig. 3, 4, 5 Taf. II.) besteht aus einem 4,4 cm. hohen und 4 cm. Durchmesser haltenden Cylinder, um den in der Mitte eine Rinne läuft und dessen beide Schnittflächen mit je einem en relief geschnitzten Ornament bedeckt sind. Die für keramische Zwecke bestimmten Holzstempel von Achmim zeigen das Bild stets negativ in die Fläche eingeschnitten, hier aber liegt das Bild erhaben und bildet wie bei den zum Papierdruck bestimmten Holzschnitten durchweg eine glatte Fläche (die allerdings unter ersichtlich langem Gebrauche und hohem Alter stark gelitten hat). Auch hier dürfte also eine *Zeugdruckform* vorliegen, und der Character der beiden Stempelbilder scheint dazu eine weitere Bestätigung zu bieten. Das eine Bild zeigt die in Fig. 5 Taf. II. im Abdruck reproducirte Linienverschlingung, die sich in durchaus gleichartiger Gestalt auf den älteren Gewandstoffen Achmims wiederfindet. Zum Vergleiche habe ich auf Tafel II. in Fig. 6 einen überaus kleinen und fein gestickten Purpurclavus beigegeben, in Fig. 7 ein ähnliches Ornament von einer Tunikaborte und in Fig. 8 einen grossen viereckigen Clavus in Purpurwolle, auf dem sich ein verwandtes Ornament neunfach über die Fläche vertheilt.[2]) Gerade diese Art von Musterung findet sich durchweg nur auf den Stoffclaven und Gewandzierstücken der römischen bezw. spätrömischen Zeit, sowie auf den Stein-Mosaiken derselben Epoche, wogegen sie auf den byzantinischen Stoffen und ebenso auf den byzantinischen Mosaiken nicht mehr vorkommt. Sie hilft uns also den Druckstempel in die ersterwähnte Periode datiren und man kann sich lediglich noch fragen, ob derselbe zum Wachsdruck oder zum Aufdruck einer später abwaschbaren Farbe bestimmt war, welche dem Wirker und Sticker als Grundlage für seine Nadelarbeit diente. Auch das andere Muster dieser Druckform, der aus zwei ineinandergelegten Dreiecken gebildete Stern Fig. 4 Taf. II., kommt auf solchen Stoffen vor und verweise ich zum Vergleiche auf den in Fig. 30 Taf. VIII. meines Werkes: „Die Gräber- und Textilfunde von Achmim-Panopolis" (Strassburg, 1891) abgebildeten seidenen Zierstern, der in den dunkelblauen Totenschleier Fig. 8 Taf. X. (desselben Buches) eingewirkt ist. Die bei unserem Druckstempel in den Stern eingelegte Figur ist nur unvollkommen erhalten, scheint aber einen Vogel darstellen zu sollen.

Als ich nach Beendigung meiner Ausgrabungen auf Achmims grosser Necropole zu einer Untersuchung des mit antiken und frühmittelalterlichen Gräbern durchsetzten *Scherbenberges* in der Stadt Achmim schritt,[3]) fand ich auf bezw. neben der Strasse, die an jenem Trümmerberge vorbeiführt, in dem abgerutschten, mit antiken Skelettresten, Thonscherben und Gewebefetzen durchsetzten Erdreiche ein Stückchen blauschwarzer Leinwand, auf welcher der Rest eines aufgenähten, bedruckten Baumwollgewebes erhalten ist (Fig. 9 Taf. II.). Das Letztere bildete allem Anschein nach einen der viereckigen Claven, wie man sie bald in Wirkerei, seltener in Stickerei oder als Seidengewebe auf die Leinentuniken der römischen und byzantinischen Zeit in der Achselgegend und oberhalb der Kniee links und rechts aufgenäht oder eingesetzt vorfindet.[4]) Hier nun hatte man zu dieser auszeichnenden Kleiderzier einen gedruckten Stoff verwendet, der mit dickem blauem Faden auf die gleichfarbige Unterlage aufgenäht ist.

---

[1]) Vergl. „Die Zeugdrucke" pag. 11. Publicirt in der Röm. Quartalschrift für christl. Archäologie.

[2]) Fig. 6 u. 8 in meiner Sammlung antiker Stoffe und Gewänder von Achmim, Fig. 7 in der Sammlung der Pariser Manufacture nationale des Gobelins; nach Gerspach's Fig. 49 seiner „Tapisseries Coptes". Paris, 1890.

[3]) Vergl. darüber Forrer: Reisebriefe aus Aegypten: IX. Meine Entdeckungen in Achmim-Stadt, pag. 70.

[4]) Vergl. Forrer: Gräber- und Textilfunde von Achmim-Panopolis, Fig. 10—15 Taf. VIII.

Der Druck besteht aus dünnem, rosaroth gefarbtem Baumwollzeuge, das mittelst einer Holzform in schwarzer Farbe gemustert worden ist. Das Muster bildet ein schräg laufendes Liniennetz, in dessen Felder je ein kleines stilisirtes Blättchen eingesetzt ist, parallel den analog gemusterten Seidengeweben des VI.—VII. Jahrhunderts, wie man sie in zahlreichen Exemplaren kennt, und wie ich solche von Achmim in meinen „Römischen und byzantinischen Seidentextilien von Achmim-Panopolis"[1]) in Fig. 3—5 Taf. VIII., 1 u. 2 Taf. X. und 2 Taf. XII. publicirt habe. Stets ist es dasselbe Schema, ein aus schrägen Linien gebildetes Netz, in welches man irgend ein Ornamentchen oder eine stilisirte Pflanze einsetzt. Wenn nun mein Fundstück in dieselbe Epoche datirt werden darf, so hätten wir hier also einen weitern interessanten Achmimdruck vor uns, der zwar nicht mehr beweisen kann, als die frühern schon klargelegt haben, aber eine werthvolle Nummer mehr bedeutet und durch die Feinheit seines Musters grösste Beachtung verdient.

Cennino Cennini's technische Anleitung zur Herstellung von Zeugdrucken.

Die älteste bisher bekannte mittelalterliche Anleitung zur Herstellung von Zeugdrucken findet sich im „libro dell' arte o trattato della pittura" des Cennino Cennini, geboren zu Colle im Val d'Elsa circa 1372, hierauf von 1384 bis zum Tode seines Meisters 1396 Schüler des Malers Angiolo Gaddi zu Florenz, dann bereits vor 1398 in Padua ansässig und dort verheirathet; das Todesjahr ist unbekannt, fällt aber jedenfalls in die erste Hälfte des XV. Jahrhunderts. Von seinem „Buch der Künste oder Tractat über die Malerei" existiren nur noch ein paar Abschriften des XV. Jahrhunderts, von denen mir eine 1821 von *Tambroni* und eine 1859 von *Gaetano* und *Carlo Milanesi* edirte Ausgabe, sowie eine deutsche Uebersetzung *Dr. Albert Ilg's* im I. Bande der „Quellenschriften für Kunstgeschichte und Kunsttechnik des Mittelalters und der Renaissance" (Wien, 1871) vorliegen. Nachdem nun Cennini in den vorangegangenen Capiteln über die Farben und die Technik der Malerei gesprochen, dann Anweisungen gegeben, wie man Stickereivorzeichnungen auf Geweben herstellen, wie man Baldachine und Standarten bemalen, Pferdedecken und Devisen für Turniere arbeiten,[2]) Koffer decoriren und Goldgläser ritzen soll, behandelt er im 173ten Capitel „Die Art mit dem Model auf Tuch zu malen" oder, wie sich aus dem Texte ergiebt, mit der Holzform auf Tuch zu drucken. Der italienische Text lautet nach Milanesi folgendermassen:

„Il modo di lavorare colla forma dipinti in panno. Perchè all' arte del pennello ancora s' appartiene di certi lavorii dipinti in panno lino che son buoni da guarnelli di putti o ver fanciulli, e per certi leggii da chiese, el modo del lavorarli si è questo.

Abbi un telaio fatto si come fusse una finestra impannata, lungo dua braccia, largo un braccio, confitto in su regoli pannolino o vuoi canovaccio. Quando vuoi dipignere il tuo pannolino una quantità di sei o di venti braccia, avvolgilo tutto, e metti la testa del detto panno in sul detto telaio; e abbi una tavola di noce o di pero, pur che sia di legname ben forte, e sia di spazio come sarebbe una prieta cotta o vero mattone: la quale tavoletta sia disegnata e cavata una grossa corda; nella quale vuole essere disegnato d' ogni ragione drappo di seta che vuoi, o di foglie o d' animali; e fa' che sia in forma distagliata e disegnata, che le facce tra tutte e quattro vengano a riscontrarsi insieme e fare opera compiuta e legata; e vuole avere manico da poterla levare, e porre in su l' altra faccia che non è intagliata. Quando vuoi lavorare, togli un guanto in mano sinistra, e prima macina del negro di sermenti di vite, macinati sottilissimamente con acqua. Poi, asciutto perfettamente o con sole o con fuoco, puoi da capo macinarlo a secco, e mescolarlo con vernice liquida, tanto che sia bastevole; e con una mestoletta togli di questo negro, e spianatene su per la palma della mano, cioè sopra il guanto; e così ne va' imbrattando l' asse dove è intagliata, bellamente, che l' intaglio non si riempiesse. Comincia, e mettila ordinata e gualiva, e sopra la detta tela distesa in sul telaro, e di sotto dal telaro: togli in mano destra una scudella o scudellino di legno, e col dosso frega fortemente per quello spazio quanto

[1]) Strassburg, 1891. [2]) Alles Dinge, die man gelegentlich auch durch Druck herstellte.

l' asse intagliata tiene; e quando hai tanto fregato, che credi bene che 'l colore sia bene incarnato colla tela o ver panno lino, leva la tua forma su, rimettivi colore da capo, e per grande ordine rimetti al detto modo tanto che compiutamente fornisca tutta la pezza. Questo lavorio richiede essere ordinato d' alcuno altro colore campeggiato in certi luoghi, perchè paia di più vista: onde ti conviene avere colori senza corpo, ciò è giallo, rosso, e verde. Il giallo: togli del zafferano e scaldane bene al fuoco e stemperalo con lisciva ben forte. Abbi poi un pennello di setole morbide e mozetto. Distendi il panno dipinto in su uno desco o tavola, e va' compartendo di questo giallo, o animali o figure, o fogliami, come a te parrà. Appresso togli del verzino, rasato con vetro; mettilo in molle in lisciva; fallo bollire con un poco di allume di roccia; fallo bollire un poco, tanto che venga che abbi il suo colore perfetto vermiglio. Levalo dal fuoco, che non si guasti; poi col detto penello compartisci, si come hai fatto il giallo. Poi togli del verderame, macinato con aceto e con un poco di zafferano temperato con una poca di colla non forte. Compartisci col detto pennello si come hai fatto il giallo, e gli altri colori, e fa' che sieno compartiti che si veggia d' ogni animale, gialli, rossi, verdi e bianchi.

Ancora, a lavorare il detto lavoro è buono abbruciare olio di semenza di lino, si come addietro t' ho mostrato, e di quel nero, che è sottilissimo, tempera con vernice liquida; ed è perfettissimo e sottile negro: ma è di più costo. E 'l predetto lavoro è buono a lavorare in su tela verde, rossa, negra, e gialla, e azzura o vuoi biava. Se è verde, puoi lavorarla di minio o vuoi cinabro macinato sottilissimo con acqua. Seccalo bene e spolverezzalo e temperalo con vernice liquida. Metti questo colore in sul guanto, si come fai del negro, e per quello medesimo modo lavora. Se è tela rossa, togli dell' indaco con biacca macinato sottilmente con acqua: asciugalo e seccalo al sole: poi lo spolverezza: temperalo con vernice liquida a modo usato, e per quello modo lavora che fai di negro. Se la tela è negra, la puoi lavorare d'un biavo ben chiaro, cioè biacca assai e poco indaco, mescolato, macinato e temperato, secondo usanza che detto t' ho degli altri colori. Se la tela é biava, togli della biacca macinata e riseccata e temperata secondo il modo delli altri colori. E generalmente secondo che truovi i campi, secondo tu puoi trovare altri colori svariati da quelli, e più chiari e più scuri, secondo che a te parrà che per tua fantasia possa comprendere; chè l' una cosa t' insegnerà l' altra, si per pratica e sì per sapere d' intelletto. La ragione è, che ciascuna arte di sua natura è abile e piacevole: chi ne piglia, se n' ha, e simile per lo contrario avviene."

In deutscher Uebersetzung:

„*Die Art mit der Form auf Zeug zu malen.* Weil es noch zur Kunst des Pinsels gehört, gewisse Arbeiten auf Leinenzeug zu malen, die gut sind zu Unterkleidern von Knaben oder für Mädchen, und für gewisse Lesepulte[1]) der Kirche, so ist die Art sie zu machen diese:

Habe einen Rahmen, so gemacht wie ein Vorschiebfenster, lang wie zwei Arme, breit wie ein Arm, aufgenagelt auf seine Leisten Leinwand oder Canevas. Wenn du dein Leinenzeug bemalen willst in einer Grösse von sechs oder von zwanzig Armeslängen, so wickle (rolle) alles auf, und bringe das Kopfende des besagten Zeuges in den erwähnten Rahmen. Nimm eine Tafel von Nuss- oder Birnbaumholz, nur dass es sei von recht starkem Holze, und von der Ausdehnung wie ein Backstein oder ein rechter Ziegel: Dieses Täfelchen sei vorgezeichnet und ausgeschnitten auf der dicken Seite; auf dieser sei aufgezeichnet jede Gattung Seidenzeuges, welche du willst, oder Blätter oder Thiere. Und mache auf dieser ausgeschnittenen und gezeichneten Form, dass das Muster durchweg viermal zusammen einpasse und mache das Werk vollkommen und aneinanderschliessend.[2]) Und du magst eine Handhabe anbringen zum Wegheben (des Models), und um es auf die andere Fläche abzulegen, welche nicht gravirt ist. Wenn du arbeiten willst, nimm einen Handschuh in die linke Hand und zerreibe zuerst Schwarz aus Weinreben, sorgfältig verrieben mit Wasser. Dann, wenn mittelst Sonne und Feuer vollkommen ge-

[1]) Leggio = Lese- oder Singpult, auch gelegentlich Bezeichnung für Staffelei. Ilg und Lippmann übersetzen einfach „Pulte". Ueber einen solchen Lesepultbehang jener Zeit vergl. unser Capitel über den Zeugdruck in Oesterreich-Ungarn.

[2]) Ilg übersetzt: „Und mache Zeichnung und Schnitt auf dem Model, dass das Muster immer auf die Model sich vertheile und deren je vier ein vollständiges Feld ausmachen", aber der Text Cennini's behandelt nicht nur die Grösse des Models, sondern empfiehlt auch ein genaues Anpassen desselben.

trocknet, zerreibe es abermals trocken und mische es mit flüssigem Firniss, bis es genug ist; und mit einem Löffelchen nimm das fragliche Schwarz und breite es auf der Handfläche aus, nämlich auf dem Handschuhe; und derart schmiere das gravirte Brett, sorgfaltig, damit das Eingeschnittene nicht sich ausfülle. Beginne und setze sie (die Druckform) ordentlich und gleichmässig an auf das besagte in jenen Rahmen eingespannte Gewebe, und von unterhalb dem Rahmen: nimm in die rechte Hand einen Schild oder Schildchen von Holz, und mit dem Rücken reibe stark an jener Fläche, soweit das geschnittene Brett reicht. Und wenn du soviel gerieben hast, dass du glaubst, es sei gut, die Farbe sei gut eingedrungen in das Tuch oder die Leinwand, so hebe deine Form weg, setze von neuem Farbe auf und mit grosser Ordnung wiederhole den angegebenen Modus so oft, bis das ganze Stück vollständig ausgeführt ist. Diese Arbeit erfordert gewöhnlich noch irgend eine andere Grundfarbe an gewissen Stellen, damit es (das Gewebe) ansehnlicher werde: dafür[1]) gehört es sich, wenig dichte Farben zu haben, wie gelb, roth und grün. Zum Gelb nimm Saffran und erwärme dies gut am Feuer und mische es mit recht starker Lauge. Nimm dann einen gestutzten und weichen Borstenpinsel. Breite dann den bemalten Stoff auf einem Tische oder einer Tafel aus, und vertheile dieses Gelb auf die Thiere oder Figuren oder Blätterzier, wie es dir passt. Zunächst nimm dann Rothholz mit Glas zerschaben; weiche es mit Lauge auf; mache es mit einem bischen Steinalaun sieden, bis es dahin gelangt, dass es eine vollkommen korallrothe Farbe hat. Entferne es vom Feuer, dass es nicht verderbe; dann vertheile dies mit dem besagten Pinsel, wie du es beim Gelb gethan hast. Dann nimm Grünspahn, verrieben mit Essig und mit ein wenig Saffran, dem ein wenig schwacher Leim beigemischt ist. Vertheile mit dem besagten Pinsel, wie du es mit dem Gelb gemacht hast, und mit den andern Farben, und mach es so vertheilt, dass man erkenne jedes Thier, die gelben, rothen, grünen und weissen.

Endlich ist es zu dieser Arbeit noch gut, sich Leinsamenöl zu brennen, wie ich dir oben gezeigt habe,[2]) und von diesem Schwarz, welches das feinste ist, mit flüssigem Firniss zu mischen, und es ist ein vollkommenes und feines Schwarz: aber es ist von hohen Kosten. Und die vorerwähnte Arbeit ist gut zu arbeiten auf grünem, rothem, schwarzem, und gelbem, und azurenem oder lichtblauem Tuche. Wenn es ist grün, dann arbeite mit Minium oder Zinnober, sorgfältig verrieben mit Wasser. Trockne es gut und verpulvere und vermenge es mit flüssigem Firniss. Gieb diese Farben auf den Handschuh, wie du dies mit dem schwarz machst, und behandle sie nach dem gleichen Modus. Wenn das Leinentuch roth, nimm mit Bleiweiss und Wasser verriebenen Indaco: lass es an der Sonne stehen und trocknen: dann verpulvere es: vermenge es mit flüssigem Firniss nach gewohnter Weise, und verarbeite es wie das Schwarz. Wenn das Leinen schwarz (gefärbt) ist, so kannst du mit einem gut hellen Blau arbeiten, nämlich genügend Bleiweiss und ein wenig Indaco, vermischt, zerrieben und temperirt, nach denselben Regeln, die ich dir für die andern Farben gesagt habe. Wenn die Leinwand ist lichtblau, nimm von Bleiweiss, das zerrieben und getrocknet und nach der obigen Regel, wie die andern Farben temperiert ist. Und im Allgemeinen, wie du die Grundfarbe vorfindest, so kannst du andere Farben von jenen abstechend finden, und mehr hell und mehr dunkel nach Wunsch, wie es dir passt und deine Fantasie es zu ergreifen mag; denn die eine Sache lehrt dich die andere, ebenso für die Praxis, wie für das Begriffsvermögen. Der Grund ist, dass jede Kunst von Natur aus geschickt und angenehm ist: Wer sie nicht erfasst, kann sie nicht besitzen, und gleichermassen im ungekehrten Falle erreicht er sie!"

Soweit Cennini über den Zeugdruck. Meine vorstehende Uebersetzung weicht mehrfach von der Ilg'schen ab. Sie ist zwar nicht so elegant wie jene, aber sie passt sich dem Originaltexte genauer an, und für uns ist es vor allem nöthig, den Text in einer *genauen* Uebersetzung zu kennen, um darnach desto genauere Schlüsse formuliren zu können. Gerade die wichtigste Stelle, jene über die Technik des Druckes, ist bei Ilg in einer derart freien Weise übersetzt, dass der Ilg'sche Text in Bezug auf die Stellung der Druckform genau das Gegentheil dessen sagt, was Cennini schreibt. Ilg formulirt jenen Passus wie folgt: „Beginne, lege es (das Model) ordentlich und gleichmässig *unter* die in den Rahmen gespannte Leinwand: nimm einen Holzschild in die Rechte und presse mit dem Rücken kräftig *auf* diese Fläche . . ." In Wirklichkeit heisst es, worauf schon Lippmann im „Repertorium für Kunstwissenschaft" (Ueber die

[1]) d. h. zu dieser Grundirung der Figuren durch Handcolorit. [2]) Herstellung des Schwarz aus Lampenruss.

Anfänge der Formschneidekunst und des Bilddruckes, 1876) aufmerksam gemacht hat, dass man die Druckform *auf* den mit Leinwand bespannten Rahmen lege und *unterhalb* dieses die Leinwand mit dem Schildchen anreibe. Man könnte nun denken, ein Abschreiber habe jenes sopra und sotto verwechselt, weil die Annahme näher liegt, man habe die Form *unten* und die Leinwand *darüber* gelegt, entsprechend der Technik der gothischen Reiberdrucke. Unter ähnlichen Gesichtspunkten mag auch Dr. Ilg's Ummodelung entstanden sein, und ich muss gestehen, dass auch ich im ersten Momente jene Version für die richtige hielt. Aber wenn man den Text aufmerksam liest, wird man sofort erkennen, dass der vorliegende Text in seiner *Originalfassung* der *allein* richtige ist und es allein sein kann: Wäre die Druckform auf den Tisch und der Geweberahmen *darauf* gelegt worden, so wäre es unverständlich, wie man „unterhalb" dem Rahmen reiben wollte, unverständlich wäre die *Handhabe* am Druckmodel und unverständlich der Rath, die Holzform *wegzuheben*, wenn die Farbe ins Gewebe eingedrungen; ebenso unklar wäre es ferner, wesshalb man nach dem Drucke die Form wegheben müsste, um sie neu einzuschwärzen; wenn sie auf dem Tische lag, so war nur ein Abheben der Leinwand nöthig, die Form konnte in ihrer Lage bleibend eingeschwärzt werden. Aber gerade weil die Form nicht unten, sondern, wie Cennini sagt, *oben* lag, musste sie eine Handhabe besitzen und nach jedesmaligem Drucke *abgehoben* werden. *Nur* so bleibt die Anweisung Cennini's verständlich — sobald man an ein *umgekehrtes* Verhältniss denkt, reimt sich nichts im ganzen Texte mehr zusammen. Allerdings ist das Reiben von unten nach oben sehr befremdend, aber Cennini lässt darüber keine Zweifel zu und man braucht sich nur zu denken, dass der Leinwandrahmen auf die Kanten zweier auseinandergerückter Tische gesetzt war, so ergiebt sich für Cennini's Druckmethode ein ebenso einfacher, wie zweckmässiger Drucktisch. Ich habe zur bessern Verständlichmachung des Gesagten hier eine Skizze beigefügt, welche Cennini's Technik veranschaulicht.

A. Die beiden Drucktische.
B. Das noch unbedruckte Tuch.
C. Das bereits bedruckte Tuch.
D. Der Holzrahmen mit der auf der untern Seite eingespannten Leinwand; der Rahmen auf die beiden Tischkanten gestützt.

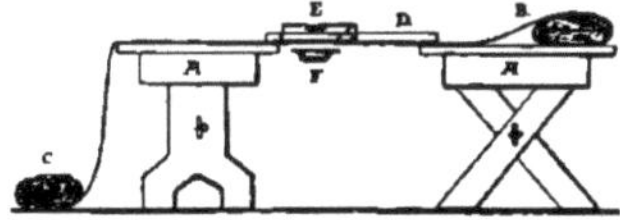

E. Die mit dem Bilde nach unten gekehrte hölzerne Druckform; in die eine Hälfte des Rahmens eingepasst und mit der linken Hand auf die Leinwand festgedrückt.
F. Das Schildchen, das mit der Rechten von unten nach oben gegen die Leinwand gedrückt wird und zum Anreiben behufs Erzielung gleichmässigen Farbauftrages dient

Reconstruction eines Drucktisches nach den Angaben Cennini's.

Auch ein paar andere Bemerkungen seien mir noch als erläuternden Commentar gestattet:

Die Grössenverhältnisse, welche Cennini für den Rahmen angiebt, lassen einen Rückschluss auf die *Maasse* von Stoff und Druckform ziehen. Die Armesbreite des Rahmens entspricht der gewöhnlichen Breite der Leinenstücke jener Zeit; die Druckform soll in einen solchen drei armslangen und ein armsbreiten Rahmen viermal einpassen, sie muss also wenigstens nach *einer* Seite eine volle Armeslänge besessen haben, ein Maass (ca. 60—70 cm durchschnittlich), dem ungefähr jenes der Traubenform des Lesepultbehanges von Inichen entspricht.

Unklar erscheint auf den ersten Blick Cennini's Bemerkung bezüglich der *auf den Rahmen genagelten Leinwand* („aufgenagelt auf seine Leisten Leinwand oder Canevas"), weil man glauben könnte, es handle sich hier nicht um die zu *bedruckende* Leinwand, sondern um eine andere Vorrichtung, um ein Tuch, welches über die Leisten gespannt war und auf das die Druckleinwand zu liegen kam, oder um mit Leinwand oder Canevas überzogene Leisten, deren Ueberzug ein leichteres Anheften der Druckleinwand erlaubte. Beide Versionen werden aber dadurch widerlegt, dass später vom *Bedrucken* des „besagten in jenen Rahmen gespannten Gewebes" die Rede ist. Cennini's Worte sind also dahin aufzufassen, dass das zu bedruckende Tuch, wenn es nicht grösser als der Rahmen war, auf diesen aufgespannt wurde, dass man aber nur das Kopfende desselben aufnagelte und das Uebrige *aufrollte*, wenn das Tuch *grösser* als der Rahmen war.

Cennini's *Aufdruckfarbe* ist keineswegs ausschliesslich nur Schwarz auf weissem Leinen, auch *andere* Farben auf andersfarbigem Grunde, ja sogar ein Abwechseln der Grundfarbe an ein und demselben Stücke weiss er zu empfehlen, um das Gewebe lebhafter zu machen. Diesen letztern Zweck erreicht er durch ein von Hand nachträglich ausgeführtes Ausmalen der aufgedruckten Figuren in gelb, roth, grün und weiss. Als Druckfarben empfiehlt er ausser schwarz auch weiss, grün, roth, gelb, azur und lichtblau. Er kennt die Anwendung von schwarz auf schwarz, ferner den Aufdruck von zinnoberroth auf grün, hellblau (Bleiweiss mit Indigo) auf roth und schwarz, sowie weiss auf blau. Ausserdem weiss er durch Aufdruck zahlreicher Nüancen die verschiedensten Effecte zu erzielen.

Cennini spricht in der Titelaufschrift und ebenso im Texte nicht von einem „*bedrucken*", sondern durchweg von einem „*bemalen*" des Zeuges, wiewohl aus dem Texte deutlich hervorgeht, dass er damit immer ein „*bedrucken*" der Gewebe meint. Er bezeichnet den Zeugdruck ausdrücklich als „*zur Kunst des Pinsels*" gehörig, also als eine Arbeit, die wie das Bemalen von Cassetten und das Schildern von Pferdedecken, Panieren u. dgl. zu den Beschäftigungen der *Maler* gehörte. Auch in andern Ländern lag im Mittelalter dem Kunstmaler das Decoriren von Wappen, Zelten, von Schilden, Fahnen, selbst Stechsätteln u. dgl. ob, wie nach dem „Wiener Malerrecht" von 1410 „es herren Rittern vnd knechten an jn (d. h. den Maler) vordernten".[1]) Heute und in den letztvergangenen Jahrhunderten sehen wir die Zeugdrucker dem *Handwerk* zugetheilt und selbst die Musterzeichner immer noch nicht als vollwerthige Künstler gelten; das Mittelalter aber, das noch keine Trennung von „Kunst" und „Handwerk" kannte, wies, wie uns Cennini beweist, den Zeugdruck den *Malern* zu. Damit stimmen die Urkunden der Venetianer Malerzunft überein, in deren Gilde laut jenen Documenten (s. u.) auch die Zeugdrucker sich befanden. — Ueber die *Verwendung* der bedruckten Stoffe giebt Cennini einige jedenfalls nicht vollständige Andeutungen, denn ausser „*zu Unterkleidern von Knaben oder für Mädchen und für gewisse Lesepulte der Kirche*" dienten auch in Italien derartige Stoffe sowohl zu Tapeten (vgl. die Tapete von Sitten), als zu Futterstoffen u. dgl. m. Die „Unterkleider" bestanden wohl aus durch Druck gemustertem Leinen, die Kirchenpulte mögen Betstühle und Lesepulte gewesen sein. Das Original eines solchen Lesepultbehanges, in bedrucktem Linnen und gerade aus der Zeit Cennini's stammend, habe ich weiter unten besprochen und abgebildet (vergl. d. Cap. „Der Zeugdruck in Oesterreich-Ungarn").

Cennini hat sein Buch aller Wahrscheinlichkeit nach schon begonnen, als er zwischen 1384 bis 1396 bei Agnolo Gaddi zu Florenz in der Lehre war: Hier mag er die ersten von seinem Meister ihm gegebenen Recepte gesammelt haben und sie mögen den Grundstock gebildet haben für das Werk, das er in spätern Jahren schrieb. Die darin niedergelegten Erfahrungen sind zumeist technische Errungenschaften, die schon seit Jahrhunderten bekannt waren und vom Meister auf den Schüler vererbt wurden. So war Gaddi, Cennini's Meister, wieder Schüler des Giotto de Bordone, geboren 1276, gestorben zu Florenz 1337, und in der That verrathen die Anweisungen Cennini's, wie ebenso die diesem zugeschriebenen Gemälde und die des Gaddi, alle die Schule des Giotto. Aus *dieser* Zeit, also aus der Wende des XIII. ins XIV. Jahrhundert, stammen in Wirklichkeit die Recepte Cennini's und mit ihnen aller Wahrscheinlichkeit nach auch jene für den *Zeugdruck!* Sie bilden für die Geschichte des italienischen Zeugdruckes ein wichtiges Document, bieten aber ausserdem durch ihre technischen Détails für die ganze Druckgeschichte hohes Interesse und ergänzen trefflich die unten zu schildernden Nürnberger Recepte.

Eine Nürnberger mittelalterliche Anweisung zur Anfertigung von Zeugdrucken.

Cennini's oben behandelte technische Angaben zur Herstellung von Zeugdrucken waren bisher die einzig bekannten Recepte dieser Art. *Hans Boesch*, dem verdienten II. Director des germanischen National-Museums zu Nürnberg, verdanken wir nun die *Auffindung eines deutschen Receptbuches zur Anfertigung von Zeugdrucken.* Er fand dasselbe in der Stadtbibliothek zu Nürnberg, wo es sub

[1]) Auch Plinius rechnet die Stofffärberei zur Malerkunst, wie aus dem Beginne seines 43sten Capitels hervorgeht, denn nachdem er von jener ägyptischen Stofffärberei gesprochen, sagt er weiter: „Doch genug und mehr als genug von der Malerei, denn auch die Bildformekunst muss hier noch beigefügt werden."

Ms. Cent. VI. No. 89 aufbewahrt wird. Der Entdecker gestattete mir, das ebenso interessante, als für unsere Sache hochwichtige Manuscript hier zum ersten Male zum Abdruck zu bringen, und hatte ausserdem die Güte, dieser Veröffentlichung einen Commentar beizufügen, der den nicht immer ganz klaren Originaltext des Manuscriptes erst in seinem vollen Lichte zeigt. Gehört dasselbe aber auch nur der Mitte des XV. Jahrhunderts an, und datirt die später eingesetzte Widmungsschrift gar erst aus dem XVI. Jahrhundert, so kann es doch keinem Zweifel unterliegen, dass der *Text* des Manuscriptes in seinem *Ursprunge* dennoch *bedeutend älter* ist und, wie Cennini's trattato oder andere Receptmanuscripte des Mittelalters, *sich an analoge ältere Aufzeichnungen anlehnt.* Das Manuscript entstammt nach Hans Boesch dem *Katharinenkloster zu Nürnberg* und wurde im XVI. Jahrhundert, wie ein Eintrag auf dem Vorsatzblatte bekundet, von der Priorin Margaretha Holzschuher der Schwester Margaretha Bindterin geschenkt.[1]) Sein Titel lautet:

„Das Büchlein hat drei theil; das erst theil saget von den kleidern, die dem göttlichen Dienst „zugehören, als da sind messgewant und röck und alben und korkappen und wie viel allen (man) „zu Jedem haben muss und wie man farbe wieder bringen soll auf sammet und auf seiden und auf „wollenenen tüchern, die die farb verloren haben, — *das ander theil dieses büchleins sagt von (dem) „aufdrucken (von) silber und gold und von wollen und von allen farben und wie man bild drucke von papier*[2]) *und was man zu jedem haben muss,* — das drittheil dieses Büchleins saget von glas „zu machen, als da ist gemalt glas und scheibenglas (und) rautenglas und was zu jedem gehört."

Die auf den Zeugdruck bezüglichen Recepte beginnen mit dem 35. Artikel. Wir reproduciren sie in ihrem *Wortlaute,* jedoch zum bessern Verständniss in einer durch *Hans Boesch* unserer heutigen Schriftsprache angepassten Modellirung:

„XXXV. Wiltu auftrucken silber und golt oder von farb wie die sei oder derhaben gewert[3]) als der sammet, und was zu jedem gehört, so findestu es alles nacheinander geschrieben.

Wie man abentwurfet[4]) plumen oder tier von gulden tüchern.[5])

XXXVI. Item wiltu abentwerfen plumen oder tier von gulden tüchern, da du die *form* ausmachest,[6]) da du mit auftruckest, so nimm ein dünns papier das lauter sei[7]) und bestreich das mit leinöl an beiden seiten und reib es gar wol darein mit einem wullen hadern[8]) und lass trucken[9]); und nimm denn dasselb papier und legs auf das tuch, so scheint es[10]) dir herdurch, und nimm denn ein tinten und ein schreibfedern und streich es auf das papier[11]) und leim es[12]) auf ein hobelt brett und schneit es[13]) darnach aus, wie dus haben wilt.

Wie man leinwat[14]) sterket.

XXXVII. Wiltu leinwat sterken, darauf du truckts silber und golt, oder farb wie die sei, so nim das abschabes, das die permeter[15]) abschaben von dem permet zu 5 ellen als vil du in der hand magst gehaben und wasch das gar rein aus (in) einem wasser und thu das in ein sauberen hafen und

[1]) Nach Andreas Würfels „diptycha ecclesiae, Beschreibung des St. Katharina-Klosters in Nürnberg" (Nürnberg 1757), Seite 108, ist Margaretha Holzschuherin, die 17 Jahre Priorin gewesen, 1568 gestorben. Margaretha Bindlerin war die letzte Nonne des St. Katharinaklosters, dem sie 48 Jahre angehörte. Als 1596 die letzte Priorin von St. Katharina, Cordula Knorr, starb, kam Margaretha Bindlerin (von Nördlingen gebürtig) zu den Clarisserinnen nach Bamberg, woselbst sie im nächsten Jahre das Zeitliche segnete. H. B.

[2]) Abgedruckt in den „Mittheilungen aus dem germanischen Nationalmuseum". 1893.

[3]) erhaben gewirkt.

[4]) abzeichnet.

[5]) Mit diesen „gulden tüchern", mit Blumen und Thieren, sind die Gold- und Silberbrocate gemeint, welche man in Gold- und Silberdruck nachahmte.

[6]) fertigmachest d. h. anfertigen willst.

[7]) klar sei.

[8]) Wolllappen.

[9]) trocknen.

[10]) nämlich das Muster des zu copirenden Gewebes.

[11]) d. h. zeichne das durchscheinende Muster auf das Papier.

[12]) das Papier.

[13]) das auf die Holzplatte gebrachte Muster.

[14]) Leinwand.

[15]) die Permenter, Pergamenter, Pergamentmacher.

geuss daran pey drey mass wassers und setz es zu dem feur und lass es siden auf ein halben stund und rür es oft durcheinander und sich, dass es dir nit übergee.[1]) Wil du es probiren, wenn es sein genug hat, so lass ein tropfen fallen in die hant und leg den finger darein, thu die hand zu und lass es derkalten, und ist, dass dir der finger fluksch[2]) haft(et), so hat es sein genug. Haft es aber nit, so lass pass[3]) siden. Und tu es herdan und lass gefallen und seih es durch ein schön tüchlein, und nimm dann ein padschwamm[4]) und netz die leinwat damit an beiden seiten, dass sie nass wird, und lass trucken und planirs sie dann mit einem glatten pein auf einem harten tisch dass sie gleiss[5]) und druck darauf, was du wilt, so wird es gut. Und sollt auch wissen, dass du auf ungestarkent leinwat nicht guts machst.

Ein gut fundament aufzutrucken silber und golt.

XXXVIII. Wiltu ein gut fundament machen aufzutrucken silber und golt, so merk die regel: nim ein pfunt pleiweiss und 4 lot mastix und ein halbs seidlein gut firniss. Etlich sprechen, dass man dazu sull nemen claret[6]) und terpentin, es ist aber nit not. Wiltu das fundament zu gold, so nim ½ lot oggers, das ist gelbe erden als (wie) der leimen[7]); und reib den ogger unter das pleiweiss auf einem stein gar wol ab mit wasser; so du druckenst mugst, so wirt das fundament goltfarb. Wiltu es aber zu silber, so darfstu des oggers nit, und thu es in einen verglasten scherben und nim die 4 lot mastix und thu die in einen besundern scherben und thu daran einen löffel voll oder 2 firniss und setz ihn über ein glut und loss in zergeehen, und seih ihn durch ein schönes tüchlein unter den pleiweiss und thu das halb seidlein firniss und rür es gar wol untereinanter, und setz es über ein glut und lass es gar wol sieden, als lang bis dass es wirt als ein muss. Wiltu es probiren wenn es sein genug hab, so lass ein tropfen fallen auf ein Messerklingen und greif mit eim finger darein: ist es, dass es fast haft, so hat es sein genug; haft es aber nit, so lass es pass sieden, und thu es herab und lass es erkalten. *Und nim denn ein tolsterlein und trag es auf einen form, und leg den furm auf ein gesterkte leinbat, die da geplanirt sei und reib es darein mit einem knebel auf einer rahm gar wol und leg den das golt darauf und truck es gar subtil nider mit einer paumwollen und loss es trucken, und kehr es denn ab mit einem weichen pürstlein* so wirt es gut. Wär aber das fundament zu stark, dass es auf dem furm nit wolt haften, so setz es wider auf ein glut und lass es zergehen und geuss darunter ein löffel vol leinöls oder 2 und lass es erwallen oder ersiden, so wirt es gut. Also hastu die rechten bewährten kunst und ist auch für wasser und wasch es halt, und ob dich jemant wolt anders lernen, so soltu ihm nit folgen.

Mit roter farb aufzutrucken.

XXXIX. Wiltu auftrucken mit roter farb, so nim zynober und reib den ab mit leinöl gar wol, und nit zu dünn und trag ihn auf den furm mit einem polsterlein und leg ihn (die Form) auf ein gesterkte und planirte leinbat, als vorgesagt ist, so wirt es gut. Und du sollt wissen, dass du nichts guts machst, weder von golt noch von farb, es sei denn die leinbat gesterkt. Ist dir aber der zinober zu köstenlich, so nim gepranten ogger und meng[8]) eins als vil als des andern und reib es ab mit leinöl nit zu dünn, so wirt es schön als (wie) der zinober. Wiltu es aber ser leicht haben, so nim der meng mehr denn des oggers, wiltu es aber prauner haben, so nim des oggers mer denn der meng und trag es auf den furm als denn vor gesagt ist.

Wie man den ogger prennet.

XL. Wiltu den ogger prennen, so zerreib ihn auf einen stein und thu ihn in ein trunkens scherblein und setz ihn über ein glühend kohlen und loss ihn darob stehn als (so) lang, bis dass er praun wirt, und rühr ihn oft durcheinander so wirt er gut.

Wie man auftruckt grüne farb.

XLI. Wiltu auftrucken grüne farb, so nimm 2 lot spangrün und ein lot pleygel[9]) und reib es

[1]) überlaufe.
[2]) flux, rasch.
[3]) besser.
[4]) Badeschwamm.
[5]) glänze.
[6]) Kläre, Stärkemehl
[7]) Lehm, gelber Oker.
[8]) Mennig.
[9]) Bleigelb.

auf einem stein mit leinöl. Wiltu es liecht haben, so nim des pleygels derster[1]) mehr; wiltu es aber satt haben, so nim des pleygels dester miner, und trag es auf den furm als denn vor gesagt ist.

Wiltu auftrucken mit plober[2]) farb.

Wiltu auftrucken mit plober farb, so nim 2 lot indig[3]) und 1 halb lot pleiweiss und reib den untereinander auf einem stein mit leinöl und thu darunter ein wenig virniss. Wiltu es fast liechtplob haben, so reib das pleiweiss dester mehr darunter; wiltu es aber satt haben, so nim des pleiweiss dester minder. Und du solt wissen, was du trucken wilt mit farb, so reib den dritten teil virniss darunter.

Wiltu auftrucken weiss in weiss.

XLII. Wiltu auftrucken weiss in weiss, so nim pleiweiss, der nit sehr weiss sei und reib ihn ab mit leinöl und nimm ein wenig virniss darunter loss es styn[4]) 3 oder 4 tag und truck denn damit. Und siehstu, dass es dir zu weiss ist auf dem tuch und wil nit scheinen, so thu darunter kynswartz[5]) als (so) gross als ein linsen und reib es anderweit ab auf einem stein, so wirt es gut.

Wie man swartze farb machen sol aufzutrucken.

XLIII. Wiltu auftrucken mit swartzer farb, so nim russ von einer lampen oder guten kienschwarz und reib es dan ab mit leynöl, und mit virness nit ze thun, und druck damit was du wilt, so wirt es gut.

Wie man mit wollen auftruckt.

XLIV. Wiltu auftrucken mit wollen, so nim scheerwollen von den tuchscheerern und seud die in weidaschen[6]) welcherlei farb sie sei. Nim zu einem pfunt wollen 3 pfunt weytaschen und zerstoss ihn gar klein und thu ihn in einen hafen und geuss ein wasser daran, also vil, dass du die wollen darinnen mugst netzen und setz ihn zu dem feuer und lass es gar wol sieden, einen wal oder zwee und setz es denn herdann und lass es gefallen und seih das Wasser herab durch ein tuch und geuss es in ein andern hafen und setz es wieder zu dem feuer und lass es sieden und thu die wollen darein und lass sie gar wol sieden und rühr sie immerdar und wenn sie knodlet wirt, so versuch sie zwischen dem finger, und wenn du sie mit dem nagel voneinander sneidst, so hat sie sein genug und thu sie bald her dann, und seih die laugen herab und geuss ein kalt wasser daran, und pall sie gar reinlich daraus, und setz sie an die sunnen oder in ein warme stuben und lass sie dürr werden und stoss sie in einen mörser und red[7]) sie durch ein pfeffersieb und was da hindurch fällt, da druck mit.

Ein fundament aufzudrucken mit roter wollen oder mit prauner.

XLV. Wiltu ein fundament machen zu aufdrucken mit roter wollen oder mit prauner, so nim drei virdung meng und ein virdung geprents oggers und fünf lot mastix und guten starken virness, der da gar stark sei, ein wenig minder denn ein seidlein und reib den ogger und die meng untereinander gar wol also trucken auf einem Stein und thu es in einen verglesten scherben und nimm die fünf lot mastix und thu sie besunder in einen verglesten scherben, und thu daran ein löffel vol virness oder 2 und setz ihn über ein glut und lass ihn vergehen und geuss ihn dann unter die meng und thu den virness darunter und rühr es durcheinander gar wol, dass es wirt als ein muss; und *trag es dann auf ein furm nit zu dünn und truck es auf ein planirte gesterkte leinweyt und reib es gar wol darein, und leg es denn auf einen tisch und red[8]) die wollen daraus durch das vorgenannte sieb, dass es das fundament bedeckt[9]), und truck es gar wol darein[10]); mit den henden schütt es dann, so fällt das übrig herab, so wirt es gut erhaben, gleich als der sammet.*

Ein fundament zu plober farb.

XLVI. Wiltu ein fundament machen zu plober wollen, wann wie die woll in farb hat, also muss das fundament auch sein. Nim drei virdung indich und ein virdung pleiweiss und auch vier lot mastix und virness also vil, als du sein bedarfst als den vorgesagt ist, und thu es in einen verglesten scherben.

---

[1]) desto.
[2]) blauer.
[3]) Indigo.
[4]) stehen.
[5]) Kienruss.
[6]) Waid-Asche.
[7]) u. [8]) treib.
[9]) d. h. man streue die Wolle auf die mit dem noch feuchten Fundament bedruckte Leinwand.
[10]) d. h. lasse das Fundament darin gar wohl trocknen.

und lass den mastix zergehen als (wie) den voringen und temperir es durcheinander und setz es über ein glut und lass es erwallen, so wirt es gut.

Ein fundament zu grüner wollen.

XLVII. Wiltu ein fundament machen zu grüner wollen, so nim drei vierdung spangrün und ein vierdung pleygel und auch fünf lot mastix und virness also vil als des voringen und mach in gleich als den ploben, so wirt es gut."

Soweit unser Recept-Manuscript des Nürnberger Katharinenklosters.

Hans Boesch schreibt nun weiter:

In dem ersten Recepte ist ausdrücklich gesagt, dass die Zeugdrucke *den goldenen Tüchern nachgebildet wurden*, d. h. die gewebten, mit Gold durchwirkten kostbaren mittelalterlichen Stoffe imitiren sollten, was man ja zwar bereits wusste, was aber aus alter gleichzeitiger Quelle festgestellt zu sehen nicht ohne Werth ist. Die Ornamente werden einfach Blumen oder Thiere, bei Cennini in der Uebersetzung von Ilg Blattschmuck und Thiere genannt. Im Gegensatze zu Cennini ist hier ausführlich angegeben, *in welcher Weise die Form oder der Model zuzubereiten sei*. Es wird zunächst die Zubereitung des Pauspapiers gelehrt, dann wie man das Stoffmuster durchzeichnet, die Zeichnung auf das gehobelte Brett leimt und dieses dann ausschneidet. Die Art und Weise, wie die Platte geschnitten werden soll, wird, wie es scheint, als bekannt vorausgesetzt, was nicht Wunder nehmen kann, nachdem die Anfertigung von Heiligen- und Andachtsbildern in Holzschnitt im 15. Jahrhundert in den Klöstern etwas allgemein Geübtes war. Die Frage, wer die in den Klösern zum Abdruck verwendeten Holzstöcke geschnitten hat, wird schwer zu entscheiden sein; aber es wäre nicht unmöglich, dass kunstfertige Klosterfrauen die Stöcke selbst geschnitten haben. Gerade der Umstand, dass unsere Anweisung keine Lehren hinsichtlich des Schnittes selbst giebt, während sie so eingehend Anweisung ertheilt hat, wie die Leinwand gestärkt, das Fundament und die Farben zubereitet werden, drängt die Vermuthung auf, dass die Nonnen vielleicht selbst mit dem Schnitte der Holzstöcke umzugehen wussten. Der italienische Tractat spricht von Nuss- oder Birnbaumholz, der deutsche schweigt sich über die Holzart aus. Die Klosterfrauen mögen auch in dieser Beziehung so wohlbewandert gewesen sein, dass sie eine Angabe, welches Holz man zu den Modeln verwenden solle, nicht für nothwendig erachteten.

Ausführliche Auskunft giebt die deutsche Handschrift über *die Zubereitung der Leinwand*, die zum Bedrucken verwendet wird. Cennini gedenkt derselben gar nicht, während unsere Handschrift — und wohl mit Recht — ein ganz besonderes Gewicht gerade hierauf legt, denn ohne das Bindemittel des Leims dürfte die Leinwand die Farben nur schwer angenommen haben; ebenso ist das Glätten der gestärkten Leinwand auf einem harten Tische einem sauberen Drucke nur förderlich gewesen.

Die Angabe der Zubereitung der Leinwand ist auch noch nach einer anderen Richtung von Interesse. Friedrich Lippmann hat in seiner Abhandlung über die Anfänge der Formschneidekunst und des Bilddruckes[1]) aus dem Umstande, dass der Antwerpener Drucker Jan im Jahre 1417 dem *Pergamentmacher* Willem Tserneels Geld schuldete und mit dem *Färber* Jan von Wezele in enger Verbindung stand, gefolgert, dass Jan weniger Bilddrucke, als etwa Tapeten oder Behänge fertigte: ein nach Art jener in Melk erhaltenen Reste ornamentiertes Pergament, dass Jan also eigentlich ein Zeugdrucker gewesen sei. Dieser scharfsinnigen Ausführung kann man nach der Kenntniss unseres Receptes über die Zubereitung der Leinwand zum Zeugdrucke wohl nur zustimmen, wenn auch der Drucker Jan dem Pergamentmacher Tserneels das Geld wahrscheinlich nicht für Pergament, das er bedruckt haben soll, sondern für die *Abfälle* vom Pergament, die er von Tserneels bezog, um damit eine Masse zum Staerken der Leinwand zu bereiten, geschuldet haben mag! Das Pergament ist zu Zwecken, wie sie die Melker gedruckten Pergamenttapeten[2]) erkennen lassen, wohl nur selten verwendet worden, denn erstens ist es ein theures Material — das Surrogat für die gewebten Stoffe aber sollte ja wohlfeil sein — und zweitens ist es gegenüber der Leinwand von soviel grösserer Dauerhaftigkeit, dass bei einer einstigen umfassenden Herstellung von Ornamentdrucken auf Pergament doch unzweifelhaft noch viel mehr Beispiele solcher auf

[1]) Vgl. Repertorium für Kunstwissenschaft I, S. 234 und Forrer, die Zeugdrucke pag. 22.

[2]) Mittheilungen der k. k. Central-Commission für Erforschung und Erhaltung der Baudenkmale IX, S. 95.

unsere Zeit gekommen sein müssten, nachdem sich von den viel vergänglicheren Zeugdrucken verhältnissmässig doch noch so viele erhalten haben.

In eingehender Weise geben unsere deutschen Recepte Anleitung zur Zubereitung der Farben, während sie über den *Druck*, der doch manche technische Vortheile verlangte, mit ziemlich kurzen Worten hinweggehen. Dies mag vielleicht deswegen geschehen sein, weil bei den Klosterfrauen die Manipulation des Druckens wohl als bekannt vorausgesetzt wurde. Cennini schreibt das Auftragen der Farbe auf den Model in primitiver Weise mittels eines angezogenen, wohl ledernen, Handschuhes vor; unsere Vorschrift verwendet dazu ein „Polsterlein", das wohl dem Ballen der späteren Buchdrucker recht ähnlich gewesen sein mag, dessen Material aber nicht angegeben ist. Bezüglich des Druckes sagt der Nürnberger Tractat, dass die Form, auf welcher die Farbe aufgetragen sei, auf die gestärkte Leinwand gelegt und „mit einem Knebel auf einer Rahm" gerieben werde. Wir stellen uns dabei die Sache so vor, dass die Leinwand, auf die untere Seite des Rahmens gespannt, auf einen Tisch gelegt und in den Rahmen dann die wohl genau in denselben passende und auch gleich starke Form eingefügt wurde. Um einen gleichmässigen Druck zu erzielen, wurde dann mit einem Knebel oder einem Brettchen mit Handhabe die Form auf die Leinwand festgedrückt.

A. Der Drucktisch.
B. Das noch unbedruckte Tuch.
C. Das bereits bedruckte Tuch.
D. Der Holzrahmen, welcher auf den Stoff gelegt wird.

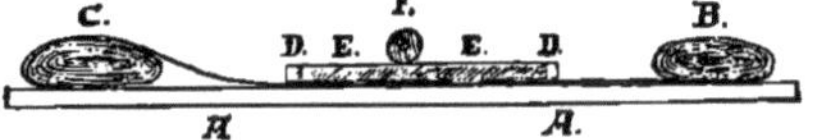

E. Die in den Rahmen eingepasste Druckform.
F. Der Knebel, mit dem die Druckform auf den Stoff festgedrückt wird.

Fig. 2. **Reconstruction eines Drucktisches nach den Angaben des Nürnberger Manuscriptes.**

Lippmann¹) hat das einfache Aufdrücken des Models auf den zu bedruckenden Stoff, das in Vorstehendem beschrieben ist, die in der frühesten Zeit wohl hauptsächlich geübte Weise des Druckens genannt. Nach der Stelle Cennini's, welche über den Druck handelt, würde dieser in gleicher Weise vorgenommen worden sein, nur würde der Holzschild resp. Knebel nicht auf der Rückseite der geschnittenen Form, sondern auf die Leinwand aufgedrückt worden sein. Es müsste also der Rahmen mit der Leinwand von unten zugänglich gewesen und mit dem Holzschilde von unten nach oben die Leinwand angedrückt worden sein.²)

Die deutsche Anweisung hat es zunächst mit *in Silber und Gold gedruckten Stoffen* zu thun, welche die italienische gar nicht kannte; letztere berichtet dagegen ausführlich über den Druck auf gefärbter, auf grüner, rother, schwarzer, gelber, azurner und lichtblauer Leinwand, über welchen sich hinwiederum die deutschen Recepte ausschweigen. Ob aus diesem Umstande gefolgert werden kann, dass die mit Gold und Silber bedruckten Zeugdrucke vorzugsweise deutschen Ursprunges, die auf farbiger Leinwand dagegen vorwiegend italienischen Ursprunges seien, ist fraglich; jedenfalls kann nur die genaue Prüfung der noch erhaltenen Zeugdrucke hierüber Aufschluss geben. Auf weisse Leinwand scheint man nach der italienischen Handschrift ausschliesslich mit Schwarz gedruckt zu haben, das an erster Stelle als Druckfarbe genannt wird, wogegen es in der deutschen erst an letzter kommt. Bunte Farben lässt dagegen die italienische Handschrift mit freier Hand durch den Pinsel auf die schwarzgedruckte Leinwand auftragen, um dem Muster ein lebhafteres Aeussere zu verleihen. In unserer Handschrift findet sich über diese Art der Verzierung des Tuches nichts.

Aus dem Umstande, dass die deutschen Recepte Eigenthum eines *Nonnenklosters* gewesen, darf wohl der Schluss gezogen werden, *dass der Zeugdruck im Mittelalter vorzugsweise in den Klöstern betrieben wurde und erst mit Ausgang desselben ein Zweig bürgerlicher, handwerklicher Thätigkeit wurde.* Die Herstellung der Zeugdrucke in den Klöstern erklärt nun auch der Umstand, dass es bis jetzt nicht gelungen ist, archivalische Notizen des Mittelalters über diesen Gegenstand zu finden.

Cennini giebt an, dass die gedruckte Leinwand zu Unterkleidern für Knaben und Mädchen und zu gewissen Pulten in der Kirche verwendet wurde, die deutsche Handschrift aber giebt über die Ver-

¹) Repertorium, S. 218 ff. ²) Vgl. die Ausführungen S. 14.

wendung keinen direkten Aufschluss. Die Anweisungen über die Anfertigung der Zeugdrucke stehen in unserer Handschrift jedoch direkt hinter den Angaben über die Anfertigung aller Arten kirchlicher Gewänder und über das Auffrischen solcher, die ihre Farbe verloren haben, weshalb wohl der Schluss erlaubt sein dürfte, dass die Zeugdrucke zu diesen Gewändern in Beziehung stehen, die aber nur darin liegen kann, dass Erstere als *Futterstoff* für Letztere verwendet wurden, in welcher Form sie auch in der That vielfach gefunden und nachgewiesen worden sind.

Die Frage, ob sich die Klosterfrauen zu St. Katharina mit dem Besitze der Recepte begnügt oder ob sie dieselben auch praktisch ausgeführt haben, glaube ich dahin beantworten zu dürfen, dass ein hoher Grad von Wahrscheinlichkeit dafür spricht, *dass im Katharinenkloster zu Nürnberg der Zeugdruck betrieben wurde.* Das Kloster war im Besitze einer ansehnlichen Bibliothek, die fleissig gelesen wurde. Eine Reihe von Klosterschwestern beschäftigte sich nach Andreas Würfel[1]) mit der Herstellung von Handschriften. Schwester Kunigunda Nyklasin schrieb die Bibel und viele andere Bücher, Schwester Ursula Pirkhainerin ein Büchlein von der Beicht und Schwester Clara Ridlerin etliche Predigten ab; ferner waren Schwester Paumgartnerin und Mutter Dorothea Schürstabin in gleicher Richtung thätig. In der Stadtbibliothek zu Nürnberg finden sich u. a. acht Bände Antiphonarien in Imperialfolio sauber auf Pergament von Schwester Margaretha Kartheuserin[2]) zu Nutz ihrem Kloster zu St. Katharina in den Jahren 1458—1470 geschrieben. Diese Handschriften sind vielfach mit Initialen geziert, welche meist mit der Feder in Roth und Blau ausgeführt sind und mancherlei abenteuerliche Menschen- und Thiergestalten zeigen; sie lassen eine tüchtige Zeichnerin erkennen, welche die Feder zum Schreiben und zur Anfertigung von Verzierungen gewandt zu führen wusste. Weniger häufig und weniger gut sind die in Miniaturmalerei ausgeführten Initialen, die von recht handwerksmässiger Arbeit sind. Ein von derselben Margaretha Kartheuserin geschriebenes Lectionarium vom Jahre 1452 war dem germanischen Museum 1882 zum Kaufe angeboten;[3]) auf dem hinteren Einbanddeckel desselben war durch eingedrückte Stempel die Schwester Margaretha Kartheuserin als Schreiberin und Schwester Barbara Gewichtmacherin vom selben Kloster als Illuminatorin des Buches bekannt gegeben. Im St. Katharinakloster zu Nürnberg war also eine gewisse Summe von Kunstfertigkeit, und, da man sich auch mit dem Malen von Miniaturen beschäftigte, auch eine gewisse Summe technischer Kenntnisse zu Hause, so dass den Bewohnerinnen desselben schon zuzutrauen ist, dass sie den Zeugdruck practisch ausübten. Wären sie doch sogar auch ohne Pauspapier im Stande gewesen, die Zeichnung auf den Holzstock aufzureissen.

Wir haben oben die Frage angeregt, ob die Klosterfrauen ihre Holztafeln selbst geschnitten haben oder nicht; vielleicht giebt uns über diesen Punkt der Einband des zuletzt beschriebenen Buches, des Lectionariums von 1452, einen Anhaltspunkt. *Die Inschriften dieses Einbandes sind nämlich durch aneinandergereihte Einzelbuchstabenstempel, also durch bewegliche Buchstaben zur selben Zeit hergestellt, als Gutenberg die Welt mit seiner Erfindung beschenkte.* Ausgeführt ist der Einband im Predigerkloster zu Nürnberg; man scheint also in demselben in Bezug auf das Anfertigen von Stempeln auf einer besonderen Höhe gestanden zu sein und es wäre daher nicht unmöglich, dass die kunstfertigen Brüder des Predigerklosters dem Frauenkloster des gleichen Ordens die zum Zeugdrucke benöthigten Holztafeln geschnitten haben. Auch zwei Theile des Antiphonariums der Nürnberger Stadtbibliothek haben ähnliche im Predigerkloster ausgeführte Einbände mit Inschriften in gleicher Technik. Ueber einen weiteren derartigen Einband vergleiche „Anzeiger für Kunde der deutschen Vorzeit" 1882, Sp. 75 f.

Ein ähnliches Verhältniss wie zwischen dem weiblichen (St. Katharina) und dem männlichen Predigerkloster bestand in Nürnberg auch zwischen dem Klarakloster und dem Franziskanerkloster; ein *Antiphonarium*, das in dem Ersteren von Schwester Katharina Knorrin geschrieben wurde, ward in dem letztgenannten Kloster mit einem schönen reich beschlagenen Einband versehen worden. Das Buch aber ist nicht „geschrieben", wie es auf dem Vorsetzblatte heisst, sondern vom Anfang bis zum Ende

---

[1]) Diptycha ecclesiae, Beschreibung des St. Katharinenklosters in Nürnberg (Nbg. 1757) S. 107.

[2]) Um Irrthümer zu vermeiden bemerken wir, dass sie mit ihrem Familiennamen eben „Karthäuser" hiess.

[3]) Vgl. meinen Artikel „Zur Geschichte der Erfindung der Buchdruckerkunst" im Anzeiger für Kunde der deutschen Vorzeit 1882, Sp. 75 f.

schablonirt: Ein weiterer Beweis der Vertrautheit der Klosterfrauen mit allen damals bekannten Vervielfaltigungs-Techniken!

Vielleicht geben diese unsere Mittheilungen Veranlassung zu weiteren Nachforschungen in den Archiven der Nonnenklöster und dadurch zur Gewinnung weiteren Materials zur Geschichte des Zeugdruckes.

Der Zeugdruck in Deutschland vom Mittelalter bis in's XVI. Jahrhundert.

Deutschland mag im Mittelalter in der Fabrikation kostbarer Gewebe weit hinter Italien, selbst hinter Frankreich und den Niederlanden, zurückgestanden haben, in der Herstellung von *Zeugdrucken* aber nimmt es zweifellos die *erste Stelle* ein, und hat in dieser Hinsicht ein Material an Originaldocumenten in Form von bedruckten Geweberesten geliefert, wie es bisher kein anderes Land auch nur annähernd zu bieten vermocht hat. Zahlreiche Anhaltspunkte sprechen dafür, dass die Mehrzahl der in Deutschland gefundenen Drucke auch in Deutschland hergestellt worden ist. Wer daran bisher immer noch zweifelte und an einen Import dieser Drucke aus dem Süden dachte, wird nach Auffindung der Nürnberger Zeugdruckrecepte, über welche hier berichtet worden ist, gerne den Beweis als erbracht ansehen, dass man im mittelalterlichen Deutschland die Technik des Zeugdruckes sowohl kannte, als ausübte. Dagegen liegt die Frage immer noch im Dunkeln, *wann* diese Technik hier ihren Beginn genommen hat, und in *welchen* Theilen des weiten Reiches sie *zuerst* ausgeübt worden ist. Der älteste in Deutschland gefundene Zeugdruck ist der von Prof. Dr. *Lessing* zum ersten Male veröffentlichte und hier verkleinert reproducirte Baumwolldruck aus dem Dome von Quedlinburg, ausgeführt in schwarzem Contourdruck mit roth-goldenem Aufdruck. Geheimrath Lessing[1]) nimmt als Datum der Herstellung das VI. bis VII. Jahrhundert und als Provenienz eine *sassanidische* Werkstätte an. Für die Geschichte des *deutschen* Zeugdruckes ist also dieser Stoff, so interessant er auch sonst sein mag, ohne Belang, dagegen dürfte der auf unserer Tafel III in Naturgrösse photographisch wiedergegebene Seidendruck nur wenig jünger und in dieser Eigenschaft geeignet sein, die Reihe der deutschen Stoffdrucke würdig zu eröffnen. Es ist ein überaus zartes „glattes" Seidengewebe, dessen Farbe ehedem violett-rosa, heute mehr bräunlich erscheint, und worauf eine Musterung gesetzt ist, die in abwechselnder Vertheilung einen Kreis mit eingelegtem Adler und einen Kreis mit rückwärtsblickender Gans aufweist; die einzelnen Kreise sind durch gekreuzte Linien untereinander netzartig verbunden. Während aber in spätern Jahrhunderten ein so wenig Raum in Anspruch nehmendes Muster stets auf *einen* Holzstock gesetzt wurde, erscheint hier noch jedes einzelne Muster selbstständig auf je einen besonderen Holzstock geschnitten. Man hatte also für den Kreis mit der Gans, wie für jenen mit dem Adler je einen besonderen Stempel und reihte dann diese beim Drucken abwechselnd an- und untereinander. Bei der Kleinheit der zwei Druckformen möchte man fast eher von einem „Abstempeln" des Stoffes, als von einem „Bedrucken" reden; der ganze Druckapparat erscheint noch überaus primitiv und macht ganz den Eindruck, als hätten wir hier *einen der ersten deutschen Druckversuche* vor uns. Die frühe Musterung bietet dazu eine volle Bestätigung, denn sie erinnert lebhaft an byzantinische Flachornamente, besonders an Gewebe des VII. bis VIII. Jahrhunderts, auf welchen derlei Netze mit in die Linienkreuzungspunkte eingelegten Kreisen häufig vorkommen. Wenn also der Stoff nicht noch der carolingischen Zeit entstammt, so möchte ich ihn doch nicht viel später datiren. Bemerkenswerth ist eine gewisse Verwandtschaft mit Druckstoffen aus frühromanischer Zeit, wie ich sie in meinem Werke „Die Zeugdrucke" in Fig. 1 und 2 Tafel IV

Fig. 3 Baumwolldruck von Quedlinburg.

[1]) Vergl. Jahrbuch der Königl. preuss. Kunstsammlungen 1880 (Mittelalterliche Zeugdrucke im Kunstgewerbemuseum zu Berlin) und Forrer: „Die Zeugdrucke" pag. 13—14.

publicirt habe. Jene Stoffe sind mit kleinen Modeln bedruckte Seidengewebe ähnlicher Farbe und von gleich zarter Structur; der Druck ist wie hier ein schwarzer Klebedruck, den man mit Silber bestreut hat. Das Letztere allerdings ist auf dem Original Tafel III nur noch in einem leichten Schimmer sichtbar, so dass wir es nur der schwarzen Aufdruckmasse verdanken, wenn uns das Muster überhaupt erhalten geblieben ist. Vergleicht man nun diesen und die eben erwähnten Stoffdrucke mit den nun folgenden mittelalterlichen Seiden- und Leinendrucken deutscher Provenienz, so kann man sich nicht verhehlen, dass zwischen jenen und ihren zeitlichen Nachfolgern ein innerer Zusammenhang unverkennbar ist, und dass wie für jene spätern Drucke so auch für diese die Ursprungsorte nicht allzuweit entfernt von den Fundorten — in ihrer Mehrzahl die deutsche Unterrheingegend — gelegen haben können. *Damit würde die ungefähre Entstehungszeit des deutschen Zeugdruckes an die Wende des ersten in's zweite Jahrtausend datirt,* doch darf natürlich nicht ausser Acht gelassen werden, dass diese Stoffreste nur so lange als chronologische Marksteine gelten können, als der Zufall uns keine älteren deutschen Drucke in die Hände spielt. Und wie wenig man sich im Allgemeinen auf das Fehlen eines Objectes stützen darf, um daraus richtige Schlüsse zu ziehen, weiss Jeder zu würdigen, der da sieht, wie täglich neue, unerwartete und nie dagewesene Schätze der Erde entsteigen, welche nur zu oft die Schlusse der Gelehrten gewaltig modificiren, oder Lücken, deren Ausfullung die Wissenschaft Jahrzehntelang versucht hat, in ungeahnter Weise plotzlich schliessen. Leider setzt sich die erwähnte Gruppe spätcarolingischer oder fruhromanischer Drucke nur aus ganz wenigen Stücken zusammen, so dass weitere Schlüsse zu ziehen oder eine Art Reihenfolge zur Veranschaulichung eines allmähligen Ueberganges in die Gruppe der Druckstoffe mit voll entwickelten romanischen Mustern festzustellen gänzlich unmöglich ist.

Historische Nachrichten, welche mit Sicherheit auf gedruckte Stoffe sich beziehen lassen, fehlen für diese Zeit gänzlich, und müssen wir uns also darauf beschränken, die uns erhaltenen Originale selbst sprechen zu lassen. Einen Silberdruck auf blauem Leinen, mit grossen Kreisen, in welche abwechselnd Böcke und Meerungeheuer eingesetzt sind, habe ich bereits in „Die Zeugdrucke" behandelt, und dort schon hervorgehoben, wie entwickelt sich die Technik an diesem prächtigen Drucke vorführt (Fig. 4). Er ist zweifellos die Nachahmung eines romanischen Silberbrocates derselben Zeit und zeigt in seiner Anordnung und Musterung eine gewisse Verwandtschaft zu dem auf unserer Tafel IV reproducirten Seidendrucke des XIII. Jahrhunderts. Der Stoff besteht aus weinrother, glattgewebter Seide mit Kreisen und Füllrosetten in Schwarzdruck, der ehedem mit Silber bestreut war; eingelegt in die Kreise sind abwechselnd ein Paar geflügelte Drachen in Grundruck und ein Paar Leoparden in Rothdruck. Die Musterung begann mit dem Aufdrucken des Kreismodels (Durchmesser $18^1/_2$ cm!), worauf man in die sich bildenden Vierecke die sternförmige Füllrosette einsetzte; dann druckte man mit einem dritten Model die Leoparden und mit einem vierten Stempel die Drachen ein.

Fig. 4. Romanischer Silberdruck des XII. Jahrh. aus der Gegend von Siegburg.

Es kamen also nicht weniger als 4 verschiedene Holzformen und 3 verschiedene Farben zur Anwendung, was in Verbindung mit der ansehnlichen Grösse des Musters auf eine Technik hinweist, die bereits *lange Jahre der Vorübung* hinter sich hatte. Gleiches besagen die übrigen Drucke dieser Zeit, besonders der einst silberne, jetzt schwarzgraue Druck Tafel V auf braunrothem Leinen, der die Anwendung dreier verschiedener Holzformen aufweist. Die eine zeigt Rehe, welche in der für die romanische Textilmusterung characteristischen Stellung auseinandergehend die Köpfe gegeneinander zurückwenden, zwischen ihnen der aus byzantinischen Mustern übernommene Lebensbaum. Das andere Model enthält eben diesen Baum in veränderter Wiedergabe und in unverkennbarer Anlehnung an byzantinische Seidenstoffmuster (man vergleiche z. B. in meinem Werke „Die römischen und byzantinischen Seidentextilien aus dem Gräberfelde von Achmin-Panopolis", Strassburg, 1891, Seite 16 und Fig. 4 Taf. III). Als dritten Stempel hat man zur Ausfüllung der freigebliebenen Dreiecke eine Drachenfigur mit Schlangenleib und Vogelfüssen verwendet, wie ähnliche Gestalten auf romanischen Thonfliessen des XII—XIII. Jahrhunderts wiederkehren. Einfacher, aber noch demselben Formenkreise zugehörig, sind die Leinendrucke Fig. 1 Taf. VI, blaue Ronds mit Vögeln auf grauem Leinen, und Fig. 1 Taf. VII, rothe Ronds mit Adlern und Löwen auf steifem grünem Leinengewebe. Den runden Kreisen gesellen sich solche mit zugespitztem Obertheile bei, wie Tafel V sie in grossem Formate (Originalhöhe 17,3 cm) vorführte, und Fig. 1 Taf. VIII, auch der orientalisirende Druck Taf. IX in „Die Zeugdrucke", zeigen. Gleichzeitig, d. h. gegen Ende des XIII. und Anfang des XIV. Jahrhunderts beginnen die aus den Kreisen losgelösten Vogel- und Thierfiguren auch in den Zeugdruckmustern eine Rolle zu spielen. Der Rothdruck Fig. 2 Taf. VI ist auf hellbrauner zarter Seide, der Schwarz- oder einstige Silberdruck Fig. 2 Taf. VII auf rothem Satin (der gerade im XIII. und XIV. Jahrh. vielfach in alten Urkunden genannt wird), Fig. 2 Taf. VIII in Schwarzdruck auf brauner Seide und Fig. 1 und 2 Taf. IX auf hellbrauner bzw. gelbbrauner Seide in Schwarzdruck ausgeführt. Es sind theils sarazenische, theils italienische Stoffe jener Zeit, die man für diese Surrogate zum Vorbilde nahm, doch ist die Zeichnung der Druckmuster im Vergleich zu derjenigen der Originalgewebe stets eine vereinfachte, weniger reiche und plumpere, was immerhin auf die Schwierigkeiten hinweist, mit welchen man damals noch bei Herstellung der Druckformen zu kämpfen hatte.

Bisher waren die Muster der mittelalterlichen Stoffdrucke stets nur eine Art über den Stoff vertheilter Einzelstempel, die unter sich meist in losem Zusammenhange standen. Von nun an werden die Muster, der Zeitströmung folgend, dichter aneinandergereiht und derart gezeichnet, dass sie unter sich ein geschlossenes Ganzes bilden, gewissermassen ununterbrochen fortlaufen. Dahin zählen einleitend der Rothdruck Fig. 2 Tafel VI, der Schwarzdruck Fig. 2 Taf. IX und im fortgeschrittenern Stadium der Golddruck auf grüner Seide Tafel X, der Röthe!druck auf weissem Leinen Taf. XI, der Schwarz-Silberdruck auf brauner Seide Tafel XII und der hier in Fig. 5 reproducirte Schwarzdruck auf gelber Seide. Am vollkommensten hat diese Musterung in dem Stoffe Tafel XIV ihren Ausdruck gefunden. Der Autor hat dort mit Anwendung dreier verschiedener Model ein überaus geschmackvolles Muster hergestellt, indem er mit dem kleinen Rankenwerkstempel das Rosa-Seidengewebe netzartig bedruckte und darauf in die sich bildenden Rhomben abwechselnd die Palmetten und die Vogelform eintrug. Das letztere Muster zeigt Kraniche, welche nach einem Fische schnappen, darunter der auf sarazenischen Stoffen oder auf nach solchen copirten europäischen Geweben und Drucken so häufig wiederkehrende Halbmond. Diesen dem XIII. und XIV. Jahrhund. angehörigen Zeugdrucken gesellen sich in derselben Periode *Imitationen der damals so beliebten Stoffe mit aufgestreuten Lilien* analog unserer Tafel XIII zu. Sie kommen gewebt wie gedruckt in den verschiedensten Farben vor und dienten bald als Wandbehänge, bald als Kästchenfutter, als Reliquienhüllen u. s. w. Die Lilie galt nicht nur als Abzeichen der französischen Könige, sondern auch als Symbol der Jungfrau Maria und fand daher auch in deutschen Landen zu obigen Zwecken beliebte Anwendung. Der abgebildete Seidendruck entstammt der Eiffelgegend. — Derselben Periode dürfte ferner der *frühgothische Reliquienbeutel* Fig. 2—4 Taf. XVI, dem Kestner-Museum zu Hannover gehörig, zuzuweisen sein. Er besteht aus zarter gelbgrauer Leinwand mit ebensolchem Futter und drei als Verzierung aufgenähten knopfartigen Quasten aus grüner Seide. Der Verschluss wird durch zwei, durch den oberen Rand gezogene rothe Seidenschnüre gebildet, die beim Auseinanderziehen die Mündung zusammenziehen. Der Beutel entspricht insoweit also vollkommen den mehrfach vorhandenen Reliquienbeuteln des XIII. und XIV. Jahrhunderts, ist aber statt der sonst üblichen Verzierung durch Stickerei,

Fig. 5. Schwarzdruck auf gelber Seide. XIII. und XIV. Jahrh.

oder durch Auflage kostbarer Gewebe in diesem Falle *mit durch Modeldruck hergestellten Ornamenten geschmückt.* Die einst dick aufgetragene, jetzt mehrfach abgeriebene Farbe des Druckes ist ein bräunliches Rothviolett, das vielleicht einmal carminroth war. Das auf dem Beutel sich 3 mal wiederholende Ornament reproducire ich losgelöst und mit dem Rapport versehen in Fig. 4. Der Beutel ist nicht etwa erst nachträglich d. h. *nach* seiner Fertigstellung mit dem Drucke versehen worden, sondern die dazu benützte Leinwand war zum Voraus schon bedruckt und scheint ehedem einem anderen Zwecke, etwa als Stola oder Manipel, gedient zu haben; später zerschnitt man das bedruckte Leinenband und stellte daraus durch Zusammennähen der einzelnen Theile den Beutel her. Dieser besteht aus 3 Längsstreifen, die unter Mitberechnung der umgelegten, innen z. Th. sichtbaren Kanten je 7 cm Breite und je 12½ cm Länge, zusammen also 37½ cm massen — eine Breite und Länge, welche gerade auf eine Manipel passen würden.

Das voll entwickelte Quattrocento kommt in den Drucken Tafel XV bis XX zum Ausdruck. Zwar erinnert die blauleinene 102 cm lange und 78½ cm breite *Silberdruckcasel* Taf. XV in ihrer Ornamentik noch an die sarazenischen und süditalienischen Stoffe des XIII. Jahrhunderts, aber die in ihr zur Anwendung gelangte Technik lässt mich vermuthen, dass sie erst im XIV. Jahrh. in Anlehnung an einen etwas ältern Silberbrocat entstanden sei. Im Gegensatze zu den oben behandelten Druckstoffen mit ähnlich grossen und ineinander geschachtelten Mustern, die bisher stets aus *mehreren kleinern* Modeln zusammengesetzt erscheinen (vgl. Taf. IV, V und XIV, und in „Die Zeugdrucke" Taf. VI und XIV), hat man zu diesem doch so grossen und vielgestaltigen Muster nur *eine* Druckform verwendet und *derart durch Anbringung des ganzen Musters auf* einem *Holzstocke und nachherige geschickte Anpassung beim Drucken eine wesentliche Vereinfachung der Drucktechnik erzielt.* Dieses neue Princip hat im XV. Jahrhundert bei fast allen im Druck imitirten Textilmustern Anwendung gefunden und gilt sowohl für die nach oberitalienischen Seidengeweben des XIV. Jahrh. copirten Drucke von Taf. XVI bis XVIII, als für die die mittelalterliche Drucktechnik abschliessenden Leinendrucke der Spätgothik Taf. XXIII bis XXVI. Dass man aber auch im XIV. und XV. Jahrh. die alte Technik der Zusammensetzung des Musters aus mehreren Einzelstempeln, gewissermassen ein „Malen mit Handstempeln", in traditioneller Weise weiterübte, beweisen der aus 3 kleinen Stempeln combinirte Silberdruck auf brauner Seide Fig. 1 Taf. XIX, der Pultbehang von Innichen Taf. XX und das Antependium Tafel XXXII der „Zeugdrucke".

Gegen Mitte und Ende des XIV. Jahrhunderts erscheinen *die Bild-Zeugdrucke* — die Vorläufer der auf Papier und Pergament abgedruckten Holztafeldruckbilder. Zu den ältesten Beispielen dieser Art zählen die unter dem Capitel des italienischen Zeugdruckes zu behandelnde „Tapete von Sitten", der gothische Lesepultbehang von Innichen und, aus Deutschland, der von Essenwein publicirte Stickereivordruck mit dem Tode der Maria, den ich hier in Fig. 6 verkleinert reproducire[1]). Es ist dies eine Stickerei, auf deren Leinengrund ein schwarzfarbiger Vordruck sichtbar ist, den Essenwein in den Beginn des XIV. Jahrh. datirt, der aber doch wohl erst der zweiten Hälfte dieses Jahrhunderts zugehört. Die Darstellung entspricht einem etwa gleichzeitigen oder nur wenig jüngeren Holzschnittblatte der Sammlung Weigel (jetzt im german. Nationalmuseum), das wie jener Leinendruck solche Dimensionen hat (26½ zu 38½ cm), dass man annehmen muss, auch diese Platte habe ursprünglich zum Stickereivordruck gedient und sei mehr nebenbei oder erst später zum Abdruck auf Papier verwendet worden. Etwas später, in der ersten Hälfte des XV. Jahrhunderts, sind dann die Bilddrucke mit Kreuzigung Christi (Fig. 2 Taf. XXII) und mit Madonna unter einem Baldachin (Fig. 3 Taf. XXII) der Sammlung Weigel, endlich der Christus Tafel XXI des Berliner Königl. Kupferstichkabinets entstanden.

Fig. 6. Stickerei-Vordruck des XIV. Jahrh. „Tod der Maria".

[1]) Anzeiger für Kunde der deutschen Vorzeit, 1872, p. 245.

Alle Drei entstammen der Kölner Gegend und dürften dort ihre Entstehung gefunden haben. Auch der prächtige Leinendruck Fig. 7 mit Mutter Anna, Maria und singenden Engeln in Vogelsgestalt hat als Fundort die Kölner Gegend (eine Kirche bei Euskirchen) und dürfte dort in der ersten Hälfte des XV. Jahrhunderts in Anlehnung an burgundische Vorbilder entstanden sein. — Alle diese ungefähr ein und derselben Periode angehörigen Stoffdrucke verrathen ein gewisses Streben, über den Rahmen der bisherigen Textilornamentik hinauszutreten und sich an grössern Aufgaben zu versuchen. Indessen folgt der Zeugdrucker wie bisher so auch jetzt wieder in erster Linie dem Weber, dessen Producte er von jeher sich zum Vorbilde nahm, und der auch jetzt ihn auf den neuen Pfad lenkte. Gegen Ende des XIV. und Anfang des XV. Jahrhunderts erscheinen nämlich in Italien Brocate, die statt der bisher geübten Pflanzenmusterung an und übereinandergereihte Wiederholungen grösserer figürlicher Szenerieen darbieten. Am häufigsten ist die Verkündigung Mariä und die Geburt Christi zur Darstellung gebracht; daneben erscheinen aber auch Szenen aus der Leidensgeschichte Christi, Marien- und Heiligenbilder, Johannes der Täufer usw. Diese Bildgewebe, in Verbindung mit den in dieser Zeit allgemeiner gewordenen vielfigurigen Stickereien und Wandteppichen, dürften den Anstoss gegeben haben, dass im Zeugdruck der eigentliche Bilddruck Eingang fand. *Hier lag die Wiege der Holzschneidekunst,* und man wird unmittelbar vor die Frage gestellt, ob nicht hier die Loslösung des für den „Helgendruck" (Papierholzschnitt) arbeitenden Formschneiders vom Zeugdrucker, bezw. von dem für den Stoffdruck arbeitenden Holzschneider stattfand. Der Begabtere wandte sich dem um 1400 rasch aufkeimenden und wenige Jahrzehnte nachher zu grosser Ausdehnung gelangenden Bilddrucke zu, der weniger Kunstfertige blieb beim Zeugdrucke und arbeitete in alter Gepflogenheit weiter. Während die prächtige Leinendruckborte Fig. 1 Taf. XXII die Hand eines Meisters, würdig der oben erwähnten Bilddrucke verräth, erscheint die Mehrzahl der nach gothischen Mohnkopf- und Granatapfelmustern copirten Leinendrucke wie Fig. 8 und Tafeln XXIII bis XXV (sowie Taf. XXII bis XXVI der „Zeugdrucke") wesentlich einfacher in Schnitt, Zeichnung und Colorit. Als Druckfarbe dienen meist nur noch schwarz, grün und roth auf weiss, gelblich oder röthlich farbiger Leinwand. Es sind dies die letzten Producte der ihrem Abschluss entgegengehenden mittelalterlichen Drucktechnik. Wie die granatapfelgemusterten gothischen Seiden- und Sammetstoffe bis in die erste Hälfte des XVI. Jahrhunderts allgemein im Gebrauche waren, so haben auch diese derart gemusterten Drucke bis in's XVI. Jahrhundert hinein Herstellung und Verwendung gefunden. Auch diese Druckstoffe entstammen durchweg der untern Rheingegend, wogegen Ost- und Süddeutschland sowohl an früh-, wie spätmittelalterlichen Zeugdrucken auffallend arm sind. Man darf aber nicht vergessen, dass hier die Reformation gerade in denjenigen Objecten, welche heute für Stoffdrucke die reichste Ausbeute geben, in Reliquienhüllen und Messgewändern, gewaltig aufgeräumt und damit uns im Voraus der Fundquellen für jene Gegenden beraubt hat. Dass aber nichtsdestoweniger auch in *Süddeutschland* der Stoffdruck, zum mindesten im XIV. und XV. Jahrhundert, ausgeübt worden ist, belegen zahlreiche *Urkunden,* welche sich dort erhalten haben. Auf diese werde ich sofort zu sprechen kommen, doch muss ich vorher noch des seltsamen

Fig. 7. Leinendruck der ersten Hälfte des XV. Jahrhunderts aus der Gegend von Köln a. Rh.

Umstandes Erwähnung thun, dass nicht allein im Mittelalter, sondern auch im XIV. und XV. Jahrhundert, also zu einer Zeit, wo die süddeutschen Archive bereits eine deutliche Sprache reden, der Unterrhein, gerade die sonst an Original-Drucken so reiche Kölner Gegend, noch immer in den Urkunden dasselbe Stillschweigen beobachtet, das dort auch während der Blüthezeit des Zeugdruckes obwaltet. Wohl kommen in mittelalterlichen Archivalien schon frühe „tinctores" und „ferwer" und in den Urkunden der Kölner Schreinsbücher im XIV. Jahrh. zahlreiche „Schilderer" und „Clippeatoren" vor, in deren Thätigkeit die gelegentliche Herstellung von bedruckten und „geschilderten" Stoffen inbegriffen gewesen sein mag, aber nirgends finden sich hierfür *sichere* Anhaltspunkte, welche uns über die blosse Vermuthung hinweghülfen[1]). Wir werden also wohl mit *Hans Boesch* annehmen müssen, dass die Mehrzahl der unterrheinischen Mittelalterdrucke *in Klöstern* hergestellt wurde, dass das Handwerk sich nur vereinzelt mit dem Zeugdruck befasste, und dass diese Verhältnisse am Unterrhein auch dann noch anhielten, als im XIV. und XV. Jahrh. am Mittelrhein und im übrigen Süddeutschland der Zeugdruck bereits einen besonderen Zweig der Privatindustrie bildete.

Trotzdem für den Norden die Urkunden fehlen, so geben doch diejenigen Süddeutschlands einen deutlichen Fingerzeig, dass die Kunst des Zeugdruckes vom Unterrhein kam, dann ihren Weg rheinabwärts bis Mainz nahm und von hier aus östlich durch Bayern (Nördlingen, Ulm und Nürnberg, später Regensburg, Augsburg etc.) nach Oesterreich, südlich über Strassburg nach der Schweiz sich verzweigte. Eine westliche Linie führte von Köln aus nach Holland und von da nach Flandern und Frankreich.

Fig. 8. Mohnkopfmuster in Schwarzdruck auf weisser Leinwand.

In Holland hiessen die Zeugdrucker „printer" = Drucker; ebenso werden sie auch in Deutschland als „Drucker" oder „Aufdrucker" bezeichnet. Zu einer Zeit, wo von einer „Industrie" zur Herstellung von Heiligenbildern noch nicht die Rede sein konnte, treten in *Mainz* schon „Drucker" auf, die nichts anderes als *Zeugdrucker* gewesen sein können. Schaab[2]) berichtet, dass er in einem Mainzer Bannbriefe vom Jahre *1356* unter den Zeugen einen „*Hartweich, Drucker*" vorfand, und einen andern solchen vom Jahre 1409, der als „*Arnold den Jungen, Drucker*" bezeichnet wird. Ebenso wichtig sind die Nachrichten *Beyschlags* über *Nördlinger* Drucker jener Zeit[3]). Bereits in den Jahren 1405—1406 erscheinen in den Steuerbüchern jener Stadt und im Zinsregister der dortigen St. Georgenkirche je ein „*Drucker*". Nun war dies aber in beiden Fällen der *Name* der betreffenden Person, deren eine ein Bäcker, die andere ein Bauer war. Wie aus so vielen andern Beispielen jener Zeit ersichtlich, haben also auch diese Männer Namens „Drucker" *ihren Familiennamen vom Gewerbe ihres Vaters erhalten*: ihre Voreltern waren demnach Drucker und müssen dies Gewerbe den obigen Daten zufolge bereits im XIV. Jahrhundert betrieben haben. — Dem „Drucker" gesellt sich der *Formenschneider*, der Modelstecher, bei: In *Ulm* erscheint im Jahre 1397 urkundlich ein „*Hans der Formenschneider*". Einen solchen gleichen Namens erwähnt W. L. Schreiber[4]) als in demselben Jahre zu *Nürnberg* thätig. Weitere solche sind für letztere Stadt in „*Hans Pömer*" vom Jahre 1423 und „*Hans der Formschneider*" vom Jahre 1444 (aufgenommen 1440) bekannt[5]). 1440 und 1444 erscheint in *Strassburg Johann Meydenbach* als „Formschneider und Briefmaler" thätig, und daran anschliessend treten in der Folgezeit zahlreiche andere Formschneider in allen Theilen Deutschlands auf. Aber inzwischen haben sich die Zeiten geändert: Der

[1]) Vgl. z. B. M. I. I. Merlo's „Kölnische Künstler in alter und neuer Zeit", neu bearbeitet durch Dr. Firmenich-Richartz und Dr. H. Keussen (Schwann, 1895) pag. 617: Henricus de Nussia (Heinrich von Neuss), Schilderer und Clippeator, von 1313 bis 1330 als lebend, 1357 als verstorben genannt; pag. 675: Hildeger Platvoys erscheint 1332 als Hilgerus dictus Platvois clippeator, an anderer Stelle als „Hilger Platvoys der Schilder"; sein Sohn kaufte sich in der Schildergasse an.

[2]) K. A. Schaab, Geschichte der Erfindung der Buchdruckerkunst. Mainz 1831. Bd. III pag 335.

[3]) Beyschlag, Beiträge zur Kunstgeschichte der Reichsstadt Nördlingen.

[4]) Darf der Holzschnitt als Vorläufer der Buchdruckerkunst betrachtet werden? Leipzig, Harrassowitz, 1895. pag. 58, Anmerkung (sofern hier nicht eine Verwechslung mit dem Ulmer Hans vorliegt).

[5]) Schreiber, a. O. pag. 58.

Bild- und Buchdruck hat den Zeugdruck weit überholt, und so mögen also die Formschneider der zweiten Hälfte des XV. Jahrhunderts nur ausnahmsweise noch Zeugformen, in der Hauptsache aber Holzschnitte für den Buchdruck geliefert haben. Umgekehrt liegen die Verhältnisse für die Formenschneider der Zeit *vor* Gutenberg, deren Hauptbeschäftigung zweifellos in der Herstellung von Zeugdruckmodeln bestand. Damit ist nicht ausgeschlossen, dass sie nicht nebenbei ihre Kunst auch in den Dienst anderer Gewerbe, die ihrer bedurften, und, als der Bilderdruck Aufnahme fand, sich auch in dessen Dienst stellten. Gleiches gilt für den Zeugdrucker, der wie der Formschneider für die neue Kunst des Bild- und Buchdruckes gewissermassen *praedestinirt* war. Und in gleicher Weise mögen endlich auch die *Bildschnitzer* dem Zeugdrucker wie dem Bilddrucker im Modelschnitt gelegentlich behülflich gewesen sein. Eine Betheiligung der mittelalterlichen Holzschnitzer am Zeugdrucke ist ja durchaus wahrscheinlich, aber actenmässig nicht nachweisbar. Du Cange hat einen „incisor lignorum" urkundlich schon für das Jahr 1233 constatirt. Ein „Schnitzer" Ulrich tritt 1398 zu Ulm auf. Beyschlag erwähnt einen Holzschneider „fr. h. luger layc' optim incisor' lignor(um)", der in einem Necrologium der Franziskaner Mönche zu Nördlingen 1416 vorkommt. Andere „Schnitzer" finden sich nach Schreiber (a. O. p. 58) zu Ulm in den Jahren 1441 (Peter von Erolzheim und Jörg), 1442 (Lienhart) und 1447 (Claus, Stoffel, Jörg). Sie mögen sich mit den Schreinern, Formschneidern und Druckern in das Schneiden der Druckplatten für Tuch und Papier getheilt haben.

Alle Anzeichen sprechen dafür, dass die Zeugdrucker des XV. Jahrhunderts im engsten Zusammenhange mit jenen Kunstbeflissenen standen, welche damals den Bild- und Blockbuchdruck ausübten und also den Typendruck vorbereiteten. Auch aus der Zeit, welche Gutenbergs Erfindung unmittelbar folgte, existiren noch so viele Nachrichten über „Drucker", ohne dass von diesen Werke überhaupt oder doch in genügender Zahl bekannt wären, um ihre Thätigkeit zu rechtfertigen, dass man sich füglich mit Schreiber (a. O. p. 63) sagen muss „schliesslich müssen diese Leute doch noch etwas mehr in ihrem Leben gethan haben, als dass jeder von ihnen ein Blockbuch herausgab". Diese Worte beziehen sich auf die von Neuwirth[1]) in den *Regensburger* Bürgerbüchern gefundenen Drucker: *Margko Rotufeld der aufdrucker*, vom Jahre 1460, *Wenczl Maler aufdrucker*, von 1461, *Görg priefdrucker und Linhart Wolff desselben Wercks*, von 1463, *Johannes Eysenhut aufdrucker*, von 1471, und *Ulrich Ketner, briefmaler*, von 1481. Von diesen erscheint Johannes Eysenhut als „impressor" des zu Regensburg 1471 erschienenen Blockbuches „Defensorium Mariae", indessen Linhart Wolff (1463 als Bürger aufgenommen) mit dem „lienhart .·. czv. reginspurck:", identisch sein dürfte, welcher das ca. 1470 erschienene Tafeldruckwerk „Salve Regina" herausgegeben hat. Andere Arbeiten sind von diesen Beiden nicht bekannt und von den andern erwähnten Druckern kennt man überhaupt keine Druckerzeugnisse; sie müssen nebenbei also noch eine verwandte andere Beschäftigung betrieben haben. W. L. Schreiber denkt an Vergulder (a. O. p. 63), welche das Auflegen des Blattgoldes in den Manuscripten und Gemälden besorgten, aber diese Beschäftigung stand mit derjenigen des Buchdrucks in so durchaus losem Zusammenhange, dass jener Gedanke ohne Weiteres von der Hand gewiesen werden muss. *Kein* anderes Handwerk passte so vollkommen zu dem des Bild- und Blockbuchdruckes, wie das des Zeugdrucks. *Die Herstellung der Druckplatten und der Farben war dieselbe, nur das zu bedruckende Material war ein anderes — beide Techniken liessen sich also vorzüglich miteinander verbinden.* Die Papierdrucke haben sich in den Bibliotheken erhalten, aber die dem Verbrauche geweihten Zeugdrucke giengen zu Grunde.

In den Jahren 1460 bis 1463 sahen wir in Regensburg nicht weniger als vier Drucker thätig, und von diesen Vieren hat nur Lienhart und auch dieser erst um 1470 uns ein Holzschnittbuch hinterlassen. Man ist deshalb zu der Annahme berechtigt, dass von diesen Leuten der Bild- und Buchdruck nur *gelegentlich* betrieben wurde, dass ihre *Hauptbeschäftigung* und ihr *Hauptverdienst* aber im *Zeugdruck* lag. *Dieser* war das Handwerk, auf welches sich der Lebensunterhalt jener Drucker stützte und die Bezeichnung als „*Drucker*" und „*Aufdrucker*" spricht, wie ich zeigen werde, durch sich selbst schon dafür, dass damit ein Zeugdrucker gemeint war. Ich habe bereits oben nachgewiesen, dass es „Drucker" gab, bevor der Pergament- oder Papierdruck ein Handwerk war; *jene* Drucker waren also zweifellos Zeug-

[1]) Regensburger Künstler des XV. Jahrh. (im Repertorium f. Kunstw. Bd. XIV pag. 293).

drucker. Auch nachdem der Bilddruck Eingang gefunden, ist gewöhnlich nur von „Druckern" die Rede; deren sind oft so viele, dass man anzunehmen gezwungen ist, die Mehrzahl habe sich auch mit Zeugdruck beschäftigt. Gerade in der Zeit *vor* Erfindung des Buchdruckes ist nie von „Tuch- oder Leinendruckern", stets nur von „Druckern" oder „Aufdruckern" die Rede; dieser Zustand dauert auch noch während der ersten zehn Jahre von Gutenbergs Druckerthätigkeit zu Mainz an. Allmählig aber wird es anders: Die Urkunden sprechen von „Heiligendruckern", „heylige printern", „Briefdruckern", „beeldedruckern" und „Buchdruckern" — anderwärts treten in dieser *Nach* Gutenbergischen Zeit plötzlich auch „*Tuchdrucker*" und „*Barchetdrucker*" auf. So erscheinen in den Steuerbüchern der Stadt *Augsburg* mehrere Gewerbetreibende ausdrücklich als *Tuchdrucker* aufgeführt. Der Erste wird *Jacob (der) Tuchdrucker* geheissen und kommt 1475 bis 1480 als thätig vor. Ihm folgten 1478 ein „Tuchdrucker", der ausserhalb des Sanct Gallenthores wohnte, und 1486 ein *Hans Tuchdrucker*, der innerhalb des Heil. Kreuzthores wohnte. Von 1495 ab erscheint kein solcher mehr in den Augsburger Steuerregistern, aber im Jahre 1523 bringt das Bürgerbuch derselben Stadt wieder einen „*Barchetdrucker Jörig Hoffmann*"[1]). Die Erklärung dieser Erscheinung eines plötzlichen Auftretens der Bezeichnungen „Tuch- und Barchetdrucker" ist nicht schwer: Der Bild- und Buchdruck hatte einen derartigen Umfang angenommen, dass zahlreiche Buchdrucker den Zeugdruck entbehren konnten und dadurch die Bezeichnung „Drucker" in *verschiedenem* Sinne ausgelegt werden konnte. Zur *Unterscheidung* der beiden Gewerbe war also *nöthig geworden*, die Bezeichnung Drucker mit einem Adjectiv näher zu specificiren. Gerade hierdurch aber wird bewiesen, dass für die Vorgutenberg'sche Zeit der Name „Drucker" in erster Linie dem Zeugdrucker galt! Wo in Nachgutenberg'scher Zeit die Nennung „Drucker" vorkommt, bleibt die Frage, ob Zeug- oder Buchdrucker, nach den begleitenden Details zu entscheiden. Die Bezeichnung „*Aufdrucker*" galt zweifellos dem Zeugdruck, denn diese eigenartige Benennung wiederholt sich in unverkennbar gleichbedeutender Form als Bezeichnung eines Zeugdruckes, welchen das Zechpflegebuch der Dompfarrei zu Augsburg im Jahre 1462 als einen „*aufgedruckten Fürhang*" beschreibt. Bereits in den Jahren 1461 und 1466 erscheinen ferner in Nürnberger Akten ein *Franz Vestenberger* und ein *Merten Kolberger* (oder Koberger) als „*ufdrucker*"[2]). Haase in seiner Geschichte der Koberger[3]) sagt hierüber: „1461/64 könnte sich die Bezeichnung (Aufdrucker) sowohl auf die Drucker von Blockbüchern und sonstigen Holztafeldrucken, *als namentlich auch auf Gewebedrucker beziehen*". Damit stimmt überein, dass aus jener Zeit Drucke von Vestenberger oder Koberger nicht bekannt sind, denn das älteste Koberger'sche Buch (von Anthoni Koberger herausgegeben), welches mit einer Jahreszahl versehen ist, erschien erst 1473[4]). In den Jahren 1461 und 1466 haben aber weder die Koberger noch überhaupt andere Nürnberger Drucker schon Bücher hergestellt, so dass also auch jene „Ufdrucker" in ihrem Handwerke *Zeugdrucker* gewesen sein müssen. Diese haben zweifellos nebenbei in vielen Fällen auch den Bilddruck (auf Papier und Pergament) ausgeübt, und so ist es durchaus erklärlich, wenn wir diese im Druck *vorgeschulten* Leute später die neue Kunst des Buchdruckes zuerst übernehmen und ob dieser lucrativern Thätigkeit den Zeugdruck verlassen sehen. Auch andere Drucker dürften, ehe sie Buchdrucker wurden, Stoffdrucker gewesen sein. Schon *vor* Gutenberg's Aufenthalt in Mainz erscheint ein „*Drucker Henne Cruse von Menze*" 1440 zu *Frankfurt a/M* (Schaab a. O. Bd. III. p. 335). Auch von diesem sind keinerlei Druckerzeugnisse bekannt. Gleiches gilt bezüglich *Gutenbergs* bisher immer noch räthselhaft gebliebener *Druckthätigkeit zu Strassburg*. Hier betrieb er in Gemeinschaft mit Andreas Drizehn, Andreas Heilmann und Hans Riff eine heute nicht mehr näher definirbare Industrie, an welcher Gutenberg und Drizehn *jeder mit einer Presse* arbeiteten. Seine Prozessacten für die Jahre 1436—39 sprechen von seiner „Kunst", von „4 Stück Formen, welche in einer *pressen* liegen", von „wurbelin" (Wirbeln, Schrauben), welche die Presse zusammenhielten, von

---

[1]) Vgl. Georg Roggenhofer „Die Entwickelung des Kattundruckers in Augsburg von ihrem Beginne bis zum Anfang dieses Jahrhunderts". Deutsche Färberzeitung, München, 1895.

[2]) J. Baader, Die ältesten Buchdrucker Nürnbergs, im „Anzeiger f. Kunde d. deutschen Vorzeit" 1860, pag. 119.

[3]) Oskar Haase, Die Koberger, II. Aufl. Leipzig, Breitkopf und Härtel, 1885 pag. 409, Anm. S. 51. 3.

[4]) Haase, a. O. p. 49. Der erste Nürnberger Buchdrucker, der urkundlich vorkommt, ist Heinrich Keffer von 1472; vgl. Baader, a. O. p. 119.

„formen", Modeln, welche er nachsehen müsse, und endlich vom Verdienste des Goldschmieds Hans Dünne, nach dessen Aussage derselbe an Gutenberg allein 100 Gulden an dem verdient habe, „das zu dem *Drucken* gehöret"[1]). Van der Linde's Versuch, diese Druckthätigkeit auf ein Pressen von verzierten Spiegeln zurückzuführen, ist entschieden verfehlt; da in jenen Prozessacten aber stets von 4 in der Presse liegenden „Stücken" (Formen) die Rede ist, so können ebensowenig Ihme und andere darin recht haben, es handle sich hier um bewegliche Druckerlettern. Man wird also eher an eine Druckvorrichtung denken müssen, welche mit vier Platten zugleich arbeitete und bei welcher vielleicht die verschiedenen Platten gemeinsam ein Bild ergaben, etwa den aus verschiedenen Platten zusammengestellten Zeugdrucken entsprechend. Das Blei („do sie bli und anders do darzu gehört kaufft hettent" Aussage des Georg Drizehn), aus dem sich van der Linde die Bleispiegel und Ihme bleierne Lettern construiren, war nichts anderes, als das zur Herstellung der Bleiweissfarbe nöthige Material, wie es in den Zeugdruck-Recepten Cenninis und in denen des Nürnberger Manuscriptes als Aufdruckfarbe und als Mittel zur Herstellung heller Farben verlangt wird. Ob nun aber Gutenberg farbige Bilder, Blockbücher oder Zeuge druckte, wird eine offene Frage bleiben. Sicher ist, dass Schrift-, Bild- und Zeugdruck in jener Zeit Hand in Hand giengen. Dies belegen sowohl unsere gothischen Bilddrucke, als die Thatsache, dass *noch im XVI. Jahrhundert bedeutende Buchdrucker Buch- und Zeugdruck nebeneinander betrieben!* So verschmähte es nach dem Zeugniss Haase's bezw. Kirchhoff's[2]) der bekannte Augsburger Drucker *Johannes Schönsperger* nicht, neben Pracht-Werken, wie dem im Auftrag des Kaisers Maximilian 1517 von Pfinzing verfassten und zu Nürnberg (1519 in II. Auflage zu Augsburg) gedruckten „Theuerdank", *auch Zeuge zu bedrucken.* Wenn nun Schönsperger, der in Augsburg von 1481 bis 1524 eine überaus rege Druckerthätigkeit entfaltete, neben dem Buchdruck noch Zeugdruck betrieb, wie mögen da erst viele *kleine* Buchdrucker des XV., XVI. und XVII. Jahrhunderts den Stoffdruck neben ihrem Buchdruckgewerbe als eine ihrem Betriebe mit geringen Kosten anzupassende *Nebenbeschäftigung* gepflegt haben, um ihre nicht immer glänzenden finanziellen Verhältnisse zu verbessern! So bestand nach Haase[3]) das Geschäft des Dieners Johannes Schönspergers, *Jörg Hans Gastel,* der in *Zwickau,* später in *Glauchau* eine Buchdruckerei betrieb, *neben* dem Buchdruck *„nicht unwesentlich im Kattundruck".* Die textilen Druckerzeugnisse jener gewiss zahlreichen Buchdrucker Deutschlands, welche beide Gewerbe miteinander verschmolzen, sind leider seltener als ihre Bücher, und lassen sich, da sie nicht wie diese signirt wurden, nicht mehr ihren Erzeugern zuweisen. Die Thatsache aber, dass der Zeugdruck vielfach von Buchdruckern ausgeübt wurde, erklärt uns, wesshalb in jener Zeit die Zahl von urkundlich vorkommenden Stoffdruckern eine so merkwürdig geringe ist. *Der Gewebedruck wurde nur selten noch als selbstständiges Handwerk betrieben, sondern gewöhnlich nur als Nebenbeschäftigung der Schilderer, Färber, Formschneider und endlich der Buchdrucker.*

Deutschlands Druckindustrie im XVII. und XVIII. Jahrhundert.

Zeugdrucke des XVI. Jahrhunderts sind relativ seltener, als solche des Mittelalters. Die Ursache dieser seltsamen Erscheinung suche ich in dem damals allgemein herrschenden Wohlstande und noch mehr in der alles übersteigenden Prunksucht jener Zeit. Geld und Gut mussten in erster Linie zu feinen Gewändern herhalten; selbst die Bauern giengen Sonntags in Sammt und Seide, und zahllos sind die diese Kleidersucht einschränkenden Edicte jener Periode. Die in einzelnen Städten nach vielen Tausenden zählenden Weber Deutschlands, Hollands, der Schweiz, Frankreichs, Italiens etc. fabricirten enorme Mengen von Sammt und Seide, so dass hieran kein Mangel war und *man also der gedruckten Surrogate nicht bedurfte!* Man kann sich deshalb nicht wundern, wenn Orginaldrucke ebenso wie urkundliche Nachrichten über Zeugdrucker im XVI. Jahrhundert überaus selten sind, gewissermassen nur ganz

[1]) Vgl. Van der Linde, „Gutenberg" und Ihme, „Gutenberg" (Strassburg 1891, Fr. Bull).

[2]) O. Haase, die Koberger pag. 409, nach Kirchhoffs Leipziger Regesten.

[3]) O. Haase, a. O. pag. 147 und 410. Statt Kattundruck wäre richtiger zu sagen: „in Gewebedruck".

sporadisch auftreten, und wenn auch unser bildliches Material hier eine merkwürdige Lücke zeigt. Was uns aus dieser Zeit erhalten ist, hat nur zum geringsten Theile am Kleide oder im Hause Verwendung gefunden. Es sind Sarg- und Trauerbehänge, „Hungertücher", Antependien und „Pestkaseln", wie man sie während der Pestzeiten verwandte, und die man des öftern Waschen's wegen an Stelle der sonst üblichen Sammt- und Seidenstoffe aus bedruckter Leinwand anfertigte. Ich habe in meinem Werke „Die Zeugdrucke" auf den Tafeln XXXIII, XXXIV und LV solche Drucke zusammengestellt, und gebe hier auf Tafel XXVII als weitern Beitrag einen deutschen Pultbehang aus der Mitte des XVI. Jahrhunderts; die musicirende Frauenfigur ist von einer gleichfalls in Schwarzdruck ausgeführten Borte in Spitzenimitation umgeben und war vielleicht bestimmt, als Stickereivordruck zu dienen (Kensington-Museum, London.) Ein anderer deutscher Druck dieser Zeit, den *Dr. Franz Bock* in Weigel und Zestermann's „Die Anfange der Druckerkunst" (Leipzig, 1866) auf Tafel X veröffentlicht hat, trägt schwarzes, aus Vasen entspringendes Rankenwerk auf röthlichem Atlas. Derselben Categorie gehört ein Zeugdruck des XVI. Jahrhunderts an, welchen die liturgische Sammlung des Kölner Domes besitzt; er dient als Futterstoff einer rothen Sammt-Kasel und zeigt auf crêmefarbiger Leinwand in himmelblauer Färbung ein dem eben erwähnten Bock'schen Drucke ähnliches Frührenaissance-Granatapfelmuster (vgl. *Dr. Schnütgen*, Zeitschrift für christliche Kunst III, 1890, pag. 195).

Erst im XVII. Jahrhundert werden die Drucke wieder häufiger, und insbesonders in der zweiten Hälfte sieht man den Zeugdruck rasch nicht allein in Deutschland, sondern auch in Holland, Frankreich Oesterreich etc. an Ausdehnung gewinnen. Mit der zunehmenden Production gehen auch die darauf bezüglichen Urkunden parallel; sie werden wieder gesprächig und geben uns bald hier, bald dort Kenntniss von diesem oder jenem Drucker. Die Ursache dieser Erscheinung dürfte in der mit dem 30jährigen Kriege eingetretenen allgemeinen Verarmung zu suchen sein: *Wie der Reichthum des XVI. Jahrhunderts dem Zeugdruck den Boden nahm, so gab ihm die durch den 30jährigen Krieg herbeigeführte tiefgehende Verarmung von Stadt- und Landbevölkerung neues Leben!*

Der Ausgang des XV. Jahrhunderts sah uns den Zeugdruck in die Hände der *Buchdrucker* gelegt. Damit harmonirt der Umstand, dass statt der früher üblichen Anwendung verschiedener Farben nunmehr *beinahe alle Druckstoffe dieser Zeit lediglich mit Druckerschwärze gedruckt sind.* Das XVI. Jahrhundert hat dasselbe Druckmaterial beibehalten und es in gleicher Form dem folgenden Jahrhundert übermittelt. Als dann im XVII. Jahrh. der Zeugdruck von Neuem Beachtung und Pflege fand, als man zur schwarzen Aufdruckfarbe auch roth, blau, weiss, grün etc. gesellte, blieb man der Tradition getreu und rieb auch diese Farben mit Oel an. Neben diesem „*Oelfarbendruck*" übte man als weiteres Ueberkommniss aus der gothischen Periode den *Sammet- oder Wolldruck*, wozu man ein grobes Flachsgewebe mit Kleister oder Leim bedruckte und darauf farbigen geschabten Wollstaub streute. Das Resultat imitirte gewobenen Sammt und diente an Stelle der Sammttapeten und sammtenen Altarbehänge. Ein Beispiel dieser Art bietet das mit rothem Wollstaub bedruckte Antependium Taf. XXX aus Bayern. Eine gothische und eine Louis-XIV-Tapete dieser Art finden sich abgebildet in „Die Zeugdrucke" Taf. XXVIII und Taf. XXXVIII. Als deutsche Beispiele für den Oelfarbendruck des XVII. Jahrhunderts mögen die Drucke von Taf. XXVIII dieses Buches und Taf. XXXV und XXXVI der „Zeugdrucke" dienen.

Der den Oeldrucken lange anhaftende starke Geruch und die durch das heraustretende Oel sich bildenden dunkeln Flecken waren Nachtheile, welche den sonst so einfach und bequem zu handhabenden Oeldruck nur so lange seine hohe Stellung einnehmen liessen, als kein *besseres* Product sich ihm als Concurrent gegenuberstellen konnte. Dies war nur eine Frage der Zeit, und in der That tauchten gegen Ende des XVII. Jahrhunderts in deutschen Städten engliche und holländische Druckstoffe auf, welche die deutschen Oeldrucke gänzlich zu erdrücken drohten. Sie entbehrten die oben gedachten Mängel und waren ebenso haltbar, wie jene, ja weitaus haltbarer und besser verwendbar, weil sich das Muster mit dem Gewebe vollständig verband, derart, dass diese Drucke weit mehr den durch den Weber gemusterten Stoffen glichen, als die mit Oeldruck decorirten, bei denen die Farbe immer mehr oder minder nur auf dem Gewebe auflag. Umsonst war alles „probiren und studiren", die deutschen Drucker sahen ihr eben wieder aufblühendes Gewerbe durch die fremden Druckstoffe von Neuem rückwärts gehen. — Einen interessanten Einblick in diese Zeit des Kampfes zweier Techniken bieten *die Aufzeich-*

nungen der Zeugdruckerfamilie *Neuhofer* zu *Augsburg*, welche sich dort in Privatbesitz erhalten haben. Sie sind mitgetheilt in der „Deutschen Färberzeitung" No. 14, 15 und 16, 1895 („Die Entwickelung der Kattundruckerei in Augsburg, von ihrem Beginne bis zu Anfang dieses Jahrhunderts", von Georg Roggenhofer) und im „Sammler" der „Augsburger Abendzeitung" No. 71, 1875 („Aus dem Tagebuch eines Augsburger Fabrikanten des 18. Jahrhunderts", von Dr. St.). Schon in den letzten Dezennien des XVII. Jahrhunderts betrieb der Augsburger Tuchscheerer *Neuhofer* den Buntdruck mit Oelfarben auf „Bonnesin, Barchet und Leinwath", und „viele hundert dieser Art gedruckte Stücke fanden beifälligen Abgang". Er erwarb sich damit ein bedeutendes Vermögen und übertrug später sein Geschäft auf seinen Sohn *Jeremias Neuhofer*. Hatte der Erstere stets darnach getrachtet, seine Drucke vollkommener zu machen, so wurde dies Bestreben bei Jeremias geradezu zur Nothwendigkeit, als zu Ende der Achtzigerjahre des XVII. Jahrh. der Import englischer Cottondrucke die deutschen Oeldrucke gänzlich zurückdrängte. Die Versuche Neuhofers, die neuen Fabrikate zu erreichen, scheiterten und brachten ihn derart rückwärts, dass er schliesslich nach 2 bis 3 Jahren sein ererbtes und erspartes Gut gänzlich aufgeopfert sah. Mit ihm litten aus derselben Ursache auch die Augsburger Barchent- und Bonnesinfabrikanten an einem erheblichen Geschäftsrückgange, und man kam daher überein, die neue Drucktechnik, koste es was es wolle, ausfindig zu machen. Neuhofer sollte nach Holland gehen, bewog dann aber seinen Bruder Georg, Goldschmied zu Hamburg, nach Holland zu reisen und dort die neue Druckart zu erforschen. Georg gieng nach Amsterdam und fand dort alsbald einen Drucker, der ihm für ein ansehnliches Geld „ein wenig Information" in der Sache gab. Eilig machte er sich nun auf den Weg nach Augsburg, und veranlasste hier die nöthigen Versuche; bald aber fand man, dass Georg Neuhofer nicht „die rechte Wahrheit" mitgetheilt worden war. Jeremias „verkünstelte" jetzt wieder so viel, dass er in noch grössere Armut und Bangigkeit verfiel, als zuvor. „Er war aber doch so glücklich, dass er es zu Stande brachte, *mit Wasserfarben auf Schweizer Art zu drucken.*[1]) Damit brachte er sich jetzt kümmerlich fort und seine Erfindungsgabe und unermüdliche Thätigkeit führten ihn zugleich auf die Erfindung des Goldpapier- und Lederdrucks, in dessen Betrieb ihn der Patrizier Heinrich Langenmantel und dessen Schwager Ulstätt unterstützten. Diese neue Art Lederdruck fand besonders grossen Beifall, als im Jahre 1690 der Kaiser Leopold sich länger in Augsburg aufhielt, und die Krönung der Kaiserin, wie die Wahl des römischen Königs Josef hier stattfand. Das konnte aber dem strebsamen Neuhofer nicht genügen; er sah sich innerlich gedrungen, ganz dem Zeugdruck zu leben und für diesen seine äussersten Anstrengungen zu machen. Er entschloss sich daher, Alles, was er im Hause hatte, Zinn und Kupfer, Bett und Bettgewand zu versetzen und Geld aufzunehmen, und bat seinen Bruder öfter unter Thränen, die Reise nach *England* und *Holland* nochmalen auf sich zu nehmen und zu sehen, ob doch der allmächtige Gott möchte seine Gnade und Segen geben, *dass er solche schöne Wissenschaft möchte in sein liebes Vaterland bringen.*" Georg liess sich bewegen und trat mit einer Churmainzischen Gesandtschaft den Weg zum zweiten Male an. Er hatte bei seinem Bruder den nöthigen Einblick in den Zeugdruck gewonnen, um jetzt das zu Erlernende besser erfassen und das Ächtevom Unächten scheiden zu können. In Holland wurde er von einem Augsburger, namens Abraham Rossler, an einen Kattundrucker empfohlen, dem er 20 Wochen lang diente, und wo er sich, hierauf auch in England, die zahlreichen damals so streng gehüteten Druckgeheimnisse aneignete. Nun kehrte Georg zurück, und schon die ersten Proben zeigten, *dass diesmal die Kunst gefunden sei.*

Doch ein neues unerwartetes Hinderniss stellte sich Neuhofer in den Weg. Gewöhnt, seine Farben mittelst des Holzmodels direct auf den Stoff aufzutragen, hatte er die englisch-holländische Druckweise lediglich in veränderten Farbencompositionen gesucht. Da die dort zur Anwendung gekommenen Farben keine Oelfarben waren, dachte er an die Anwendung von Wasserfarben und brachte es, wie wir oben gesehen haben, auch richtig dazu, „mit Wasserfarben nach Schweizer Art" zu drucken. Diese „Schweizer Art" war aber ebensowenig wie die seine die englisch-holländische Druckerweise, und der Grund, wesshalb diese dem Neuhofer trotz vieler Versuche nicht gelingen wollte, bestand denn auch in erster Linie darin, dass zu ihrer Herstellung vor allem *eine gänzlich veränderte Technik* zur Anwendung

[1]) Probe eines solchen Wasserfarbendruckes bietet Taf. XXXII.

gelangen musste. „*Die gedruckte Waare musste nach dem Druck gefärbt werden.*" Das war für Neuhofer eine grosse Ueberraschung, auf die er nicht vorbereitet war. *Als Tuchscheerer durfte er kraft der Zunftgesetze nicht färben, und „von den Färbern hatte nicht Einer in Augsburg die geringste Wissenschaft von der Sache.*" Jeremias musste sich also entschliessen, einem Färber namens *Daniel Deschler* seine Sache zu offenbaren und unter gewissen Bedingungen gemeinsame Sache mit ihm zu machen." Um 1690 kam nun die Druckerei nach englisch-holländischer Manier in Gang und begann von da ab rasch emporzublühen.

Bevor ich nun aber über den weitern Verlauf der Neuhofer'schen Unternehmung referire, muss ich über das neue Druckverfahren und die damit erzielten Resultate Näheres berichten. Es war dies dieselbe Technik, welche wir schon durch Plinius in unserem ersten Capitel über die ägyptische Wachsfarberei kennen gelernt haben. Man bedruckte den Stoff unter Anwendung von Holzformen mit Wachs- oder Kleistermasse, färbte hierauf das Ganze in Indigokupen und wusch endlich die Aufdrucksmasse aus. Wie bereits erwähnt, war die zur Anwendung kommende Farbe zumeist Indigoblau, theils aus technischen Gründen, theils weil die blaue Farbe sich damals besonderer Beliebtheit erfreute. In Anlehnung an die damals in den Handel kommenden blauen chinesischen Porzellane und an die verwandten weissblauen Delfter Fayencen (die man ebenfalls Porzellane nannte), hiess man diese Indigo-Drucke auch „*Porzellandrucke*", und zwar dies auch dann noch, als man später neben der ursprünglichen Indigofarbe auch mit anderen Farben diese Technik übte. Ein kleines Buch vom Jahre 1771,[1]) vor dem nach seines Autors Versicherung „noch keine gedruckte Anweisung dieser so nöthig als einträglichen Kunst (welche bisher viele teils aus Eigennutz, teils aus Missmuth und andern unächten Absichten verborgen gehalten haben) jemals herausgekommen ist", giebt pag. 36 Anweisungen „Wie der blaue Porzellandruck verfertigt, und der hierzu nöthige Papp- und Grunddruck, welchen man die Bedeckung nennt, gekocht werden solle." Darnach besteht die Druckmasse, „eine weisse Druckerpapp", „welche viele Drucker und Färber die weisse Composition nennen", aus 1 Pfund weisser „Tabackspfeifenerde von Cölln", 12 Loth Alaun, 6 Loth Vitriol und 6 Stück Eiweiss, ferner aus Ammelmehl, heiss eingerührten 20—24 Loth weissem Kübelpech und 12 Loth Terpentinöl. „Alsdann ist diese Composition zum vorhabenden Porzellandruck, oder auch zum Bedeckungsdruck auf die Indiennenblumen, wo ein Boden mit einer Grundfarbe gefärbt werden soll, fertig." „Wann eine gewisse Länge nach der gehörigen Ordnung überdruckt ist, so wird die Arbeit mit zartem Sand überstreuet, damit sie nicht bey dem Fortarbeiten verwüstet und ausgelöscht werde. Diese Druckarbeit setzt man fort, bis alles ganz gedruckt ist. Alsdann hängt man sie auf, spannt sie wohl aus und lässt sie recht trocknen." Hierauf wird der Stoff an einem sternförmigen Gestell schneckenartig aufgehängt, das ganze Gestell in die mit warmer Farbe gefüllte Küpe getaucht, 3—4 Minuten in der Farbe belassen und wieder herausgezogen; zeigen sich noch fehlerhafte Stellen, so wiederholt man das Eintauchen, lässt nachher die Farbe abtropfen, sowie an der Luft trocknen und löst endlich den weissen Druckerpapp im Wasser unter Zuhülfenahme von Bürsten auf Der Autor beschreibt sodann noch zwei andere weisse Pappmassen, bei denen in der einen Kölner Leim, Gummi, Ammelmehl, Wachs, Unschlitt, Pfeifenerde, Alaun, Vitriol und Terpentin, in der andern Wasser, Gummi, Hausblasen, Branntwein, Stärkemehl, Unschlitt, Kalbsgalle und Pfeifenerde zur Verwendung kommen. Nebstdem beschreibt der Autor Farben, bei denen ein Erwärmen der Küpe nicht nothwendig ist. Die eine Methode bezeichnete man als den „kalten", die andere als den „warmen" Druck. Dieser Letztere und die Anwendung der zuerst beschriebenen Druckmasse gelten in einem 1780 zu Stendal erschienenen Buche von *Joh. Nic. Bischoff*[2]) als bereits veraltet und war anscheinend damals (1780) nicht mehr im Gebrauche. Der Porzellandruck kam auf Seide, Halbseide, Leinwand und Baumwolle zur Anwendung, war aber besonders auf den letztern beiden Stoffgattungen üblich. Als Musterung dienten einerseits *Blumen-*

---

[1]) betitelt „Völlig entdeckter Cotton- oder Indiennen-Druck nebst der sächsischen Schönfärberei auf Leinen, Seide, Wolle und Leder, wie auch der Ausbesserung der Cottonblumen, die durch vieles Waschen erloschen sind. Mit noch mehreren nützlichen Künsten. J. M. Neue Auflage. Carlsruhe, Bey Michael Macklot, Markgräfl. Baden-Durlachis. Hofbuchhändlern, und Hofbuchdruckern, 1771."

[2]) „Versuch einer Geschichte der Färberkunst von ihrer Entstehung an bis auf unsere Zeiten". Stendal 1780, pag 156.

dessins, welche der damaligen Richtung entsprachen und oft zwei- oder noch mehrfarbigen Ueberdruck trugen, theils *figurale Dessins* mit Gestalten aus der biblischen Geschichte, Darstellungen der Stadt Jerusalem, Jericho's, der Männer mit den Weintrauben, der Auferstehung Christi u. s. w. Es waren dies Surrogate für die schwarz-weiss, grün-weiss, meist aber blau-weiss gewobenen Barchentstoffe mit ähnlicher Figurendecoration, wie sie im XVI. und XVII. Jahrhundert in Sachsen, in der Schweiz, in Holland etc. erzeugt wurden, und die sich im Hausrathe der Bürger derart beliebt gemacht hatten, dass man sie in derselben Form Jahrhunderte lang sowohl gewoben wie gedruckt immer wieder neu fabricirte. Das städtische Museum zu Torgau besitzt noch einen für solchen Porzellandruck bestimmten Originalholzstock, der eine Ansicht der Stadt Torgau bietet und in Anlehnung an ältere Vorbilder um 1700 entstanden ist (vgl. die verkleinerte Wiedergabe in Figur 9). Andere Drucke dieser Art bieten unsere Fig. 1 und 2, Taf. XXXIII, sowie Fig. 3 Taf. XXXVII der „Zeugdrucke".

Aehnlich müssen die Druckerzeugnisse *Jeremias Neuhofers* gewesen sein, als er um 1690 sich mit dem Färber *Daniel Deschler* verband und nun derart vorwärts kam, dass Deschler bald mehr Stücke zur wöchentlichen Geschau brachte, als er zunftgesetzlich bringen durfte. Darob erhoben die andern Färber „ein solches Wesen und Geschrei, dass Neuhofer wiederholt in Verlegenheit war." Zweifellos hatte Neuhofer bis jetzt seine Druckformen entweder selbst geschnitten oder jeweils einem fremden Holzschneider in Arbeit gegeben. Dazu fand er jetzt keine Zeit und Lust mehr und verband sich daher mit dem hiezu befähigten *Hans Jakob Enderle* von Isny. Dieser benützte nun aber nicht nur das Neuhofer'sche Verfahren des Papier- und Lederdrucks zu seinem eigenen Vortheil, sondern er suchte auch den Zeugdruck für seinen eigenen Nutzen zu betreiben. Enderle fand bald einen Färber, der ihm behilflich war, und wusste einen Bäckerssohn, *Mathäus Lauterer*, und dessen Schwester zu gewinnen, dass sie ihm 100 und etliche Gulden zum Geschäftsbetrieb liehen. Enderle und Neuhofer trennten sich also wieder, und da der Erstere den Geschwistern Lauterer das geliehene Geld nicht mehr zurückgeben konnte, begannen diese selbst zu drucken und sich mit Enderle zu verbinden. Neuhofer sah die sich ausdehnende Concurrenz und suchte ihr entgegenzutreten. Er stellte zunächst dem Augsburger Rathe vor, wie *er* es gewesen, der mit Gefährdung aller seiner zeitlichen Güter, ja des Lebens seines Bruders, den neuen Druck in das Vaterland gebracht und die Sache derart in Schwung gebracht habe, dass dadurch das ganze Weberhandwerk in ungeahnten Flor gekommen sei; dass er der Bürgerschaft durch diese neue Druckart in den letzten 2 Jahren (1690 u. 1691) etliche 40000 Gulden zu verdienen gegeben und dem Umgeldamte dadurch einen bedeutenden Gewinn verschafft habe, da für jedes fertige Stück Tuch je 4 Kreuzer Umgeld bezahlt werden mussten. Neuhofer wünschte, dass sein Geheimniss nicht offenbar werde, was bei seinem nunmehr vielköpfig gewordenen Personal nur zu leicht zu befürchten war, und ersuchte deshalb den Rath um eine Fürschrift an den Kaiser zur Verleihung eines ausschliesslichen Privilegiums. Der Rath fand sich durch die gemachte Vorstellung bewogen, dem Gesuchssteller sofort zu willfahren, aber der dadurch bedrohte Enderle that sofort Schritte, Neuhofers Gesuch zu entkräften. Er machte gleiche Ansprüche geltend und erklärte, „dass er nicht arglistig, sondern durch selbsteigenes Forschen zur Kenntniss des Cottondruckes gekommen, daher vollkommen berechtigt sei, den neuen Zeugdruck so gut wie Neuhofer auszuüben, dass er, nachdem die holländischen Cottone in Augsburg in den Handel gekommen seien, von den Kaufleuten Muster erhalten habe und gefragt worden sei, ob er sich nicht getraue, ähnliche Arbeit zu fertigen, oder wenigstens die Druckerstöcke zu schneiden. Das habe ihn bewogen, Zeit und Geld aufzuwenden, um dem Ansinnen zu genügen, und er habe es dahin gebracht,

Fig. 9. Ansicht von Torgau auf einer hölzernen Druckplatte für Wachs-Zeugdruck.

nicht nur solche Stöcke zu schneiden, sondern auch zu drucken und zu färben, in gleicher Vollkommenheit wie Neuhofer, was er sogleich durch eine Probe bezeugen wolle." Er bat ferner zur Sicherung seiner Erfindung und aufgewendeten Opfer, dass dem Neuhofer die Fürschrift an den Kaiser untersagt und ihm selbst die Erlaubniss zum Drucken freigegeben und verliehen werde. Zwar ist kaum anzunehmen, dass Enderle das Princip des Porzellandrucks gänzlich unabhängig von Neuhofer erfunden habe — wahrscheinlich hat er die Grundidee bei Neuhofer irgendwie aufgeschnappt und ist dann erst selbständig weitergeschritten —, aber seine Gründe müssen doch sehr schwerwiegend gewesen sein, da Neuhofer noch bevor der Rath entschieden hatte, mit Enderle sich verglich, mit ihm einen Geschäftsvertrag schloss und nun die Fürschrift an den Kaiser vom Rath für *Beide* erbat. Diesem Gesuche entsprach der Rath schon am 3. April 1692 und begutachtete die Bitte an den Kaiser mit beredten Worten, den Eifer der beiden Bürger rühmend, der Nutzlichkeit ihrer Erfindung und der Opfer, die sie dafür gebracht, gedenkend, endlich die Nothwendigkeit anerkennend, die Beiden gegen Nachahmer und Pfuscher zu schützen. Neuhofer reiste mit dieser Empfehlung nach Wien, um sie dem Kaiser Leopold eigenhändig zu übergeben, doch muss er dort einen abschlägigen Bescheid erhalten haben, denn eines Privilegiums geschah in der Folgezeit nie wieder Erwähnung, und die Zahl der das Gewerbe Neuhofers ausübenden Concurrenten wuchs derart, dass unmöglich ein kaiserliches Verbot bestanden haben kann. Schon ein Jahr nach Neuhofers Streit mit Enderle druckten neben diesen nicht nur die schon erwähnten Geschwister Lauterer, sondern so viele Andere, dass der Rath genöthigt war, die unbefugten Drucker abzuweisen und nur einer bestimmten Zahl das Bedrucken von Zeugen zu gestatten. Besonders auf das Drängen der Färber hin bestimmte ein Rathsdecret vom 11. April 1693, „dass von nun an nur 8 Cottondruckern, 4 Katholiken und 4 Protestanten, das Drucken erlaubt sein solle." Schon am 25. Juni desselben Jahres verlieh der Rath 8 neue „Druckerzeichen", je vier für einen Religionstheil, *doch erhielten nur jene die „Druckergerechtigkeit", das Druckerzeichen, „welche dem Weberhaus einverleibt oder Kramer, Tuchscheerer, Illuministen, Patronisten, Formschneider, Nestler oder Färber waren."*[1]) Der fürsorgliche Rath gieng noch weiter und bestimmte sogar die Farben, die ein Jeder färben durfte. Die Drucker, welche nicht zu den „Färbern" gehörten, durften nur holländisch blau färben; alle Druckstoffe, welche sie anders gefärbt haben wollten, mussten sie den zünftigen Färbern „in die Farb geben". Nur Jeremias Neuhofer hatte im Frühjahr 1693 vom Rathe eine besondere Vergünstigung, das ausschliessliche Recht erhalten, auch Türkischroth färben zu dürfen. Er verdankte dieses Vorrecht dem Umstande, dass er sich die Kenntniss dieser Spezialität mit grossem Kostenaufwand angeeignet und es darin zu besonderer Höhe gebracht hatte. Jeremias' Bruder *Georg* errichtete sich 1693 eine eigene Druckerei, die rasch in hohe Blüthe kam und ihn in den Besitz mehrerer Häuser setzte. Anno 1735 gieng seine „Scheggenbleich" an andere Cottondrucker über, indessen sein Sohn *Georg Abraham* den Zeugdruck in den übrigen Häusern weiterbetrieb. 1739, als Abraham 42 Jahre alt war, feierte dieser *das Jubiläum des 50jährigen Bestehens seiner Druckerei*, eine Feier, die er in seinem noch heute erhaltenen Hauptbuche beschrieben hat: „Es war nemlich an dem 24. August an Bartholomäi-Tag 50 Jahr, da mein Vatter Seelig das erste mahl aus Holland hiehero kam, darauff sogleich die Cottondruckerei einen kleinen Anfang genommen; habe also deswegen Gott zu vorderist zu Loben u: zu danken: meinem Vatter ein Ehrengedächtnuss bey den Meinigen zu stieffien ein 50jähriges Jubilæum mit allen meinen arbeitsleüthen begangen. Ich habe also die selbige, gleich nach der morgen Predigt, in mein Hauss zusammen kommen lassen, meine Wohnstube wurde von meinem Daniel mit Pyramiden u: anders ausgeziehret, u: gleich einer Ehrenpforte aufgerichtet, hinter diesen wurde ein Cateder gestellet, die Truckstuben u: Mahlerstuben[2]) ist gleichfalls mit Mäyen geziehrt gewessen. Mein Georg hielte in gegenwart über 200 Persohnen eine lange Rede, vorhero wurde ein gantz neües Lied so darzu gemacht wurde, die erste Helffte abgesungen, u: das auch nach der Handt noch öffters in dennen Truckstuben gesungen werden kann, so auch dieses Jahr hindurch alle Tage geschehen (!). Darauff nun folgte der Georg Abraham u: hielte gleichfals eine lange rede, Beede recht

[1]) Es waren dies: Victor Mayr, Georg Wollhöfer, Borst, Boas Ulrich, Hans Georg Dampf, Andreas Jungert, Martin Christa, Joseph Schmid.

[2]) Ein Beweis, wie neben dem Druck auch das Bemalen der Stoffe in den Druckereien ausgeübt wurde, jedenfalls sowohl ein Bemalen mit Deckmasse zum nachherigen Färben, wie ein Uebercoloriren (ausschildern) der fertig bedruckten und gefärbten Gewebe.

behertz u: legten sie zu meinem vergnügen, als auch aller Zuhörer verwunderung ab. Der Inhalt war kurtzlich anzuzeigen: Der erste zeigete den besondern Hergang der vor 50 Jahr hier aufgerichteten Druckerey, darbey meistens des Vatters Seel gedacht wurde, u: gleichfalls ein Ehren Gedächtnuss gestüfftet, welches auch d. L. Gott bey denen Meinigen erhalten wolle. Der andere zeigete meine Absicht dennen sämbtlichen Arbeiths-Leüthen an, wie nemlich die selbige an dem heütigen Tag Gott an allen hierzu verliehenen Seegen von Hertzen Dank zu sagen, u: ferner Göttl. Seegen erbitten sollen, anbey sich festiglich vornehmen, von dato an, mit aller Treüe, Fleiss und in vergnügsamkeit u: Frieden allezeit zu arbeiten, darmit der Seegen auch bey uns bleiben könne u: möge. Hierauf nun wurde das Lied abgesungen: Nun dancket alle Gott. Als dieses alles vorbey, hiess ich die arbeits Leüthe succesive nach u: nach in den Mohren-Kopf gehen, allda ich mit meiner Famiglia sogleich nachgefolgt u: ½ ein Uhr mit 130 Persohnen zu Tische setzte u: darmit alles ordentlich hergienge setzte ich die *Truckerinnen*, deren 28 waren, an eine Taffel, die Mägde gleichfalls, die *Bleich-Ferber- u: Mang-Knechte* auch u: diese 3 Taffeln waren in der grossen Stuben; in der Mitte aber sassen an einer Taffel *die Ferber mit ihren Weibern u: Gesellen, Mang-M(ägde), Kisten- u: Modell-Schneider*, zusammen 24 Persohnen; in der 3ten Stuben bin ich mit meiner Famigl. und Meine Schwester mit ihren 6 Kindtern zusammen 30 Persohnen gesessen." Neuhofer beschreibt dann ferner das Essen und erwähnt hiebei auch das pro Person zur Vertheilung gelangte Weinquantum: „1 Seydl Wein jedem *Trucker*, den *Gesellen* u. den *Knechten*; den *Mägden* 1 quart, den *Ferbern, Modell-Schneidern, Küstlern* (d. h. Zeichnern!) aber eine Maas, und braun u: weis Bier genug." Das Essen beschlossen Gebete und Gesänge: „da waren weder sowohl Evangel. als Katholische, welche nicht nachgebettet und mit heller Stimme mitgesungen hätten." Mit Dankesworten zu Gott und der Bitte, der Herr möge ihm und den Seinigen auch fernerhin gnädig sein, schliesst der für uns so interessante Bericht über Neuhofers erhebende Feier zu Ehren des 50jährigen Bestehens des deutschen Cottondruckes. Wie der weitere Inhalt des eben citirten Hauptbuches beweist, blieb das Glück dem fleissigen Fabrikanten auch weiterhin getreu. Seine jährlichen Bilanzen stiegen mit wenigen Ausnahmen von Jahr zu Jahr höher, so dass sie im Jahre 1767, also 38 Jahre nach obigem Jubiläum, bereits 217,600 Gulden erreichten — eine für die damalige Zeit sehr bedeutende Summe, und umso ansehnlicher, als inzwischen die Concurrenz eine überaus grosse und gefährliche geworden war. Neuhofer beschloss seine Tage als hochangesehener Mann, der im Rathe seiner Geschäftsgenossen, der Kottondrucker, eine gewichtige Stimme besass und in ihrem Namen den langwierigen Streit gegen die Augsburger „Herrn Kauffleüthe" führte. Diese machten nämlich den Druckern das Recht streitig, *ihre selbst fabricirten Waaren auch selbst versenden und verkaufen zu dürfen.* Die Drucker erstritten sich jedoch das Recht durch ein besonderes Rathsdecret, und erhielten damit — ein für die damalige Zeit zunftgeschichtlich wichtiges Ereigniss — eine zunftrechtliche Stellung, die sie weit über die anderen Handwerkergattungen emporhob und uns in ihnen die Vorläufer der heutigen grossen Fabriksbetriebe erblicken lässt.

Nicht alle Drucker brachten es indessen zu der Höhe, die Neuhofers Thätigeit und Gewissenhaftigkeit erreichen halfen. Viele, denen das Druckerzeichen verliehen wurde, betrieben ihr Geschäft nur in so kleinem Umfange, dass das Resultat den Lebensunterhalt kaum zu decken vermochte und sie sich genöthigt sahen, zu anderen Erwerben ihre Zuflucht zu nehmen, und ihre „Zeichen" an andere abzutreten. —

Wir haben schon oben gesehen, wie schwer es wurde, die „neue Kunst" dauernd geheim zu halten, wie bald Andere in die Technik derselben eindrangen, und wie merkwürdig rasch in Augsburg neben Neuhofer eine ganze Reihe von Concurrenzgeschäften entstand. Bereits 1693 zählte Augsburg, wie wir hörten, mit Neuhofer, Enderle und den Geschwistern Lauterer 8 Zeugdrucker. Gleichzeitig treten nun aber auch ausserhalb Augsburgs Cottondrucker auf, von denen man annehmen darf, dass auch sie die Neuhofer'sche Drucktechnik bereits kannten, sei es, dass sie dieselbe gleich Georg Neuhofer aus England oder Holland geholt hatten, sei es, dass sie durch Leute Neuhofers oder seiner Collegen in die Erfindung eingeweiht worden waren. Es wiederholt sich hier ungefähr dasselbe Schauspiel, wie es circa 2½ Jahrhunderte früher Gutenberg's Erfindung der Druckerkunst bot: zum Erfinder gesellen sich Compagnons, man trennt sich, und bald tragen die Arbeiter die Kenntniss der neuen Kunst in alle Theile der Windrose. So erscheint im Jahre 1692 ein *Peter Kipp* zu *Neu-Hanau*, dem dort in jenem Jahre das

Privileg zur *„Anrichtung einer Linnen- und Cottondruckerei“* ertheilt wird. Die Urkunde, welche uns von der Existenz dieses Hanauer Druckers Kenntniss giebt, befindet sich im hessischen Staatsarchiv zu Marburg und lautet nach der für uns angefertigten amtlichen Abschrift wörtlich: *„Wir Philipp Reinhard Graf zu Hanau, Rieneck, vnd Zweibrücken; Herr zu Müntzenberg, Lichtenberg und Ochssenstein; Erb-Marschall und Obervogt zu Strassburg;* Vrkunden und Bekennen hiermit; Demnach Vns, *Johann Peter Kipp, Handelssmann in vnser Neuen „Statt“ Hanau,* in mehrerem vnterthänig zu vernehmen gegeben, *was massen Er ohnlängstens durch grosse Kosten, Mühe und vieles Reyssen, die Cotoun- und Leinen-Truckerey von allerhand Farben, gleich denen Indianischen, und auff solche Neue Manier erlernet, dass diese Zeuche, ohne Verlierung der Farbe, gewaschen werden können, vnd willens were, solche Kunst-Truck- undt Färberey, welche gleichwohlen hiesiger Orthen noch nicht eingeführet, allhier in vnserer Statt angefangen,* wann von vns Ihme nur die Gnad und Privilegium ertheilet würde, dass, weilen zu aufrichtung dieser Neuen Fabrique, Kosten erfordert werden, innerhalb Zehen Jahren, keinem Frembden, oder Inheimischen, Er seye, wer Er wolle, solche Truckerey allhier einzufuhren, und Ihme nachzumachen, erlaubt seyn solle. Vnd Wir dann dergleichen zu gemeyner Statt Auffnehmen gereichende Manufacturen, undt Gewerbe zu befördern Jederzeit geneigt und willig seynd; Alss haben Wir in gedachten Kippens unterthäniges suchen, in Gnaden eingewilliget, die verlangte Freyheit, und Privilegium, auff Zehen Jahr verliehen und concediret; verleyhen und concediren Ihme solche auch hiemit dergestalten, *dass Innerhalb diesen Zehen Jahren, à Dato an, keinem nicht, es seyen Frembde, oder Inheimische, erlaubt seyn solle, diese Seine, dergleichen Neue, hier nicht bekandte Kunst- truck- und Färberey, allhier anzufangen und zu treiben,* oder auff einige weise Hinterung und Eintrag darinn zuthun, sondern Er Kippe, diese Zeit über vnsere, Ihme ertheilte Freyheit vollkommen und allein ruhig geniesen und darbey von vns kräfftiglich gehandhabt werden solle. Dessen zur Vhrkundt, haben wir vns Eigenhändig unterschrieben, und vnser Gräfl. Secret wissentlich vortrucken lassen; So geschehen Hanau, den 19ten tag July, Anno 1692.“

Wie aus dieser Urkunde deutlich genug hervorgeht, war es auch Peter Kipp, wie Neuhofer, gelungen, die englisch-holländische, aus Indien importirte Druckmanier (mit Deckmasse und nachträglichem Färben) auf Reisen in fremden Ländern ausfindig zu machen, und man glaubt Neuhofer zu hören, wenn man von Kipp's „grossen Kosten, Mühe und vielen Reissen“ und von seinem Wunsche nach einem „Privilegium“ liest. In gleicher Weise dürften in Deutschland noch zahlreiche andere Drucker kurz nach Neuhofer und Kipp die aus der Fremde mitgebrachten Kenntnisse verwerthet haben, doch sind die Urkunden über sie spärlich und nicht immer so gesprächig, wie diejenigen aus denen wir hier über Neuhofer und Kipp so interessante Aufschlüsse erhalten haben.

Im Jahre 1700 erscheint zu *Augsburg Johannes Apfel,* urkundlich zunächst (1702) als „Formschneider und Drucker“, im Jahre 1705 aber (anlässlich eines Hauskaufes) wird er ausdrücklich bezeichnet als *„Bonesin- und Leinwanddrucker“.* Vom Jahre 1712 an wird er wie Georg Neuhofer *Cottondrucker* genannt. Er scheint es im *Blaudrucke* zu besonderer Fertigkeit gebracht zu haben, denn in dem Dekrete von 1712 wurde ihm allein das Holländisch Blaufärben erlaubt, wogegen er die andern Farben den Färbern überlassen musste. Sein Geschäft nahm fortwährend an Ausdehnung zu und war neben dem Neuhofer'schen das bedeutendste. Im Jahre 1731 übergab er seine beiden Häuser nebst Garten, Bleiche und Färbergut seinem Sohne *Johann Christoph Apfel;* 1735 erbaute dieser eine Hutte und daruber eine „Henke“ (Hange), an welcher die zum Trocknen bestimmten Drucke aufgehängt wurden. Im Jahre 1757 gieng das Geschäft an seinen gleichnamigen Sohn über, doch scheint von nun an ein Verfall eingetreten zu sein. Der neue Inhaber machte bald Schulden; und 1782 gelangte die Fabrik in den Besitz des Handelsmannes *Johann Michael Schöppler.* Dieser assoçirte sich später und brachte die Fabrik unter der neuen Firma *Schöppler & Hartmann* rasch zu neuer Blüthe. — Beinahe gleichzeitig mit dem Apfel'schen Geschäft entstand zu Augsburg das des *Tobias Gotthard Lobeck.* Dieser kommt 1706 als Leinwanddrucker vor, kauft 1708 zwei Häuser zum Betrieb seiner Druckerei und 1710 zu demselben Zwecke den Seitz'schen Garten nebst zwei Behausungen. 1744 wurde der Lobeck'sche Besitz unter die Erben getheilt. Abraham Lobeck erhielt den letzterwähnten Theil, wirthschaftete aber schlecht, und trat 1758 sein Anwesen an *Schüle* ab. Den andern Erbtheil erhielt der Schwiegersohn Lobecks, *Johann Peter Schuhmacher,* ebenfalls Cottondrucker, dessen Erben das Geschäft 1796 an den Cottonfabrikanten *Johann Jeremias Adam* verkauften. — 1711 errichtete *Reinweiler* eine Druckerei zur Scheggenbleich bei Augsburg, die 1721 an den Cottondrucker *Erdinger*, dann an *Deschler*, später nach der Reihe an *Zagelmayr*, *Aumüller*, *Offenbach und Dingler*[1]) übergieng. Andere bedeutende Drucker Augsburgs jener Zeit waren *Gigniaux*, *Seuter* und *Erdinger*. So begann also für Augsburg das XVIII. Jahrhundert mit einem gewaltigen Emporblühen des Zeugdruckes, und noch bevor Schüle auftrat, nahm diese Stadt in Bezug auf Zeugdruckfabrikation bereits den ersten und herrschenden Rang ein. Nichtsdestoweniger förderte der neu belebte Industriezweig auch in andern Theilen Deutschlands eine rasche Vermehrung der bisher spärlich vertheilten Cottondruckereien. Insbesonders werden nun auch die Urkunden Norddeutschlands für uns mittheilsamer.

An „Färbern" aller Art war zwar seit vielen Jahrhunderten gerade *Köln a. Rh.* stets reich gewesen, und dieselben hatten sich auch auswärts stets grossen Ansehens erfreut. War dort im Mittelalter auch der Zeugdruck in hoher Blüthe, so scheint dagegen seit den Zeiten der Renaissance die Zahl der dortigen Zeugdrucker eine umso geringere gewesen zu sein. Aber als in der ersten Hälfte des XVIII. Jahrhunderts der bedruckte Cattun die Mode zu beherrschen begann, muss auch in Köln allmählig wieder eine Aenderung zum Besseren eingetreten sein. Die Zahl der Drucker hatte sich inzwischen jedenfalls vermehrt, denn 1737 verlangte das Kölner Färberamt, dass die *„Leinendrucker" in die Färberzunft einbezogen werden sollten*. Bisher waren dort also die Drucker nicht gehalten, einer Zunft beizutreten, was darauf hinweist, dass bis dahin sie nach Zahl und Stellung nur eine untergeordnete Bedeutung hatten. Wäre ihre Zahl und ihr Geschäftsumsatz ein ansehnlicher gewesen, so würden die Färber, Tucher etc. zweifellos schon früher reclamirt und eine Heranziehung der Drucker zu den Pflichten und Lasten ihrer Zünfte verlangt haben. Als Antwort auf das Gesuch des Färberamtes verfügte dann die Rathsordnung vom *16. Dezember 1737 für das Blau-Leinenfärber-Amt, dass diejenigen frei und nicht (in das Amt) einbegriffen sein sollen, welche das Wissen und die Kunst profitiren, auf eine zumal andere Gattung Leinentuch figurenweise zu drucken.*[2]) Dieser Rathsbeschluss verschaffte den Kölner Zeugdruckern — deren Namen leider nicht bekannt geworden sind — für einige Zeit Ruhe, doch circa 60 Jahre später, in den Jahren 1795 und 1796 wiederholten die Färber ihre Forderung auf's neue. Aber sowohl am 7. Dezember 1795, wie am 29. Februar 1796 erhielt das Färberamt abermals vom Rathe einen ablehnenden Bescheid. In dem letzteren werden auch die Namen der angegriffenen Leinwanddrucker, deren Zunftfreiheit den Färbern so sehr missfiel, genannt: *Jeck*, *Bertram* und *Cassali*. Weitere Spuren ihrer Druckthätigkeit haben aber auch diese Drei nicht hinterlassen.

Hamburg erhielt seine erste Druckerei anno 1737 durch *L. König*, dessen Fabrik 1748 in den Besitz *Burmeisters* übergieng; 1785 übernahm sie *I. W. Burmeister* und 1787 *H. Burmeister*. Sie existirte noch bis in die Mitte des XIX. Jahrhunderts. — Um 1753 erscheinen *Hermann und Gabriel Rachusen*. Sie müssen es rasch zu grosser technischer Geschicklichkeit gebracht haben, denn der später zu erwähnende Schüle liess, da er in Augsburg den Druck in gleicher Qualität nicht herstellen lassen konnte, vor Errichtung seiner eigenen Fabrik seine besseren Kattune alle in Hamburg bei den Gebrüdern Rachusen drucken. Nach Erbauung der Schüle'schen Druckerei anno 1759 gieng indessen die Hamburger Fabrikation wesentlich zurück. Einerseits konnte sie gegen Schüle's Concurrenz nur in geringem Maasse aufkommen, anderseits konnte für den Ausfall seiner Bestellungen, die innerhalb weniger Jahre bei den Rachusen allein 175000 Gulden ergaben, nicht so leicht anderweitig Deckung gefunden werden.

In *Sachsen* gründete *G. Oehme* die erste Druckerei zu *Zschopau*,[3]) dann folgte 1741 *Preussen*. *Bisher war dort die Einfuhr, Fabrikation und der Gebrauch von gedruckten Baumwollgeweben zum Schutze der dortigen Leinwandfabrikation streng verboten gewesen.* In den Jahren 1721 und 1722 erschienen dort die ersten diesbezüglichen Verbote, 1734 (20 April) deren erneute Bestätigung. Dieser

[1]) Johann Gottfried Dingler, der Chemie Doctor, gründete das „Journal für die Zitz-, Kattun- oder Indiennen-Druckerei" und gab 1815 das „Journal für die Druck-, Färbe- und Bleichkunst" heraus.

[2]) Gefl. Mittheilung des Kölner historischen Archivs.

[3]) Nach Kurrer bestand diese Fabrik bis 1824.

zufolge durften in Preussen Zitze, Kattune und andere Baumwollzeuge weder zu Kleidern, noch für Möbel, Bettumhänge u. dergl. (selbst nicht einmal alt. d. h. gebraucht) Verwendung finden. Diese der herrschenden, aber irrigen, national ökonomischen Anschauung entsprungene Verordnung konnte indessen nicht allzu lange der mächtig ansteigenden, von Mode und Bedürfniss getragenen Neuerscheinung widerstehen. Sobald Friedrich der Grosse 1740 auf den Thron kam, wurde die unnatürliche Schranke niedergeworfen: 1741 zog ein Genfer Kattundrucker *Duplantier*, der vorher in *Offenbach* bei Frankfurt a. M. eine kleine Druckerei besessen hatte, nach *Berlin* und errichtete dort mit der Unterstützung des Königs die erste Cottondruckerei. Friedrich gewährte ihm Vergütungen an seine Mieths- und Transportkosten und zahlte ihm 1000 Thaler auf 10 Jahre. Dagegen durfte Duplantier seine Kattune nur innerhalb Berlins verkaufen, eine Beschränkung, die einen grösseren Geschäftsaufschwung hindern musste. Nach wenigen Jahren beschäftigte er denn auch (nach Kurrer) nur noch einen Drucker, einen Modelstecher und 4 Schildermädchen. Die Letztern besorgten das Ausmalen der Stoffmuster. Immerhin bildeten sich innerhalb kurzer Zeit neben der Druckerei des Duplantier noch mehrere andere Druckereien, und vielleicht war es mehr die derart entstandene Concurrenz, welche den ersten Berliner Zeugdrucker nicht vorwärts kommen liess. So wurde 1745 *David Simon* concessionirt und demselben zur Fabrikanlage ein geräumiger Platz vor dem Spandauer Thore angewiesen. Diesem bis 1817 in Betrieb befindlichen Geschäfte folgten bald weitere Concurrenzgründungen, die der Fabrikanten *Stephan Dutitre*, *Becker*, *J. G. Sieburg*, *Bartsch u. Comp.* und Anderer.[1]) — Im Allgemeinen waren diese Berliner Fabrikate von geringem Ansehen und fanden meist nur bei den unteren Volksklassen Absatz. Gleiches gilt bezüglich der wenigen anderen preussischen Druckereien, deren Leiter sich zumeist aus kleinen Anfängen emporschwangen. Vielfach wurde der Zeugdruck bloss als gelegentliche Nebenbeschäftigung beim Färberhandwerk ausgeübt. So notiert die „Schönfärbertaxe" zu Königsberg vom J. 1770 unter den Schwarzfärbertaxen: Stück Leinwand hellblau, dunkelgrün, hellgrün, hochroth, gelb, gemangelt = 1 fl 10 gr.; Aschgrau, braun, schwarz, gemangelt = 20 gr.; *zu drucken* = 5 fl."[2])

In Schlesien hatte zu *Breslau-Ohlau* kurz nach Beendigung des 7jährigen Krieges, der durch Lieferungen reich gewordene Jsraelite *Heymann* unter dem Protectorate Friedrichs des Grossen eine Kattunfabrik angelegt, zu der meistens schweizerische Arbeiter herbeigezogen wurden. Nach des Gründers Tode gieng die Druckerei an *Rummel* über, der die beiden Neuchateller Brüder *Thibaut* herbeirief und ihnen 1788 das Geschäft ganz überliess. Mehrere andere Druckereien entstanden um 1800 in anderen Theilen Schlesiens, zu *Feilau* durch *Bedau*, in *Hirschberg* durch *Hutter*, in *Breslau* selbst durch *Kriegshoby*, *Tschudy*, *Orlin*, *Schwarz und Mensan*, und zu *Eilenburg* (Prov. Sachsen), wo *J. J. Bodmer* 1806 eine Dépendance seiner Grossenhainer Fabrik gründete und der preussische Staat selbst 3 Kattundruckereien zur Herstellung ächtfarbiger Modewaaren und ditto Möbelkattune errichtet hatte.

Andere Fabriken beschaftigten sich bereits damals schon mit dem *Bedrucken von Wachstapeten*. Es waren dies rohe Zeuge, welche mit einer Masse bestrichen waren und aufgedruckte Ornamentik trugen. Sie dienten zum Bezuge von Tischen und zum Tapezieren der Wände. Die Rechnungen des *Raths Goethe* erwähnen mehrmals solche Druckstoffe, so am 22. April 1756 „4 Stück blaue Grund gantz gedr. Wax Tuch à fl 4²/₃ = fl 18,40 „(ausgestellt zu Frankfurt durch Balthasar Grunelius), am 28. Juli 1756 „4 stück No. 55 douplfond und 3 Stück No. 54 blau dito und 7 Stück Waxleinen à 4³/₄ fl, beträgt fl 22.15 kr" (quittirt von Peter Clemens Rübeck). Ebensolche, aber „gemahlte" Tapeten werden dort gleichfalls erwähnt: 1755 5 Stück „mit gelbe Grund gemahlte Wachsstücke à fl 6¹/₂"; in demselben Jahre ebensolche blau gedruckte und mit grauem Grunde, 1756 grüne Wax Tapeten, 1757 „eine Garniture auf weissem Grundt mit Blumen Poquetgen gemahlt, 4¹/₄ Stück à 11 fl verakkordirt, eine Garniture

[1]) Nach W. H. von Kurrer zählte Berlin 1818 noch 40 Druckereien mit 600 Drucktischen, wovon aber die meisten allmählig eingegangen sind. 1812 erfolgte die Gründung der Druckerei von J. F. Dannenberger, der, 1809 noch ein mittelloser Druckergeselle, es rasch zu bedeutender Höhe brachte.

[2]) Joh. Nic. Bischoff, Versuch einer Geschichte der Färberkunst. Stendal, 1780.

Pokin auf Perlenfarben Grund, ferner zwei Superportes Blau in Blau gemahlt, jedes à 2 fl 20 kr, zwey ditto mit roccallien fruchten mit Blumen und Coleuren gemahlt jedes à 1 fl" (von Johann Andreas Nothnagel). Probe einer solchen Tapete (aus etwas späterer Zeit) bietet Taf. LII; sie ist hellblau grundirt und mit weissem Spitzendruck versehen; die Blumen sind roth und blau eingeschildert und mit braunen Contouren überdruckt, ebenso die hellgrün grundirten Blätter.

Zu *Grossenhain* wurde 1763 nach den Angaben des Hofcommissars Barth auf Kosten der Kurfürstin-Mutter Marie Antonie eine Zeugdruckerei gegründet. Sie kostete 45 546 Thaler, wovon auf das Fabrikhaus 19 200 Th. entfielen. Anfangs war das Unternehmen, das sich die „*Zitz-, Katun- und Leinwand-Manufactur-Societät*" nannte, nur mit erheblichen Steuerbefreiungen bedacht, später, nach dem Übergang der Fabrik (1775) an *Kammerrath Chr. S. Frege* zu Leipzig, erhielt sie unter andern Vortheilen auch Befreiung vom Militärdienst für die Familie und die Arbeiter, und das ausschliessliche Privilegium für einen Umkreis von 4 Meilen, wovon jedoch später Dresden und Meissen ausgenommen wurden.[1] Anno 1784 trat Frege die Fabrik an *Dr. Donnz* von Augsburg ab, der 1789 fallirte und sie 1793 an *Riese & Bodemer* übergab.

Alle diese und zahlreiche ähnliche Gründungen überragte an Wichtigkeit und Grösse die von *Johann Heinrich Schüle* in *Augsburg* errichtete Druckfabrik. Am 1. Juli 1759 eröffnete Dieser daselbst eine Zeugdruckerei und stellte rasch den Namen Augsburg's von neuem für diese Fabrikation obenan. Der unternehmende Mann war 1720 zu Künzelsau im Gebiete der Fürsten Hohenlohe-Neustein-Oehringen als jüngster Sohn des Nagelschmieds Johann Tobias Schüle († 1767) geboren. Im Jahre 1739 gieng er nach *Strassburg* zu einem Handelsmanne namens Franz in die Lehre; 1742 trat er in das Bergmüller'sche Handlungshaus zu *Kaufbeuren* und versuchte hier mit Erfolg die Veredelung der gefärbten Leinwand. Das Jahr 1745 führte Schüle nach *Augsburg* in das Haus Peter Lair. Schon am 26. November desselben Jahres verheirathete er sich in dieser Stadt mit Johanna Barbara Christel und gelangte dadurch in den Besitz eines Hauses und einer eigenen Tuchhandlung. Nun konnte er selbstständig handeln und begann seine Waaren werthvoller zu machen, indem er sie bei den Augsburger Stoffdruckern, später bei der oben erwähnten Hamburger Firma Rachusen mit Mustern bedrucken liess. Mit Hülfe seiner Gattin und später auch seiner Tochter verfeinerte der junge Kaufmann dann die Drucke durch Ausmalen (Illuminiren, Schildern). Bald häuften sich die Bestellungen in solchem Maasse, dass er sich um weitere Hülfe umsehen musste. Da die Augsburgerinnen trotz 30 Kreuzer täglichem Lohne sich dafür zu gut hielten, liess er „zwei Wagen voll Weibspersonen" aus dem nahen Pappenheim'schen Gebiete kommen, damit Diese ihm das Illuminiren und andere Hilfsarbeiten besorgten. Da ferner die Augsburger Drucker ihre Druckarbeit nicht in der erforderlichen Güte herstellten und die Hamburger zu hohe Preise verlangten, errichtete Schüle 1759 eine *eigene Druckerei*, die bald zu solcher Ausdehnung gelangte, dass mehrere Tausend Arbeiter darin Beschäftigung fanden. Die Bestellungen giengen in's Ungeheure, und man riss sich förmlich um Schüle's Waaren. Die grossen Händler kamen persönlich nach Augsburg (was sonst damals noch nicht üblich war, da man die Ankäufe gewöhnlich auf der Messe besorgte), oder sie giengen Schüle, wenn dieser zur Messe fuhr, entgegen, um ihm unterwegs, oft unbesichtigt, die Waaren abzukaufen, so dass er oft für die Messe selbst nur noch einen kleinen Vorrath übrig behielt. Seine Fabrikate umfassten alle Arten der gedruckten Kattune, Kupferdrucke in krapprothen, braunen und violetten Mustern auf weissem Grunde, weisse, braune, rothe, schwarze, violette und blaue Bodenzitze mit illuminirter Ausarbeitung, oft mit Gold und Silber ausschattirt („Augsburger Zitze"), blaue Deckdrucke u. s. w. Schüle's Augenmerk gieng bei seinen Stoffen ebenso auf solideste Ausführung, wie auf Anwendung guter

[1]) Gefl. Mittheilung des Herrn Stadtrath Rich. Zschille nach der Grossenhainer Chronik. Darnach kam die Fabrik anno 1800 (nach Kurrer 1794) an die Familie Bodemer. 1802 hatte sie noch 11, 1811 bereits 30, 1831 60 Drucktische mit 188 Arbeitern. 1804 druckte sie ca. 14000 Stück Kattun und Tücher jährlich. 1834 erhielt sie die erste Dampfmaschine, deren Bild, weil sie die erste in der Stadt und Umgegend war, in Steindruck veröffentlicht wurde. Noch heute existirt das Etablissement unter der alten Firma J. H. Bodemer (Besitzer A. F. Schwarzkopf).

Muster, und gerade darin, dass er auch der künstlerischen Seite grösste Aufmerksamkeit schenkte, dürfte eine Hauptursache seiner Erfolge liegen. Er hatte sich gleich nach Begründung der eigenen Druckerei von Hamburg eine Musterzeichnerin namens *Friedrich* kommen lassen, die jährlich 1000 Dukaten Gehalt bezog und während ihrer 15jährigen Dienste bei Schule wesentlich zu der Beliebtheit seiner Stoffe beitrug. Als 1792 Schüle das Geschäft seinen beiden Söhnen übergab, zog die Künstlerin nach Hamburg zurück und lieferte von dort aus Muster an die Augsburger Firma Schöppler und Hartmann. — Aber Prozesse verbitterten Schüle's Thätigkeit, da die Augsburger Weber, gestützt auf Zunftgesetze, von Schüle verlangten, dass er ausschliesslich ihre eigenen Erzeugnisse verarbeite. Er hatte nämlich begonnen, in Holland ostindische Kattune zu erwerben und diese in Augsburg dann zu bedrucken. Jene fremden Stoffe waren besser und billiger, als die einheimischen. So erwarb er beispielsweise 1764 in Rotterdam eine ganze Schiffsladung um mehr als 300 000 Gulden. Die Augsburger Weber klagten darob Schule als Kontrebandier und Schädiger ihres Gewerbes an, und liessen die indischen Waaren mit Beschlag belegen. Als der Magistrat ihn mit 1660 Gulden bestrafte und die Zusammenrottungen und Drohungen der Weber immer gefährlicher wurden, suchte Schüle Schutz beim Herzog Karl von Württemberg, der die Beschlagnahme aufzuheben befahl und Schüle zum Hofrath ernannte. Nichtsdestoweniger verliess Schüle im Oktober 1766 unter Aufgabe des Augsburger Bürgerrechts die Stadt und gründete in demselben Jahre unter der Firma *Mebold Schüle* zu *Heidenheim* in Württemberg eine neue Fabrik. Anno 1768 gieng er nach Wien, um von dort aus den immer noch schwebenden Prozess mit den Augsburger Webern zu beendigen. Kaiserin Maria Theresia und ihr Sohn Joseph II. zeichneten ihn aus und wünschten ihn an Wien zu fesseln, doch konnte er sich von seinem Vaterlande nicht trennen, richtete dagegen für den kaiserlichen Geheimrath Baron *von Grechtler* und für den *Baron von Fries* eine Fabrik zu *Friedau* in Nieder-Österreich ein. Endlich am 3. Oktober 1768 erfolgte zu Wien ein für Schüle günstiges kaiserliches Rescript an den Augsburger Magistrat. Nun kehrte Schule wieder nach Augsburg zurück und erwarb von neuem das dortige Bürgerrecht. Der Prozess mit den Webern dauerte nichtsdestoweniger weiter, obwohl Schüle sich, allerdings vergeblich, erboten hatte, den Webermeistern jährlich 25000 Stücke Drucktuch abzunehmen und keine anderen als ostindische Kattune einzuführen.[1]) 1777 machte er sich verbindlich, neben den 25000 Stucken auch noch alle sonst brauchbare Waare der einheimischen Webereien zu übernehmen und als Bürgschaft 100000 Gulden zu deponiren, wenn ihm dafür die Einfuhr aller fremden Waaren freigegeben werde. Wie hieraus hervorgeht, war Schüle's Bedarf ein ganz enormer und das Geschäft unausgesetzt im Steigen. Die Zahl seiner Arbeiter stieg auf 3500 Personen, der jährliche Absatz auf 70000 Stück im Werthe von über 3 Millionen Gulden! Das 1770 angefangene und 1771 vollendete prächtige Fabrikgebäude Schüle's kostete allein nahezu 500000 Gulden. Vergebens suchte Friedrich der Grosse Schüle durch seinen Minister, den Grafen Finckenstein, nach Berlin zu ziehen. Kaiser Joseph erhob Schüle 1772 in den erblichen Adels- und Ritterstand und ernannte ihn in demselben Jahre zum kaiserlichen Rath; gleichzeitig ertheilte er ihm einen Schutz- und Freibrief für seine Fabrik, welcher die Muster Schüle's vor Nachahmung schützen sollte. Anlässlich der Frankfurter Reise Josephs zur Kaiserkrönung beehrte der grosse Monarch das Etablissement durch seinen Besuch. Schüle war zwei-

Fig 10 Kupferstich-Portrait von Johann Heinrich von Schüle.

[1]) Erst 1785 endigte ein Rathsbeschluss den Prozess, nachdem dieser seit 1766 ununterbrochen gedauert und Schüle über 300000 Gulden gekostet hatte.

mal verheirathet und hatte zwei Söhne,[1]) denen er das auf dem Höhepunkt seines Glanzes angelangte Geschäft im Jahre 1792 übergab, um selbst die Ruhe des Alters geniessen zu können. Indessen gerieth das Unternehmen unter der neuen Leitung so rasch in Verfall, dass Schüle sich nochmals aufraffte und im Jahre 1802 abermals an die Spitze des Geschäftes trat. Ueber achtzig Jahre alt starb der rastlos thätige Mann. Franz Eugen von Seida-Landensberg hat ihm in seiner Biographie: „Johann Heinrich von Schüle, des weil. röm. Reichs Ritter, Kaiserl. Königl. wirklicher Rath" (Augsburg, 1805) ein Denkmal gesetzt, in welchem Schüle's Leben und Wirken eingehend geschildert ist.

Ein Portrait dieses nicht nur um Augsburg, sondern auch um die ganze Textilindustrie seiner Zeit hochverdienten Mannes reproducire ich hier nach einem alten, gleichzeitigen Kupferstiche. Producte von Schüle's Thätigkeit müssen sich noch zahlreiche erhalten haben, doch ist es mangels einer Signirung natürlich schwer, aus den vielen Augsburger Drucken jener Zeit die Schüle'schen herauszufinden und identificiren zu können. Auf Grund eines mir einst vorgelegenen Musterbuches glaube ich aber die auf den Tafeln XLIV und LVI facsimilirten Drucke als wahrscheinlich Schüle'sche Fabrikate ansprechen zu dürfen. Sie zeichnen sich durch die gute, heute können wir sagen stylreine Zeichnung und die saubere Ausführung d. h. gerade jene Eigenschaften aus, die Schüle's Ruhm und Reichthum begründeten. Schüle war es auch, der die Chemie in umfangreichem Maasse heranzog, um sie in den Dienst des Zeugdrucks zu stellen und neue Farben, neue Lösungen und Mordants etc. zu finden, oder die alten zu verbessern. Der Chemiker *Johann Michael Haussmann*, der Schüle's einzige Tochter zur Frau erhielt und später in *Logelbach bei Colmar* selbst eine eigene grosse Druckerei gründete, leistete ihm hierin ganz besondere Dienste. Zu den Eisen- und Rostbrühen verwandte Schüle nur das beste Eisen; den schwarz- und kaffeebraunen Böden diente eine Eisenbrühe von Wein- und Bieressig zur Grundlage; schon 1770 bediente sich Schüle der sogenannten Zinn- oder Blechbeize. Ebendamals erschienen bei Schüle auch die schon oben erwähnten mit Gold und Silber ausgeschmückten „Zitze" oder „Perse." Sie bestanden aus dem feinsten ostindischen Kattune und trugen mit Gold oder Silber eingefasstes und ausschattirtes Blumenwerk auf weissem oder mehrfarbigem Grunde („Boden"). Die Auftragung des Silbers, bezw. Goldes (geschabtes Silber, bezw. Bronzemetall) geschah mittelst Pinselmalerei unter Zuhülfenahme von Gummi als Bindemittel, doch begann man auch bereits damals das Gold und Silber mit Druckformen aufzudrucken, soweit es sich bloss um die zur Zeit Ludwigs XVI. üblich gewordenen breiten, senkrecht laufenden Bandlinien handelte.

Neben Schüle's Druckerei existirten in Augsburg ferner noch *Georg Christian Neuhofer*, ein Nachkomme des oben erwähnten; er übernahm 1773 die Scheggenbleich, trat sie aber 1788 an den Kattunfabrikanten *Franz Xaver Doebler* ab. *Johann Matthias* und *Friedrich Schüle*, Söhne von Heinrich Schüle's älteren Bruder Thomas, die Heinrich Schüle 1753 zu sich genommen hatte, errichteten nach 1765 eine eigene Druckerei,[2]) ebenso die ehemaligen Angestellten Schüle's *Wagenseil*, *Baiersdorf*, *Harder*, *Doebler*, *Fröhlich* und die schon oben erwähnten *Schöppler und Hartmann* (als „Neue Augsburger Kattunfabrik-Actien-Gesellschaft" noch heute bestehend). Nach Schüle war die letztere Firma die bedeutendste Augsburger Kattundruckerei jener Zeit; sie überlebte um mehr als ein halbes Jahrhundert die Schüle'sche, die ebenso wie die meisten andern damaligen Druckereien durch die Kriege von 1792 bis 1813 und unter der Concurrenz der aufblühenden französischen und elsässischen Druckindustrie zur allmähligen Auflösung getrieben wurde. Nur Schöppler und Hartmann konnten durch billige Preise, vorzügliche Leitung und besonders durch stetes Sichanpassen an die neueste Modeströmung, jener Zeit und der nach dem Kriege in Folge der gebrochenen Continentalsperre wieder stärker als je auflebenden englischen Concurrenz widerstehen. Schöppler trat 1801 vom Geschäfte zurück, wogegen *Hartmann* († 1824) die Leitung übernahm und 1816 sich mit *Karl Forster* unter Beibehaltung der alten Firma associrte. Es

[1]) Bei deren Verheirathung überreichte er jedem 25000 Gulden und jeder der beiden Gattinnen als Morgengabe ein Tafelservice in Berliner Porzellan im Werthe von 4000 Gulden.

[2]) Von der Wittwe Matthias Schüle's bis gegen Ende der 1820er Jahre fortgeführt, dann aufgelöst.

begann ein reger Export nicht allein nach allen Theilen Deutschlands, sondern auch nach Russland etc., und über Holland bis nach Westindien.[1])

Die gewaltige Industrie Augsburgs liess das übrige Süddeutschland nicht aufkommen, doch fehlten natürlich auch hier nicht da und dort schwache Versuche. In *Konstanz* hatte sich 1785 der Genfer *Jakob Ludwig Macaire de L'or* im dortigen Inselkloster etablirt; er zeichnete sich besonders durch schöne 3 und 4fache Blaudruckabstufungen aus. Im Jahre 1815 beschäftigte er nahezu 50 Drucktische und druckte für die Levante grosse Mengen von Tüchern in orientalischem Geschmack. Als *Eugen Beauharnais*, ehemaliger Vicekönig von Italien, nach Napoleons Fall in Deutschland seinen Aufenthalt nahm, soll er sich als stiller Gesellschafter an dem Hause betheiligt haben.[2]) Eine zweite Druckerei gründete in Konstanz 1790 *Johann Georg Schlumberger*, an dessen Stelle 1812 der Aarauer *Gabriel Herosé* in Gesellschaft mit einem seiner Brüder aus der Aarauer Druckergesellschaft gleichen Namens trat. Hier entstand der sogenannte Hortensia-Artikel, der zu Ehren der Stieftochter Napoleons, der ehemaligen Königin von Holland, Hortense, als sie zum ersten Male von Arenenberg aus die Fabrik besuchte, seinen Namen erhielt. Einige Jahre später gieng aus derselben Fabrik das „Rocher de St. Helena" genannte Fabrikat hervor.[3]) Nach Kurrer soll sich auch zu Laichingen im Württembergischen eine Leinwanddruckerei befunden haben, die „Erzeugnisse für das Landvolk lieferte." Aehnliche kleine Druckereien mag es noch zahlreiche in Deutschland gegeben haben. Der grosse Markt blieb ihnen aber verschlossen, und der Absatz für ihre in Technik und Dessin meist altmodischen Muster war auf das Landvolk der näheren Umgegend beschränkt. Der Drucker selbst betrieb gewöhnlich neben der Druckerei noch die Färberei, und Name wie Wirkungsort dieser Handwerker sind nur ausnahmsweise auf uns gekommen.

Die auf die Industrie so mächtig einwirkende Mode brachte von der Mitte des XVIII. Jahrhunderts ab den Gebrauch der bedruckten „Indiennen" in Deutschland zu immer grösserer Ausdehnung. Von der Stadtbevölkerung gieng die Mode allmählig auch auf die Landbevölkerung über, und mit dem steigenden Bedarf stieg wieder die Zahl der Druckereien. In allen Theilen Deutschlands bildeten sich unausgesetzt neue Kattunfabriken und neue Druckereien. Die Tonangebenden darunter, wie jene der Schüle, Rachusen, Burmeister etc., haben wir bereits oben genannt. Neben ihnen entstanden aber, wie bereits angedeutet, unausgesezt in allen Landestheilen auch noch zahlreiche kleine Drucker, die analog schon gegebenen Beispielen nach Absolvirung einer dienenden Stellung in selbständiger Etablirung ihr Glück versuchten. Der Eine kam nur langsam vorwärts oder musste gar den Betrieb bald wieder einstellen, den Anderen feuerten Erfolge zu weiterem Streben, zur Anwendung complicirterer Techniken und zur Fabrikation besserer Waaren an. *Hamburg-Wandsbeck* versah den Bedarf *Norddeutschlands* und hatte 1790 bereits mehr als 30 Druckereien mit mehr als 1000 Drucktischen. Der Fabrikanten Burmeister und Rachusen haben wir bereits oben gedacht. Ihnen folgte 1763 die vom dänischen Schatzmeister *Graf Schimmelmann* protegirte Firma *Pichel & Comp.* in Hamburg-Wandsbeck, (später *Johannes Mooyer*, eingegangen 1830), 1770 die Fabrik *Fürstenau* (1820 eingegangen) und 1780 diejenige von *C. C. P. von Lengercke* in Hamburg-St. Georg. Der Letzere, ehedem bei seinem Schwager Fürstenau betheiligt, führte in den 90er Jahren den Plattendruck bei sich ein, lieferte damals das ehe-

[1]) Hier war auch der schon oben erwähnte Dr. W. H. von Kurrer thätig, von dem wir in seiner „Geschichte der Zeugdruckerei" hören, dass, als König Maximilian Joseph von Bayern Augsburg besuchte, die Firma Schöppler und Hartmann ein anlässlich des Volksfestes dem Könige dienendes Zelt mit Emblemen aus der bayerischen Geschichte blau und weiss druckte und dem König schenkte.

[2]) Nach gefl. Mittheilung von Herrn Stadtrath Ludwig Leiner bestand die Fabrik bis 1873 (das heutige „Inselhôtel"). Macaire erhielt die Insel am 30 Juni 1785 von Kaiser Josef II. überlassen gegen Zahlung einer jährlichen Summe von 25 fl an die K. K. Religionskasse in Freiburg, „so lange er oder seine Erben die Indienne- und Kattunfabrik in gutem Zustande erhalten würden."

[3]) Nach Leiner existirt dort diese Fabrik „Gabriel Herosé" noch heute unter der Leitung des Enkels Victor Herosé.

dem nur in England erzielte „Fayenceblau" und zu Anfang dieses Jahrhunderts die damals besonders beliebten „Beizdrucke".[1])

Das übrige, zwischen den beiden gewaltigen Fabrikationscentren Hamburg und Augsburg gelegene Nordwestdeutschland blieb unter der Macht dieser beiden Städte im Zeugdruck zurück und bietet nur vereinzelt solche Anlagen. Im Adressbuche der *Stadt Köln a. Rh.* vom Jahre 1797 figurirt ein *Philipp Reiner Steinkrüger*, von dem es dort heisst: *„Druckt in hell- und dunkelblau, grün und mit Blumen gedruckte Halstücher und Leinentuch für Kittel."* [2]) Ein anderer Zeugdrucker namens *Engelhard* war in *Cassel* thätig. Proben seiner Thätigkeit bieten die hier in Fig. 11 vorgeführten Abbildungen. Es sind farbige Papierabdrücke, welche des Druckers Musterbuch bildeten, und durchweg in hellerem oder dunklerem Blau mit weiss ausgespartem Ornament gedacht sind. Sie bieten theils fortlaufende Gewebemuster, theils abgepasste Hals- und Schnupftücher, deren Styl der der Louis — XVI — Zeit und des Empire ist. Ebenfalls in *Cassel* arbeiteten die ehedem in *Hamburg* schon in den achtziger Jahren des letzten Jahrhunderts thätigen *Gebrüder Anesorg*, die es unter der finanziellen Beihülfe des Landgrafen zu vorzüglichen Fabrikaten brachten und bis gegen Mitte dieses Jahrhunderts druckten.

Für *Nordostdeutschland* bildete *Sachsen* das Centrum der Zeugindustrie. Der Gründungen in Zschopau (1740) u. Grossenhain (1763) haben wir bereits gedacht. Schon 1754 entstand auch zu *Plauen i. V.* eine Kattundruckerei. Ihr Besitzer, *Neumeister* aus Nürnberg, war ehedem Formstecher bei Schüle in Augsburg gewesen. Die Regierung ertheilte ihm 1755 ein 30jähriges Privilegium für den voigtländischen Kreis, doch wechselte später der Besitzer *(Facilides und Cie.)*. 1804 gründeten ebendaselbst *Schindler u. Cie.* eine zweite Druckerei. Im Jahre 1768 folgte zu *Burgstadt* unter der Firma *B. G. Pflugbeil u. Cie.* eine weitere Druckerei, der in den siebziger Jahren *J. F. Wagener* eine zweite zugesellte, indessen die erstere Firma 1771 nach *Chemnitz* zog und dort rasch gewaltigen Aufschwung nahm. (Im Jahre 1786 beschäftigte sie bereits 35 Drucktische, 1805 die Gebrüder *Pflugbeil* 30, und *G. B. Pflugbeil* 40 solche). Die erste Zeugdruckerei in *Chemnitz* hatte aber *G. Schlüssel* schon 1770 gegründet, der ehedem bei Wagener in Burgstadt Colorist gewesen war und dann vereint mit 3 Druckern sich in Chemnitz in der angedeuteten Weise selbständig machte (1807 fallirt). Im Jahre 1772 errichteten *J. C. Markstein* u. *C. W. Frosch* zu *Bautzen* eine Druckerei, die anfangs allerdings nur einfachere Fabrikate geliefert zu haben scheint. Frosch war ehedem Conditorgehülfe gewesen, der sich auf seinen Reisen in Deutschland, Frankreich und England mancherlei Kenntnisse in der Zeugdruckerei verschafft hatte. Die Beiden druckten nun weissleinene Tüchel mit echtfarbigen Rändern und verstanden es, dieselben nachher vorzüglich weiss zu bleichen. Im Jahre 1773 arbeiteten sie bereits auf nahezu 30 Drucktischen allein 850 Dutzend solcher Tüchel. Markstein wurde infolge dieses Betriebes zum churfürstlichen Hoffaktor ernannt, während Frosch

Fig. 11
Louis — XVI — Blaudrucke von Engelhard in Cassel.
Fig. 1, 3 u. 6 für Hals- u. Taschentücher, Fig. 2, 4 u. 5 für Kleiderstoffe.

[1]) Nach 1811 trat in Folge der Continentalsperre ein Rückgang ein, der 1815 sich wieder ausglich. 1825 fand eine einfärbige hölzerne, 1830 eine englische zweifärbige eiserne Walzendruckmaschine Anwendung.

[2]) Gefl. Mittheilung des historischen Archivs der Stadt Köln.

eine Prämie von 10 Thalern erhielt. Anno 1790 trennte sich *Frosch* von *Markstein* und errichtete eine eigene Druckerei, welche indessen 1801 von *Jurisch* und *Welz* übernommen wurde und bald darauf eingieng. Dann folgte 1774 zu *Pirna* die Druckerei des Dresdener Kaufmanns *Koch* in Verbindung mit dem Färber *Neumann*. Nach Koch's Rücktritt übernahm sie der Färber *Börner*, von Diesem 1781 *G. A. Maukisch*, unter welcher Firma sie sich 1823 auflöste. Ebendort entstanden 1811 durch *G. W. Becker* und *F. G. Meissner* (später *Vogler und Madesch*) noch andere Druckereien, die aber alle nach kurzem Bestande (Becker 1826) wieder eingiengen. *Frankenberg* in Sachsen erhielt seine erste Druckerei 1778 durch *C. F. Böhme*, 1785 durch *G. R. Kauft* eine zweite (eingegangen als *Rauft und Ehrenberg* 1826). Andere solche Etablissements entstanden dort in den folgenden Jahren durch *Erler*, *Uhlig* und *Kreisig*, die 1794 zusammen bereits 21062 Stück druckten; 1797 arbeiteten diese Frankenberger Firmen mit 96, im Jahre 1800 mit 200 Druckbänken, wogegen 1802 diese Zahl wieder auf 142, 1804 auf 104, 1808 auf 70 zurückgieng. Von da ab stieg die Production wieder, sodass 1809 bereits auf 107 Tischen 46 500 Stück und 1810 mit 111 Tischen 56,500 Stück fabricirt wurden. Nach Aufhebung der Napoleonischen Continentalsperre trat aber wieder ein gewaltiger und andauernder Rückgang ein. Im Jahre 1778 entstand ferner zu *Kolditz* eine kleine Druckerei durch *Kölz*, und 1783 eine andere zu *Zittau*, gegründet von Kaufmann *Lange*, die aber 1786 abbrannte, 1787 mit Beihilfe der Regierung mit 5 Tischen wieder in Betrieb gesetzt wurde und 1793 mit 12 Tischen arbeitete, bald darauf aber eingieng. *Zwickau* schloss sich 1785 durch die Fabrik von *Laurent und Kaspari* an. Sie wurde 1791 von *Donnz* aus Grossenhain erworben und 1794 von *Neumeister*, später von *Haussmann und Cie.* übernommen, schloss aber 1816 als *Böhme u. Cie.* Im Jahre 1786 wurde in *Hohenstein* eine Druckerei errichtet, wo später eine zweite von *Gleich* aus Grossenhain und 1794 eine dritte von *Röser*, ehedem Associé von *Bodemer* in Grossenhain, angelegt wurde. Auch in *Oberkreischa* entstand durch *Franz Mosbeck* 1787 eine Kattundruckerei. Der kolossale Aufschwung von *Chemnitz* als Centrum der Kattunweberei begünstigte natürlich auch den dortigen Kattundruck und viele reich gewordene Weber verbanden mit der Weberei den mit der Fabrication so eng verbundenen Druck. So errichteten dort 1798 der Weber *Jokelt* in Verbindung mit dem Drucker *Hauptmann* eine Kattundruckerei, die 1808 und 1809 bereits ca. 30 Drucktische zählte; der Fall der Continentalsperre machte aber, wie so vielen andern, so auch dieser Fabrik ein Ende. Ein anderer Weber, *Pfaff*, gründete mit seinen 3 Söhnen 1797 gleichfalls in Chemnitz eine Druckerei unter der Firma *Pfaff und Söhne*, und brachte es rasch zu grosser Höhe. Ebenso fand dort ein Weber namens *Reimwart* bereits 1792 mit mittelst Kupferplatten bedruckten Tüchern und Westenzeugen starken Absatz. Die Revolutionskriege begünstigten im Allgemeinen die sächsische und speciell die Chemnitzer Industrie sehr wesentlich, weil der Import aus dem Westen ein schwächerer wurde und dadurch die Abnehmer mehr an die einheimischen Producenten verwiesen wurden. Der Gründung von *G. Schlüssel* 1770, *B. G. Pflugbeil* 1771 folgte 1775 diejenige der *Gebrüder Hübner* (später *Hübner und Söhne*, die 1810 auf 81 Drucktischen 55 000 Stücke verarbeiteten), 1784 *K. F. Kreisig* (später *Kreisig und Cie.*, die bald mit 40 Tischen, 1805 mit 60 solchen arbeiteten), zu derselben Zeit *Seyfert* (dessen Etablissement 1802 von *C. W. Becker* übernommen wurde), dann *Schulze*, *Herold*, *Kriegel*, 1793 *Alberti* (ehedem bei Pflugbeil und Cie., und später an die Firma *Mai* abgetreten), 1796 *Siegert*, dann *C. W. Becker* u. *Schraps*, von denen Becker, ehedem bei Kreisig und Cie. angestellt, 1820 hochgeehrt als einer der hervorragendsten und verdienstvollsten Chemnitzer Zeugdrucker starb. Die Kriegsjahre begünstigten auch anderweitige Gründungen in Sachsen. So entstand 1790 zu *Tiefendorf bei Löbau* durch *Jonnasch*, 1794 zu *Grimma* durch *Riese*, (ehedem Associé von Bodemer in Grossenhain, 1806 eingegangen), 1796 zu *Zeitz* durch *J. G. Hempel* († 1822) und ausserdem 1796 zu *Hainichen* eine Zeugdruckerei durch *C. F. Werner* (ab 1806 *G. L. Werner*). Im Jahre 1806 entstand dort eine zweite Druckerei von *Lechla und Holfert*, die 1826 geschlossen wurde. Im Jahre 1800 gründeten *Böhmig und Hiemann* die erste Druckerei zu *Greiz*, der 1806 *C. F. Bother* und *J. A. Krieg*, *Breuer*, *Hey*, *Saro* und andere nachfolgten. Mehrere dieser Firmen wurden aber, wie so viele andere, nach den Befreiungskriegen ein Opfer des von neuem mit grosser Macht andringenden englischen Importes. Gleiches Schicksal erlebte die 1805 von *Weber* in *Gera* gegründete Wollzeugdruckerei (eingegangen 1818), ebenso die 1807 zu *Penig* durch *Esche und Koder*, sowie *Deeg und Günther* und eine kleine 1806 errichtete Druckerei zu *Oederau.* [1])

Im *Südwesten Deutschlands* bildete sich ein Industriecentrum, dessen Hauptpunkt im *Oberelsass* lag und dessen Herz *Mülhausen* war. Das Elsass war seit 1648 *französisch.* Mülhausen aber eine freie, zum *Schweizer-Bunde* gehörige Stadt, die erst 1798 französisch wurde. Diese Lage war zur Begründung einer auf grossen Absatz berechneten Industrie wie geschaffen, denn als Schweizer-Stadt bot sie bei allen möglichen Kriegswirren eine gesicherte Freistätte und einen festgegründeten Rechtsboden, und als Enclave im französischen Gebiete gewährte sie ein gewaltiges Hinterland für den Absatz der erzeugten Waare. Die Anregung zur Anlegung der Zeugdruckereien kam aber weder aus Deutschland noch aus Frankreich, sondern aus der Schweiz, wo der Zeugdruck schon früh eine gewisse Vervollkommnung erreicht hatte. Daher kommt es, dass die ersten Fabrikanten theils Schweizer, theils mit Schweizer Firmen verwandt waren, theils in der Schweiz sich ihre Kenntnisse erworben hatten. Aus demselben Grunde waren denn auch die ersten in elsässischen Fabriken zur Verwendung kommenden Arbeiter, wie auch die Modellstecher, Drucker, Schilderer und Malerinnen fast durchweg aus der Schweiz berufen worden. Im Jahre 1746 gründeten die Kaufleute *Köchlin* und *Schmaltzer* in Verbindung mit *Dollfuss* und anderen unter der Firma *Köchlin, Schmaltzer und Cie.* eine Kattundruckerei. Dollfuss war Zeichner und Maler, die anderen theilten sich in die übrigen technischen und merkantilen Arbeiten des Geschäftes. Die ersten Drucke waren sehr einfacher Art und entsprachen denjenigen, wie wir sie oben Neuhofer als Drucke „nach Schweizer Art" bezeichnen hörten, und wie wir sie im Kapitel über den Zeugdruck in der Schweiz noch näher kennen lernen werden. Es waren einfache Holzplattendrucke auf gewöhnlicher Leinwand mit Anwendung von Oel- und Leimfarben. Aber schon im zweiten Jahre ihrer Fabrikation lernte die Firma von einem associrten Hamburger Drucker die Manier kennen, den Alaun-Mordant, den sogenannten rothen Mordant (gebildet aus Alaun und Bleiessig) herzustellen. Ebenso kannten sie die Eisenbeize, und mit diesen beiden Mitteln war es ihnen möglich, die drei Farben, roth, violett und schwarz in ihren verschiedenen Nüancen waschecht herzustellen. Es wurden diese Beizmittel damals noch als grosse Geheimnisse behandelt, so dass man sogar zur Bewahrung des Receptes dem Mordant noch eine Menge unbedeutender und unnützer Droguen beisetzte, unter denen aber der Alaun natürlich die Hauptrolle spielte. Die damit erzielten Fabrikate waren „Surate" mit kleinen ein- oder zweifarbigen Dessins, Hals- und Schnupftücher, genannt Paillaca, mit beiderseitigem Colorit, und grossdessinirte Tücher in Roth- und Schwarzdruck, wie sie damals für Vorhänge, Bettdecken etc. Verwendung fanden. Die Stoffe bezog man gebleicht aus der Schweiz oder aus Orange, wo man sogenannte cotonnes aus Baumwolle und Leinenfaser webte. Stets bestrebt, ihre Fabrikate zu verbessern, arbeiteten die Unternehmer ohne Unterlass daran, neue Fortschritte zu erzielen, und sie erreichten auch zahlreiche Verbesserungen. Doch waren die beschränkenden und engherzigen Bestimmungen der Mülhauser Handwerkerordnungen auf der anderen Seite ein nicht geringes Hinderniss zu weiterer Entfaltung. Die einzelnen Geschäftstheilhaber suchten dieser Beengung zu entgehen, indem sie die Firma auflösten und jeder Theilhaber für sich eine eigene Druckerei errichtete. *Köchlin* blieb vorerst in *Mülhausen*, *Jean Henry Dollfuss* zog nach *Dornach*, und *Jean Jacques Schmaltzer* im Jahre 1770 nach *Münster im Elsass.* Seine Druckerei gieng 1783 in die Hände von *Riegé* und *Hartmann*, 1789 in den alleinigen Besitz des Letzteren über. Das Etablissement begann mit der Herstellung von Indiennen, druckte später aber auch Baumwoll-Mousselinen, Leinwand, Halbleinwand und Seide. Andere Druckereien schlossen sich den Erstgründungen an. Im Schlosse von *Wesserling* legten nach 1760 *Sandheer, Courageol und Cie.* eine Zeugdruckerei an, welche sie 1773 an die Mülhausener Firma *Risler und Cie.* abtraten. Diese installirten hier eine Druckerei zur Fabrikation von „Indiennes au pinceau". Bereits 1777 besassen sie neben einem Atelier für die Modelstecher, einer Färbe, einer Wäscherei und einer Bleicherei circa 30 Drucktische. Im Jahre 1783 associrten sie sich mit der Genfer Firma *Senn, Biedermann, Gros und Cie.*, indessen 1770 in *Sennheim* mit Hilfe von Basler und Genfer Häusern die Firma *Jean Jacques Zürcher und Cie.* eben-

[1]) Vgl. „Mittheilungen des Industrie-Vereins" für Sachsen, 1839 Lief. 1., und „Industrielle Zustände Sachsens" 1839.

falls eine Druckerei gründeten. In *Mülhausen* selbst entstanden ferner 1752 *Hartmann u. Cie.*, 1754 *Anthes, Feer u. Cie.*, 1756 *Hofer, Kissler u. Cie.*, 1758 *J. J. Feer u. Huguenin*, 1762 *Eck, Schwartz u. Cie.*, 1764 *C. Heilmann, Blech u. Cie.*, *Thierry, L'aine u. Cie.*, *Feer u. Cie.*, *Dollfus u. Hofer*, 1765, *Franck u. Cie.*, *Schön, Huguenin, Zuberu. Cie.*, 1767 *Hartmann u. Söhne*, 1771 *Jelensperger, Kohler u. Cie.*, 1772 *Friedrich Cornetz* und 1776 *Kohler Junghaen.*[1]) In Thann folgten 1788 *Peter Dollfus u. Cie.*, indessen 1790 *Nicolas Dollfus u. Jean Zuber* (1796 in *Rixheim*) nach dem Vorbilde der Indiennedruckereien eine Tapetenfabrik (Fabrique de papiers peints) errichteten. Von besonderer Bedeutung war die 1775 erfolgte Etablirung von *Johann Michael Haussmann* in *Logelbach bei Colmar (Haussmann, Emerich, Jordan u. Cie.)*. Haussmann war, wie bereits oben erwähnt, ehedem bei Schüle als Chemiker in hervorragender Weise thätig, und brachte gegen 1780 von dort ausser Schüle's Tochter und deren Mitgift die Kenntnisse einer gegenüber der elsässischen weit vorgeschrittenen Technik in dieses Land mit. Von Haussmann lernten auch die übrigen elsässischen Drucker die bereits auswärts gemachten bedeutenden Fortschritte kennen, und ihr Trachten nach Vollkommenheit stellte ihre Fabrikate an Schönheit und Güte bald denen von Schüle und Oberkampf gleich. Von da begann der Ruhm der elsässischen Druckindustrie und der Weltruf ihrer Fabrikate.

Ein schwerer Schlag drohte jedoch, als 1785 in Frankreich auf Drängen der französischen Indiennes-Fabriken und der „Compagnie des Indes", welchen die elsässer „Indiennes" gewaltige Concurrenz zu machen begannen, ein schon früher erlassenes *Verbot* erneuert wurde, andere als die von der erwähnten Compagnie importirten Kattune in Frankreich einzuführen.[2]) Den dadurch geschwächten Absatz suchte man durch Beschickung der schweizerischen und deutschen Märkte wieder zu heben, und in der That fügte die Concurrenz der Elsässer der schweizerischen Industrie in der Folge grossen Abbruch zu. Um sich in Deutschland um so besser ein Absatzgebiet zu erobern, gründeten die Mülhauser Fabrikanten *Köchlin* in Verbindung mit dem Basler *Merian* eine Kattunfabrik zu *Lörrach*, in der oberen Markgrafenschaft Baden. Auch diese Fabrik brachte es zu grosser Höhe, denn es kamen ihr alle Erfahrungen und Fortschritte der Mülhauser Industrie zu gute. Dort wurde zuerst auf deutschem Boden die Türkisch-Rothfärberei eingeführt. Um durch das erwähnte Verbot von 1785 den Absatz nach Frankreich nicht gänzlich zu verlieren, reisten Stadtschreiber Hofer und Zunftmeister Hofer im Auftrage der Stadt Mulhausen nach Paris, wo ihnen die Erlaubnis zur weitern Einfuhr ihrer Baumwolldrucke für den Fall in Aussicht gestellt wurde, dass die Stadt die Oberhoheit des Königs von Frankreich anerkenne. Ausnahmsweise wurde noch die Einfuhr von 40000 (wahrscheinlich bereits fertigen) Stücken gestattet. Die übrigen Elsässer Fabriken durften ihre Waaren noch unter dem alten Zoll einführen, doch sträubten sich auch hiegegen die innerfranzösischen Kattundrucker. Eine neue Deputation, *Bussler* von Colmar und *Risler* von Thann, gieng 1786 nach Paris (Mulhausen zahlte $^2/_3$ an alle Kosten), und erreichte dort, dass die Einfuhr von Druckstoffen aus dem Elsass nach Frankreich für die Jahre 1786 und 1787 (und wohl auch 1788) nicht allein für das Elsass, sondern auch für die Stadt Mülhausen doch gestattet wurde. Die französischen Fabrikanten liessen ihren elsässischen Collegen aber keine Ruhe und erreichten denn auch im März 1789 ein Verbot gegen die Einfuhr aller fremden Baumwollstoffe, sowie einen Zoll auf elsässische solche, und zwar von 95% auf die Druckstoffe Mulhausens, von 53% auf die Kattundrucke des übrigen Elsass. Die Einfuhr reiner d. h. unbedruckter Mülhauser Kattune wurde ganz verboten, und selbst die bereits abgestempelten fertigen Produkte sollten zurückgewiesen werden. Damit war der Export Mulhausens nach seinem bedeutendsten Absatzgebiete, Frankreich, gänzlich lahm gelegt und der Ausbruch der Revolution vermehrte noch die Geschäftsstockung. Die Mülhauser versuchten nun ihr Glück mit einem Handelsvertrage und sandten im Oktober 1790 den Stadtschreiber Josua Hofer, Hartmann Köchlin, Daniel Dollfus u. A. abermals nach Paris. Die Nationalversammlung forderte in Folge dessen vom Département du Haut-Rhin hierüber ein Gutachten, das aber ungünstig ausfiel: Der Verbrauch Mulhausens vertheuere die Holzpreise, ruinire die Strassen, zu deren Unkosten die Stadt nichts beitrage; seine Fabriken entzögen dem Ackerbau mehr als

---

[1]) Vgl. E. Schneider, Geschichte der Stadt Mülhausen i. E. 1888.

[2]) Mehr über dieses Verbot findet sich im Kapitel über den Zeugdruck in Frankreich.

5000 Arbeiter und förderten Bettelei und Unsittlichkeit in erschreckendem Maasse, *kurz die 22 Fabriken Mülhausens richteten die der Provinz zu Grunde*, wozu noch käme, dass Mülhausen sich erdreiste, das französische Papiergeld zurückzuweisen. Zu den innerfranzösischen Fabrikanten, die im Jahre 1791 mit einer neuen Anklage-Schrift gegen die Mülhauser auftraten, sehen wir nun also auch die elsässischen Fabrikanten sich gesellen, um der Industrie Mülhausen's den Boden zu entziehen. Diese Verhältnisse und die Revolutionsjahre brachten die Stadt endlich zu dem von der französischen Staatsleitung angestrebten Ziele, dass Mülhausen 1797 selbst um Einverleibung in die französische Republik nachsuchte und 1798 seinen Wunsch erfüllt sah. Von da an stieg die dortige Kattunindustrie mit Riesenschritten zur höchsten Vollendung, derart, dass sie bald die vorher so grossartige deutsche Fabrikation gänzlich verdunkelte und am Weltmarkt neben den englischen Kattunen die erste Stelle einnahm. Eine mächtige Hülfe brachte dem elsässischen Kattundruck die von 1806 bis 1814 dauernde Continentalsperre. Die englische Concurrenz war damit für den Continent totgeschlagen, und der Preis der gedruckten Kattune stieg damals so hoch, dass jedes neue Muster und jede neue Farbe sich mit 100% Nutzen verkaufte.[1]) Ungefähr zu derselben Zeit (1805) wurde in Wesserling die erste Walzendruckmaschine aufgestellt, die zweite solche folgte 1806 bei *Nicolas Köchlin*; in demselben Jahre kam die vervollkommnete Plancheplatte-Maschine aus England; im Jahre 1810 entdeckte Daniel Köchlin den illuminirten Rouge-Adrianopel Artikel (Merinos). Von da an brachten die rasch sich entwickelnde Chemie und die gewaltigen Fortschritte im Maschinenbau beinahe jedes Jahr eine neue Errungenschaft auf künstlerischem, technischem und coloristischem Gebiete. Nach dem Fall der Continentalsperre wurde auch die Situation der elsässischen Kattundrucker infolge des vermehrten englischen Importes eine gedrücktere. Indessen brachte die künstlerisch bessere Qualität das wieder ein, was die Engländer auf der andern Seite durch die Billigkeit ihrer Preise erobert hatten, und seither hat die elsässische Kattunindustrie sich auf der erreichten Höhe mit Erfolg zu erhalten gewusst.

Der Zeugdruck in Oesterreich-Ungarn.

Die von Camesina im Stifte *Melk* entdeckten bedruckten Pergament-Tapeten gehören dem XIV., vielleicht schon gar dem XIII. Jahrhundert an, und beweisen also, dass auch in Oesterreich in jener Zeit die Drucktechnik als Mittel zur Vervielfältigung von Mustern Eingang gefunden hatte. Eine Bestätigung dieser Erkenntniss, zugleich ein unschätzbares Document zur ältesten Druckgeschichte Oesterreichs, bietet nun der imposante frühgothische Leinendruck, den ich auf Tafel XX reproducire. Ich verdanke diesen 2,44 m., also beinahe $2^1/_2$ m. langen und 85 cm. breiten Druck der Freundlichkeit seiner Excellenz des *Grafen Wilczek* auf Schloss Seebarn in Niederösterreich, aus dessen Sammlung dies Prunkstück durch Tausch in die meine übergieng. Nicht weniger als sechs verschiedene Holzformen sind dazu verwendet worden. Der Stoff ist festes und engmaschiges Leinen, der Aufdruck geschah mit schwarzer Farbe, indessen zur Belebung des Ganzen einzelne Theile des Ornamentwerks und der Figuren mit gelber und rother Farbe in Handcolorit ausgemalt sind. Die Erhaltung lässt an manchen Stellen zu wünschen übrig, doch sind die insbesonders an den beiden Mittelbildern bemerkbaren Defecte zum Theil schon in jedenfalls sehr früher Zeit mit gleichartiger Leinwand unterlegt worden. Beide Längsseiten sind mit einem 45 cm. langen und 12,5 cm. breiten Bortenmodel auf je 1 m. 84 cm. Länge mit einem Muster verziert, das sich aus zwei ringförmig verschlungenen Bändern mit Rosetteneinlage zusammensetzt (Handcolorit gelb und roth, mit Weisslassung einzelner Rosetten und Bandtheile). Als Abschluss der Schmalseiten hat ein Holzstock Verwendung gefunden, der, $30^1/_2$ cm. hoch und $44^1/_2$ cm. breit, zwei Männerbüsten unter Rundbogenhallen aufweist. Die etwas gedrückten Rundbogen sind links und rechts von Rundsäulen gestützt, deren Aufsatz in Gestalt eines gothischen Thürmchens bis in die obere Abschlussborte (aus weiss ausgesparten Rosetten auf schwarzem Grunde

[1]) Vgl. Statistique générale du Département du Haut-Rhin, publie par la société industrielle de Mülhausen, par Achille Penaud, Mülhausen 1831.

bestehend) hineinragt. Die zwei äussern Thurmsäulen des Models sind der Länge nach halbirt, damit beim Aneinanderreihen des Musters durch Zusammentreten der beiden Säulenhälften sich *eine* Säule und nicht etwa eine Doppelsäule bildet — Beweis, dass diese Holzform bestimmt war, in vielfacher Hintereinanderfolge als Zierborte Verwendung zu finden. Im vorliegenden Falle ist sie auf jeder Seite des Tuches je zwei mal zum Abdruck gelangt. Sie zeigt in der einen Halle die Halbfigur eines alten Mannes, der eine Schriftrolle hält und zu lesen scheint, in der andern Halle einen gleichfalls bejahrten Mann in Halbfigur, der im rechten Arm einen Gegenstand hält, den er mit dem Zeigfinger der linken Hand berührt. Jener Gegenstand scheint bei flüchtiger Betrachtung ein Buch zu sein, aber die Form der unteren Hälfte lässt eher auf einen Schild, eine Schrifttafel oder ein Musikinstrument schliessen. Man könnte an Moses denken, der die Gesetzestafeln hält, aber ich glaube, dass wir es hier eher mit David zu thun haben, der die Harfe spielt, und dass die andere Halbfigur den Moses darstellen soll. Ebensogut kann aber der Künstler auch irgend ein anderes berühmtes Menschenpaar gemeint haben, und es geschah sogar vielleicht nicht ohne Absicht, dass er den beiden Männerfiguren keine schärfer ausgesprochene Individualität beilegte, weil derart diese Holzform als Zierbordüre den verschiedensten Zwecken dienen konnte: Bot der Stoff Raum für 12 solche Gestalten, so konnten diese ohne Beanstandung als die 12 Apostel gelten, war es nur möglich, vier Brustbilder abzudrucken, so konnten diese als die 4 Evangelisten passiren u. s. w. Als Decoration des Mittelfeldes hat man einen circa 58 cm. breiten und 53 cm. hohen Holzstock verwendet, der ein rautenförmiges Gitterwerk mit Weinlaub umflochten und mit Weintrauben behängt darstellt. In der Südschweiz, in Südtirol und in Italien werden die Reben statt an senkrechten Pfählen auf derart geformten wagrecht liegenden Holzgittern der Sonne zugänglich gemacht und dieser Umstand giebt also vielleicht einen Anhaltspunkt, woher das Motiv für das vorliegende Flachornament geholt worden ist. Die Traubenblätter und das Holzwerk sind in Handcolorit gelbbraun ausgemalt, das Rankenwerk ist mit rother Farbe colorirt, und die Trauben sind mit dem Grunde weiss ausgespart. Zwischen diesem Laubwerk spielt sich nun eine seltsame Szene ab: Eine grosse Schlange windet sich um Blatt- und Holzwerk und öffnet drohend den weiten Rachen gegen eine auf einer der Holzleisten sitzende Eidechse. Diese und die Schlange sind gelb colorirt, aber, wie die ganze Zeichnung dieses Models, mangelhaft zum Abdruck gekommen und daher im Bilde etwas schwer auffindbar. Die Linien dieses Musters sind vielfach unterbrochen, der Druck erscheint dadurch undeutlich, doch findet ein geübtes Auge bei näherem Studium ein Muster heraus, das im Originalzustande von grosser Schönheit gewesen sein muss. Die Unregelmässigkeit des Abdruckes mag zum Theil von Defecten der Holzform, zum Theil von der Anwendung einer zu dicken Farbe herrühren, bei welcher der Kienruss mit der als Bindeglied dienenden Flüssigkeit keine rechte Verbindung eingegangen war. Weit regelmässigern Farbauftrag zeigen aber die Ornament- und Figurenborten, so dass man sich der Annahme nicht entziehen kann, *die Druckform der Weinlaubmusterung sei zur Zeit des Abdruckes bereits alt und defect gewesen.* Gleiches gilt für die in die eben besprochene Flächenmusterung eingedruckten zwei Holztafelbilder, für welche man den nöthigen Raum im Traubenmuster dadurch aussparte, dass man beim Abdrucken des letztern Musters die für die zwei Bilddrucke nöthigen Flächen mit einem Stoff oder Papierlappen zudeckte. Der eine unserer beiden Holztafeldrucke stellt die *Hochzeit zu Canaan* bezw. die Verwandlung des Wassers in Wein dar: Christus sitzt zwischen Maria und Johannes hinter einem breiten Tische; das farbig gestreifte Tafeltuch trägt Brode, Platten, Teller, Messer und ein Glas, indessen vor der Tafel zwei Diener mit langen Röcken und weiten Aermeln Speise und Trank herbeischleppen. Rechts sitzt eine Frau, damit beschäftigt, ein rundes Brod mit einem Messer anzuschneiden. Das andere Bild stellt die *Auferweckung des Lazarus* dar: Christus, in der Linken ein Buch, die Rechte segnend erhoben, Johannes, Maria und Martha stehen hinter dem offenen Grabe, aus welchem der gleichfalls nimbirte Auferweckte emporsteigt. Beide Bilder zeigen vielfach ausgebrochenen Rand und haben ein- und dieselbe Breite (32 cm.) und dieselbe Höhe (50 cm!). Man darf mit Sicherheit annehmen, dass sie weder speciell für das vorliegende Tuch, noch für sich allein hergestellt wurden, dass sie vielmehr *zwei aus einer Bilderfolge übrig gebliebene Holzstöcke* darstellen, die der Zeugdrucker hier ohne Absicht auf weitere Symbolik lediglich der Eingebung und dem Zufall folgend abdruckte, weil die beiden Bilddrucke dem Ganzen zum grösseren Schmucke gereichten. Ihr Alter muss ein ungewöhnlich hohes sein, denn der Charakter der

Zeichnung ist älter, als der aller in *Weigel* und *Zestermann* «Die Anfänge der Druckerkunst» publicirten Holz- und Metallschnitte aus dem XIV. und XV. Jahrhundert. Dagegen zeigt sich in der Behandlung der Haare, wie der Gewandung eine unverkennbare Aehnlichkeit mit dem schon oben erwähnten, von *Essenwein* im „Anzeiger für Kunde der deutschen Vorzeit" 1872 pag. 245 publicirten gestickten Tüchlein mit Vordruck (Tod des Maria), von dem hier auf Seite 25 ein verkleinertes Facsimile gegeben ist und das Essenwein dem Anfange des XIV. Jahrh. zuweist, das aber vielleicht vorsichtiger der Mitte jenes Jahrhunderts zugeschrieben wird. Eben dieser Zeit dürften auch jene 2 Holzplatten unseres Leinendruckes angehören, doch nehme ich an, dass, wie schon oben gesagt, diese Platten bereits alt waren, als sie von neuem hier in Verbindung mit dem zeitlich etwas spätern Büstenmodel ihren Abdruck fanden, und dass diese und somit die Entstehung des Tuches in die Zeit der II. Hälfte des XIV. Jahrhunderts oder um 1400 zu setzen sein dürften. Gleich interessant wie das Tuch an und für sich, ist es auch durch seinen einstigen Zweck. Ich glaube nicht fehl zu gehen, wenn ich es als einen Lesepultbehang bezeichne. So erklärt sich die schmale Form des Tuches und die gegeneinander gerichtete Lage der Figuren; die Nachricht Cennini's von Kirchenpultdecken, die man nach seinem Zeugniss in Leinendruck herstellte, findet ihre Bestätigung, und die italienische Pergamentminiatur des XV. Jahrhundert, welche ich hier nach Beissel „Vatikanische Miniaturen" (Freiburg 1893) reproducire, bietet ein vortreffliches Beispiel, wie diese Lesepultbehänge dienten. In der That hat unser Tuch gerade die Breite eines aufgeschlagenen Kirchenantiphonerum; die Länge (es dürfte früher noch etwas länger gewesen und später einmal eingeschlagen worden sein) entspricht der Höhe eines solchen Lesepultes, so dass die Decke vorn und hinten das Pult bis nahezu an den Boden deckte und nebstdem dem Buche noch eine Unterlage gewährte. Ueber die Herkunft dieses werthvollen Objectes schreibt mir der Herr Vorbesitzer, dass dasselbe aus *Inichen im Pusterthale* (Tirol) stammt, wo es sich ehedem im Besitze eines Hausirers befand. Diese Provenienz, das Vorhandensein der Melker Druckfragmente und die nachstehend noch zu erwähnenden gleichfalls österreichischen Zeugdrucke der Gothik machen es zur Wahrscheinlichkeit, dass auch unser Lesepultbehang von Inichen österreichisches Fabrikat ist. — An diesen Zeugdruck, ebenso wichtig für die Geschichte des Stoffdruckes, wie für die Geschichte des ältesten Bilddruckes, schliesst sich nun das nicht minder interessante, von mir bereits in meinem Werke „Die Zeugdrucke" Tafel XXXII abgebildete und pag. 24—25 beschriebene *Antependium aus Tirol* mit gothischen Rankenborten, Christus, St. Barbara, St. Georg, Maria mit Christuskind und Johannes, 1 m. 9 cm. hoch und 1 m. 31 cm. breit, auf weisser Leinwand mit neun verschiedenen Holzformen gedruckt. Ich gebe hier Seite 51 eine verkleinerte Reproduction dieses Prachtstückes und will nicht unerwähnt lassen, dass die Rand-Umschrift nicht „* mag man frolich *," sondern „* frolich iung man *" zu lesen ist. Einen anderen Zeugdruck aus Tirol, der Sammlung des Herrn *Dr. Albert Figdor* in Wien angehörig, habe ich in „Die Zeugdrucke" Taf. XXVIII Fig. 2 reproducirt. Es ist ein gothischer Wandbehang aus weisser Leinwand mit schwarz aufgedruckten gothischen Pflanzenornamenten aus der Zeit um 1450.

Fig. 12.
Pergament-Miniatur mit gothischen Lesepult; XV. Jahrh. Vatikan.

Die Zahl der aus Oesterreich stammenden gothischen Zeugdrucke ist also nur eine sehr geringe, aber um so bedeutender ist die Qualität eines jeden einzelnen Stückes. Bedruckte Kleiderstoffe analog den rheinischen sind dort aus mittelalterlicher Zeit bis dahin nicht nachgewiesen, dagegen begegnen wir Tapeten und Behängen, welche zumeist lithurgischen Zwecken dienten. Der Character der österreichischen Drucke ist also ein wesentlich anderer, als der der deutschen; diese wurden vielfach, fast möchte ich sagen fabrikmässig, hergestellt, jene gewissermassen mehr nur im Momente des Bedürfnisses, und dann unter Anwendung so vieler Model, dass man oft mehr von einem „Malen mit Druckmodeln" reden möchte. Mehr noch als bei den deutschen Drucken wird man bei den österreichischen zu der Annahme getrieben, diese Arbeit sei in den Klöstern ausgeübt worden, und mehr nur fur den eigenen Bedarf und den benachbarter Kirchen, als auf Massenabsatz berechnet gewesen. Die deutschen Mittelalter-Drucke sind meist in kleinerem Rahmen gehalten und bieten regelrechte Textilmuster. Die österreichischen dagegen sind in grösserem Massstabe ausgedacht und erinnern in ihrer Decoration mehr an die Tiroler Flachschnitzereien, als an gewebte oder gewirkte Stoffmuster. Bei ihrem Anblicke kann man sich des Gedankens nicht erwehren, dass jene Kunstler, welche zu den bekannten gothischen Tiroler Mobeln die Ornamente zeichneten, auch auf die Dessins fur diese Zeugdrucke eingewirkt haben, und der innere Zusammenhang erscheint umso enger, wenn man sieht, wie jene Tiroler Flachschnitzereien mit ihren gleichmässig hohen Flächen genau den Druckmodellen entsprechen, wie sie damals zur Herstellung solcher Bilddrucke nöthig waren.

Fig. 13. Gothisches „Fasten- oder Hungertuch" aus Tirol; um 1470. Schwarzdruck mit Handcolorit.

Erst zu Ausgang des Mittelalters erscheinen in Oesterreich einige wenige *urkundliche* Notizen, welche auf Zeugdrucke Bezug nehmen. Die erste solche Nachricht erwahnt *Dr. Albert Ilg* in seiner schon früher angezogenen deutschen Ausgabe des Cennini unter den Anmerkungen zu Cap. 173 auf Seite 175: *„Eine Wiener Urkunde von 1452 spricht von Sneidung der Modlpret für Wappenfahnen (Schlager l. c. p. 88)."* „Das Zurichten von Fahnen war Arbeit der Maler, die fur Turniere und dgl. Festlichkeiten oft grosse Bestellungen dieser Art auszuführen hatten. So 1522 „Zurichten vmb 300 fendl." Auch hier sehen wir also, wie schon bei Cennini etc., *die Zeugdruckerarbeit Mitte des XV. Jahrhunderts den Malern zugetheilt.* Gleiches geht aus der *Krakauer „Moler-Ordnung"* von 1490 hervor: „Brechte" ymands her toffeln, tucher ader papir das dem hanttwergk schedlich were das mögen dy czechmeister mit vnsem dinern nemen awswendig dem yormargkt sunder doch klein dingk off papirelnn briffe das dem hantwergk nicht schedlich were mag man yn den margkten verkowffen". Gemälde (toffeln), Tücher (tucher) oder Papier in grössern Mengen auf den Jahrmarkt zu bringen war fremden Kaufleuten also verboten, doch durften sie klein dingk off papiren briffe (Holzschnitt- und gemalte Papierbilder) dort als für das Malerhandwerk unschädlich verkaufen. Natürlich konnte es sich bei jenen „Tüchern" nicht um blosses Tuch, sondern nur um *bemaltes und bedrucktes* solches handeln, wie man es zu Wandbehängen und andern Zwecken auf den Markt brachte. Dass dem so ist geht auch aus der Zusammenstellung der „Tücher" mit den Gemälden und Papierbriefen und daraus hervor, dass nicht die Tucherzunft, sondern die *Maler*zunft sich damit beschäftigte.[1])

Blicken wir vom XV. in's XVI. Jahrhundert, so zeigt sich nun auch für Oesterreich ein schon anderwärts beobachtetes rasches Niedergehen des Zeugdrucks. Gerade die Gothik hat in Oesterreich so ganz vorzügliche Druckstoffe gezeitigt, dass das Fehlen von österreichischen Zeugdrucken des XVI. Jahrhunderts umso lebhafter hervortritt. Originale, wie Documente fehlen bis jetzt für jene Epoche in diesem Lande gänzlich, und erst das XVII. Jahrhundert scheint die alte Kunst wieder aufgenommen und für die neue Blüthezeit im XVIII saec. vorbereitet zu haben. — Ich glaube für *Mähren* in *Mährisch-Trübau* einen Zeugdrucker nachweisen zu können, den man bisher lediglich als Weber taxirte. Custos *Carl Schirek*[2]) vom Mährischen Gewerbemuseum in Brünn berichtet in einem in den „Mittheilungen des Mährischen Gewerbemuseums" 1895 No. 5 und ff. erschienenen Artikel über die „Textil-Kunst in Mähren" einem „gewesenen *Kunstweber Hans Dauma*", dessen Nachlass im Jahre 1661 am 12. Dezember Schuldenhalber inventarisirt worden war. Seine Verlassenschaft enthielt nach Schirek (bezw. Prof. M. Grolig, Inventationen, II, p. 105) „an *Kunstformen*" folgende Stücke: „Eine Form mit den 12 Aposteln. 1 stuck mit dem englischen Grusz und Weintraubel. 1 stuck der Adlerform. 1 Röslerform. 1 stuck mit Lilgen. 1 stuck klein Laubricht mit weintraublich. 1 stuckh die Hochzeit. 1 stuckh rösle mit Zweigen. 1 stück mit klein Laubricht. 1 stück die Stadt Bethulia. 1 stück die Schuppenform. 1 st. die Hewschrecken. 1 stuck Englischer Grusz. 1 stuck Crucifix. 1 st. Ein Hornform. 1 stuck Damaszkitarh. 1. st. Jagdform. 1 stück weisz Sie [wahrscheinlich die Wittwe] nicht, waz Vor Ein form ist. 1 stück die Mehrwunder. 11 stuck Muster." Schirek referirt dann weiter: „Die Kunst hat aber dem Hans Dauma der, wie wir nach dem Vorhergehenden schliessen können, auch figurirte Gewebe, Bildwebereien erzeugte, wenig abgeworfen; denn er ist „Ihr fürstl. Gnaden" *ein schmales und ein breites Gezeug schuldig*, dann 2 fl. 45 kr. Contribution und in die Leineweberzech 6 fl. 15 kr., derentwegen die Zechleute Martin Röszler und Paul Schlesinger auf die Verlassenschaft ein „Verbot" thaten. Desgleichen der Christoph Pohl und Martin Weisz wegen Waisengeld des Elias Klose im Betrage von 12 fl. und der Johann Dauffay wegen 10 fl. *Irgendwie benanntes bewegliches oder unbewegliches Vermögen, Einrichtungsstücke, Kleider u. d. werden in dieser Inventur nicht angeführt.*" Soweit Schirek, der den Hans Dauma, weil er als „Kunstweber" bezeichnet ist und zur „Leinweberzech" gehört als Leineweber aufführt. Aber ich kann nicht verschweigen, dass mir dieser Hans Dauma weit eher als *Leinendrucker* denn als Leineweber thätig gewesen zu sein scheint. Die „Formen" mit den Apostelfiguren, dem Bilde der Stadt Bethulia, der Hochzeit zu Canaan, dem englischen Gruss, den Jagdszenen („Jagdform") etc. kommen gerade zur Zeit der Thätigkeit Hans Dauma's d. h. in der zweiten Hälfte des XVII. Jahrhunderts, nicht allein auf Bildwebereien, sondern auch auf Zeugdrucken vor (es sind dies Drucke analog den Blaudrucken Taf. XXXIII und Textfigur No. 9 pag. 34. Die Bezeichnung der „Kunstformen" als „Formen" und „stuck" spricht für *Holzformen*, denn unter „Formen" verstand man damals Druckformen für Bilddruck, wogegen die den Webern dienenden Mustercartons als „Model" bezeichnet wurden; ebendeshalb nannte man damals den Holzschneider, der die Druckformen schnitt, den „*Formen*schneider",

[1]) Neben gedruckten Behängen gab es damals zahlreiche bemalte solche. S. Ex. Graf Wilczek, das Stift Gurk, Consul Angst und ich besitzen aus Tirol und aus der Gebirgsschweiz zahlreiche Proben solcher bemalten Wand- und Altarbehänge.

[2]) Schirek „Die Textilkunst in Mähren" erwähnt beiläufig aus den Inventationen von Mähr.-Trübau in des Zacharias von Scharten Verlassenschaft anno 1585: „8 gemalte Tücher auff leinwandt, die Historia Tobiae."

die papierenen Musterserieen aber, deren sich die Weber bedienten, die „Model" bezw. die „Modelbucher". Dazu tritt ferner als besonders gewichtiges Argument das Fehlen jenes Objectes, das sich im Nachlasse eines *Webers* in *erster* Linie finden müsste: *des Webstuhles.* Gerade dieser hätte für die Gläubiger, die ja grösstentheils selbst Weber waren, den meisten Werth gehabt, und auf diesen hätten sie also vor allem das Hauptgewicht gelegt, wenn er noch dagewesen wäre. Aber der Webstuhl fehlt, und statt dessen findet sich *als ausschliessliches Handwerkszeug eine Anzahl von „Kunstformen"*, die als Hauptwerthobject behandelt werden, aufgeführt. Die Situation ist klar und unverkennbar: Hans Dauma *war* einmal Weber, daher seine Bezeichnung Kunstweber und seine Mitgliedschaft der Webergilde; aber er hat sein Gewerbe des Leine*webens* mit dem des Leinen*druckens* vertauscht und statt des Webstuhles sich Druckformen angeschafft — daher seine Bezeichnung als „*gewesener* Kunstweber", daher das Fehlen des Webstuhles und daher das ausschliessliche Vorkommen von „Formen!" Papierene Patronen hätten einen nur ganz geringen Werth repräsentirt und wären *ohne* Begleitung des andern Handwerkszeuges (Webstuhl und dgl.) bei einem Weber undenkbar. Anders, klarer wird die Situation sofort bei der Annahme, dass jene „Formen" nichts anderes als die Druckformen waren. Diese waren das eigentliche Handwerkszeug, das wirkliche und einzige Anlage- und Betriebskapital, und auf dieses allein wurde daher bei der Inventarisation Werth gelegt. Andere Geräthe kamen beim damaligen Zeug*drucker* kaum in Belang, und die Farben spielten ebensowenig eine Rolle, da sie vorweg hergerichtet und verbraucht wurden. Es darf also als zweifellos angenommen werden, dass Hans Dauma ein *Leinendrucker* war und in dieser Hinsicht bietet uns nun das Inventar seiner Druckformen noch ein ganz besonderes Interesse durch die Aufzählung all' der verschiedensten Bildmuster, von denen wir hier Kenntnis erhalten. Dauma muss einer jener Drucker gewesen sein, wie sie damals vereinzelt über ganz Mitteleuropa verbreitet waren und in stiller Schaffensfreudigkeit die Bild- und Ornamentmuster gewobener Stoffe auf Holz übertrugen, um damit Leinwandtücher zu bedrucken, die dann im Haushalte der Bürger als Tafeltücher, Bettzüge, Gardinen und dgl. Verwendung fanden. Diese Drucker sind es, die die Kunst des Zeugdruckes dem XVIII. Jahrhundert überlieferten — sie dienten in ihrem Fache als das bescheidene Bindeglied zwischen Mittelalter und Neuzeit.

Die nächste urkundliche Nachricht, welche für Oesterreichs Druckgeschichte bedeutungsvoll ist, findet sich in der „Vollständigen Hauss- und Land-Bibliothek", welche 1699 in 3 Theilen zu Regensburg bei Quirinus Heyl erschien und von sehr vielen „erst neu erfundenen Künsten", „theils aus fremden Sprachen in das Teutsche übersetzt", Kenntniss giebt. Der Autor des Werkes, *„Andreas Glorez von Mähren"*, beschreibt im III. Theile des Buches auf Seite 11 die *„Neu erfundene Manier / wie man auf eine gantz sonderbahre Weiss den Caton oder andere Leinwath / wie auch allerhand Spallir geschwind viel und doch recht schön drucken kan."* Es ist dies die älteste gedruckte Zeugdruckanweisung, welche mir bekannt geworden ist, und welcher wir daher hier besondere Aufmerksamkeit schenken müssen. Glorez beschreibt darin den *Druck von Leinentapeten mit Sammtimitation,* jener Druckfabrikate, bei welchen man grobe Leinwand mit einer Klebemasse bedruckte und diese dann mit farbigem Wollstaub bestreute, was dem Stoffe das Ansehen von *gemustertem Sammt* gab („bestäubte Tapeten" „Wolltapeten", „Sammttapeten"; „veloutiren"). Den Anweisungen des Verfassers ist ein Folio-Kupferstich beigefügt, der die neu erfundene Druckmanier im Bilde veranschaulicht und welcher hier Seite 54 verkleinert reproducirt ist. Die Erklärung dazu lautet: Man lasse sich erstlich eine *Press* richten / wie Litera A zu sehen ist / fast wie die Kupferdrucker-Pressen sind / jedoch mit Unterscheid dass diese *drey Walsen* habe / die erste obere und die vornehmste Walsen ist Litera B. diese soll von hartem Holtz sein / am besten taugt / darzu Birnbaumen Holtz ausserhalb des Kerns. Diese Walsen muss vorhero von einem Drechsler nett / schön und rund abgedrechselt werden / alsdann lässet man auf diese Walsen *schöne Blumen / Laubwerk / oder was man gern drucken will / von dem Mahler zeichnen,* und gibt hernach dem *Formschneider / Bildhauer / Schreiner / oder wer solches kann /* diese Walsen zum ausschneiden, dass er solche auf die Weiss verfertige, *wie sonst die gemeine Model derley Art gemacht* werden / die untere Walsen aber Litera C muss mit einem dicken einfachen Filtz überzogen werden / und ist wohl zu merken / dass man den Filtz nit über einander nehet / damit kein dicke Nooth oder Wurst werde / sondern es muss der Filtz eben gerade wohl angespannter zusammen langen / und subtil vernehet werden. Die dritte Walsen Litera D kann von allem Holtz gemachet werden / massen nicht viel an dieser Walze gelegen ist / weilen nur das Tuch / so man drucken will / um solche fest gerollt wird. Diese Walsen D soll gern herum lauffen, wenn demnach auf dieser Walsen das Tuch umwickelt / so nimm das Ende des Tuchs / und thue es zwischen die zwey Walsen B und C. Schraube hernach auf beyden Seiten E und F so fest zu, als du meinst, dass nöthig seye / und lasse die Person G die Farb mit denen dazu gehörigen Ballen auf die obere Walsen B auftragen; die Person H treibt nun mit einem Haspel oder was dir füglicher gedunkt / so gehet alles richtig zu / und siehet man mit Verwunderung seine Lust und Freud daran." — Der beigegebene Stich zeigt die beiden Arbeiter in voller Beschäftigung; der eine (H.) dreht mittelst einer Kurbel die Walzen, indessen der andere mit den beiden Farbballen die Druckwalze vorweg einfärbt. Das Bild zeigt auf dem fertig gedruckten Stoffe wie auf der Druckwalze als Muster grosse über die Fläche vertheilte Tulpen, Rosen und andere Blumen, wie sie damals für Tapetenstoffe und dgl. üblich waren. — In einer Anmerkung beschreibt Glorez dann die Anfertigung des Druckerballens, mit dem man die Farbe auf die Walze trägt, und in einer zweiten Anmerkung giebt er allerlei Rathschläge für *„diese neuerfundene sehr nützliche Invention"*, die *„zu Ausspallirung der Gotteshäuser, und Zierung schöner Zimmer hauptsächlich wol taugt* / dann mittels dieses Kunstwerks mit schlechten und gar geringen Kosten gantze Zimmer auf das geschwindest können spallirt (tapezirt) und ausgeziert werden". Er erwähnt unter Anderem, dass „das Blumen- oder Laubwerk nicht so zart / sondern nur grob hinweg geschnitten werden darf" und dass man „nur das allerschlechteste Tuch" dazu nimmt. „Wenn man die Farb hat aufgetragen und gedruckt / so streut man so gleich die von denen Tuchscherern abgeschorne und gesäuberte Woll drauf / was Farb man hernach will / und lässt es trucken werden." „Man kan nach diesem einen Grund zwischen die gedruckte Blumen oder Laubwerk nach Belieben machen / etliche nehmen gar Silber oder Metall-Gold / ist doch nicht sehr kostbar / und kommt über alle massen schön heraus / wann man aber den Grund von Silber oder Metall-Gold machen will / muss vorhero ein Grund von Oelfarb seyn / sonst nimmts das Metall nit an." [1]) — Wichtig ist endlich noch des Autor's Schlussnotiz: „Endlich kann man dergleichen Kunstwerk (d. h. diese Maschine) an statt einer *Mang* gebrauchen / dann es kommen alle Blumen gar schön heraus auf dem weissen Zeug / es darff aber eine solche Walsen niemals zur schwarzen Farb gebraucht werden. Item wann man Cartiss oder andere Wullenzeug etwas feucht drauf druckt, so kommen die Blumen auch schön gläntzend heraus / es müssen aber die Walsen stark zugeschraubt werden." Was man schon lange annehmen konnte, wird also hier ausdrücklich bestätigt: *„Die Zeugdruckmodel dienten in gleicher Form auch für die durch Pressung erfolgte Musterung einfarbiger oder weisser Sammte, Leinen- und Wollzeuge als Imitation der velours épinglés, der Gebildleinen und der Wolldamaste!* Proben solcher Drucke bieten die gepressten Sammte der Gothik und der Renaissance, die gepressten Seidenstoffe des XVI. und XVII. Jahrhunderts und die Damastimitationen in Seide, Leinen und Wolle des XVIII. Jahrhunderts.

Fig. 14. Hölzerne Walzendruckmaschine für Kattun- und Leinwandtapeten; nach Glorez, 1699.

Die Nachricht von Glorez bietet für die Geschichte der Zeugdrucktechnik aber noch ein ganz

[1]) In demselben Werke theilt Glorez pag. 90 mit, dass man dieselbe Technik für unterschiedliche Sessel, spanische Wände etc. auch in Handmalerei ausführt, und giebt dort für seine oben geschilderte Druckmanier noch ein Recept für eine schwarze Druckfarbe an.

besonderes Interesse, weil sie andeutet, *wann zum ersten Male der Walzendruck beim Zeugdruck Anwendung fand.* Die Bestäubungsmanier war, wie wir aus dem Nürnberger Receptbuche und aus gleichzeitigen Originalstoffen ersehen haben, schon länger bekannt; aber bis dahin hatte man zum Drucke und zur Pressung stets nur gerade Plattenmodel angewendet. Neu war daher 1699 nur die *Walzendruckmaschine,* diese aber bildete gegenüber dem Plattendruck in Bezug auf raschen Druck einen gewaltigen Fortschritt. Da Glorez diese Manier als eine *neuerfundene* (pag. 90 als „*seine* Weiss") bezeichnet, ist sie wohl kurz vor 1699 erfunden worden. Die Walzendruckmaschine hat indessen erst ca. ein halbes Jahrhundert später für den Kattundruck Anwendung gefunden, und erst ca. 100 Jahre später begann sie allmählig den Plattendruck zu verdrängen.

Die erste eigentliche Kattundruckerei Oesterreich-Ungarns entstand 1736 zu *Sassin* im ungarischen Comitat Neutra, wo sie Kaiser Franz I. errichtet hatte und bis 1750 unter kaiserlicher Verwaltung für seine eigene Rechnung betreiben liess. Von da an wurde sie an unbekannt gebliebene Drucker verpachtet, bis 1786 *Freiherr von Puthon* als Chef der Firma *Schuller & Co.* sie käuflich übernahm; 1841 wurde der Betrieb eingestellt. Das ungarische Kunstgewerbemuseum zu Budapest besitzt eine grössere Anzahl von Originalholzstöcken, die zum Bedrucken von Stoffen dienten und nach ihren Ornamenten von der Rococozeit bis in die Louis XVI- oder die Empire-Zeit hineinreichen. Ob sie der obigen Fabrik oder einer andern ungarischen entstammen, konnte leider nicht mehr festgestellt werden. Herr Director *von Radisics* hatte die Freundlichkeit, mir im Namen des Museums einen Band mit von jenen Holzmodeln abgenommenen Papierabzügen zu überreichen, woraus ich auf der Tafel LXI eine Anzahl Muster reproducire. Diese schliessen sich in ihrer Zeichnung vollkommen den westeuropäischen an, und sind, wenn auch etwas schwer, so doch gefällig und ersichtlich dem Geschmacke der verschiedenen Jahrzehnte angepasst.

Einen andern Drucker sah *Prag* um's Jahr 1746 erstehen. Dort war ein Mann Namens *Herrgott,* der seit dem angegebenen Jahre „*mittelst Oelfarben Baumwollen- und Leinengewebe bedruckte.*" Es ist dies die Druckweise, wie sie das XVI. und XVII. Jahrhundert vom Mittelalter her übernommen hatte, und die auch im folgenden Jahrhunderte noch von Seiten kleinerer Landdrucker ausgeübt wurde, bis die gewaltige Ausdehnung der Kattundruckereien sie erdrückte, oder bis sie selbst sich den neuen Verhältnissen und technischen Errungenschaften entsprechend ummodelte. So auch der oben erwähnte Drucker Herrgott, der sich einige Jahre nach Gründung seiner Druckerei mit einem gewissen *Berger* assoçirte, einem Manne, „der sich etwas Kenntnisse im Krappfärben erworben hatte. Der frühere Oeldruck wurde aufgegeben und zur eigentlichen Kattundruckerei übergegangen." — Eine dritte Kattundruckerei entstand 1763 zu *Bürgstein* in Böhmen, von Graf *Kinsky* errichtet. Dann folgte 1764 eine vierte, die Graf *Bolza* zu *Josephsthal* in Böhmen gegründet und bis 1793 betrieben, dann aber an *Joseph Leitenberger* abgetreten hatte. Im Jahre 1768 kam *Schüle* nach Wien, und die Kaiserin Maria Theresia suchte, in der richtigen Erkenntniss von der hohen commerciellen Bedeutung dieser Industrie, Schüle zu veranlassen, sich in Oesterreich zu etabliren. Als Schüle hiezu nicht zu bewegen war, gründeten Geheimrat *Grechtler* und *Baron Fries* mit kaiserlicher Protection eine Zeugdruckmanufactur 1768 zu *Friedau* in Niederösterreich, indessen Schüle die Einrichtung und Inbetriebstellung der Fabrik übernahm. — Von einer weitern Druckerwerkstätte berichtete mir Herr Custos *Schirek* vom Mährischen Gewerbemuseum in Brünn: In dem mit dem Jahre 1603 beginnenden *Znaimer* Burgerbuche erscheint nämlich unter der Hausnummer 217 ein „*Joseph Festl, Leinwanddrucker* von Stockerau aus Oesterreich gebürtig," als unentgeltlich aufgenommen am 4. November 1774. — Eine weitere mährische Druckerei bestand von 1780 bis 1795 zu *Obrowitz* (bei Brünn) an Stelle der jetzigen Adolf Löw'schen Fabrik und gehörte einem Fabrikanten *Khittel.* Im Jahre 1782 errichteten *Rieger & Weigel* eine Kattundruckerei zu Grätz in Steiermark. Andere Fabriken entstanden oder bestanden um diese Zeit zu *Schwechat, Kettenhof, Ebersreichendorf* und *St. Pölten.* 1785 gründete ein Elsässer, der ehedem Reisender der Fabrik Haussmann in Logelbach bei Colmar gewesen, zu *Krakau* die erste Kattundruckerei, die indessen bereits 1795 wieder eingieng. Dann folgte 1787 die Druckerei zu *Kuttenberg* im Kreise Czaslau, gegründet durch *Johann Christian Breuer,* der am 27. Dezember jenes Jahres von Kaiser Joseph II. ein Privilegium für das ausschliessliche Fabrikationsrecht im Umkreise erhielt. Der Druck begann 1788 auf zwei Tischen, machte aber bald derartige Fortschritte, dass man 1796 bereits mit 40 Drucktischen arbeitete. 1812 gieng das Geschäft unter der Firma *C. G. Breuer & Söhne* an die 3 Söhne des Gründers über und fabricirte damals besonders die sogenannten „Kuttenberger Tüchel" und „Weissböden-Kattune." Es war dies eine der wenigen Fabriken, die trotz der Kriegsjahre und der Aufhebung der Continentalsperre erfolgreich Jahrzehnte lang aushielten. Der bedeutendste österreichische Zeugdrucker war aber *Joseph Leitenberger*, der 1788 zusammen mit seinem Sohne Ignaz zu *Reichstadt* in Böhmen eine Kattundruckerei anlegte. Der Vater besorgte den Druck, der Sohn das Modelstechen. Im Jahre 1793 trennten sich die Beiden. Ignaz setzte die Fabrik in Reichstadt fort, der Vater aber kaufte für sich und seinen zweiten Sohn Franz die schon oben erwähnte Druckerei des Grafen Bolza in *Josephsthal* und betrieb sie von nun an unter der Firma *„Joseph Leitenberger u. Sohn Franz"*, bis die Fabrik 1796 an Franz und dessen Schwiegersohn *August Stark* übergieng. Dieser wiederum errichtete, als der alte Leitenberger 1802 starb, in *Niemes* eine neue Fabrik, die er bis zu seinem Tode (1806) betrieb. Franz Leitenberger führte indessen die Josephsthaler Druckerei unter fortwährender Vergrösserung weiter, erwarb das Piaristenkloster in Cosmanos und nannte sein Institut von nun an die „Cosmanoser Fabrik." Ein Erzeugniss dieser Fabrik bietet das auf Tafel LXVIII wiedergegebene Taschentuch in Rothdruck auf gelber Seide, welches zur Feier der Niederwerfung Napoleons 1813/14 angefertigt worden ist. Franz Leitenberger starb hochgeehrt 1828, und der Besitz gieng an seinen Sohn *Friedrich* und an *J. von Orlando* über. Als Dessinateur und Colorist fungirten seit 1815 die Elsässer *Jeremias Singer* und *Karl Köchlin*, die im Jahre 1818 im Verein mit Franz Leitenberger und andern Mitarbeitern für ihre vorzüglichen Zeugdrucke mit goldenen Ehrenmedaillen ausgezeichnet wurden. 1819 gründeten jene *Köchlin u. Singer* in *Jungbunzlau* eine eigene Druckerei für Rouge-Adrianopel und für gelbe Halstüchel mit weiss ausgesparten Ornamenten. — Unterdessen nahm in Oesterreich die Zahl der Zeugdrucker gewaltig zu: In *Prag* sehen wir 1790 eine Druckerei *Koppelmann Porges* entstehen; in *Znaim* erscheint 1791 ein Leinwanddrucker *Sigmund Gloss* (Znaimer Bürgerbuch „No. 356, 5. April 1791, Sigmund Gloss (Glosz) Leinwanddrucker hat den Bürgereid in Gegenwart des Fleischers Johann Hanusch abgelegt"). Zu *Vöcklabruck* (Oesterreich ob der Ens) errichtet 1794 *Nepomuk Stanick* eine Kattundruckerei, eine andere um dieselbe Zeit *Franz Herrmann* zu *Johannisthal* bei Reichenberg. Im Jahre 1800 übernimmt ein *Moses Jerusalem* eine schon vorher von *Joss* in der Vorstadt Rosenthal zu *Prag* errichtete Druckerei, die er später auf seinen Sohn Leopold Jerusalem und seinen Schwiegersohn Przibram überträgt. Unter der Firma *„Jerusalem & Przibram"* arbeiteten Beide bis 1836, wo sie sich trennten. Jerusalem behielt die Prager Fabrik, Przibram übernahm die von Beiden 1814 angekaufte Druckerei *Durazins* in *Smichow*. — Aus dem Jahre 1804 wird in den Schriften der historisch-statistischen Section von Brünn (Bd. XIX, p. 258) nach Andrée berichtet, dass in jenem Jahre „in *Janowitz 600 Dutzend gedruckte Tüchlein* erzeugt wurden". 1806 erfolgte die Gründung der *Epsteinschen* Kattundruckerei zu Prag, 1810 diejenige des *Franz Schlucka* in *böhmisch Eicha* und 1813 diejenige von *Wiener* zu Prag. Einen interessanten vierfarbigen Tischtuchdruck vom Jahre 1812 der *„K. K. p. Atzgersdorfer Zitz und Cotton-Fabrik des J. Klein"* bietet unsere Tafel LXVII.

Die Producte all' dieser österreichischen Drucke unterscheiden sich nicht wesentlich von denen Deutschlands und der Schweiz. Sie gehen mit diesen sowohl in Art und Stil, als Technik und Farbengabe parallel. Dagegen bieten *die ländlichen Druckstoffe der Ruthenen und Letten in Galizien* eine seltsame Ausnahme. Sie bilden für sich eine eigene, zwar nur kleine und künstlerisch ganz unbedeutende, technisch aber recht merkwürdige Categorie. Herr Custos *Wladimir Rebecynsky* vom Lemberger Gewerbemuseum schreibt mir darüber: „Das ruthenische Volk in Galizien, Podolien und Wolhynien gebraucht für die *eigen erzeugten und zum eigenen Bedarf* bestimmten groben bedruckten Leinenstoffe den Namen *Dgmy (dgmki)*. Der Name kommt vom Worte *dgm* (Rauch) her, *weil zum Bedrucken eine aus Russ und Fett bestehende Farbe verwendet wird, oder es werden einfach hölzerne Formen am Rauch angeschwärzt und auf nasse Leinwand aufgedrückt."* Die letzterwähnte Form des Druckens bezw. Färbens durch blosses Anräuchern ist zweifellos eine ungemein primitive und könnte von hohem Alter sein, sofern nicht, was ich sehr vermuthe, diese Technik sich ganz einfach als *primitiver Selbstbehelf* erst entwickelt hat, nachdem das Landvolk von den bedruckten Kattunen Kenntniss erhalten hatte und sie dann auf jenem Wege in Ermangelung besserer Farben selbst copirte. In dieser Ansicht bestärken mich vor Allem auch die Muster dieser Drucke selbst, denn ihre Ornamentik verräth trotz der Rohheit deutlich die Streifen- und Netzartig gemusterten Louis-XVI Drucke. Nichts erinnert an die in Stickereien, Kerbschnittarbeiten etc. zum Ausdruck kommende uralte Volksornamentik, auf Grund deren man vielleicht der ruthenischen Zeugdruckerei ein höheres Alter geben könnte. Auf Tafel LXII reproducire ich in Fig. 2 bis 6 Proben solcher ruthenischen Bauerndrucke, die mir vom Lemberger Gewerbemuseum abgetreten worden sind, und zu denen Herr Rebecynsky mir bemerkt, dass dies „volksthümliche Zeugdrucke sind, wie sie bis um die Mitte des laufenden Jahrhunderts vom ruthenischen Volke erzeugt wurden. Gegenwärtig sind diese dgmki fast vollständig aus dem Gebrauch gekommen." Die Leinwand der gesandten Proben ist überaus dick und hart, der Aufdruck klotzig und ungleich, ersichtlich mit dick flüssigen, schlecht präparirten Farben bewerkstelligt; die Farben beschränken sich auf ein grünliches Blau und ein bräunliches Roth, wobei das in den Farben enthaltene Fett durch die Leinwand gesickert ist und das Muster auf der Rückseite verschwommen zum Vorschein bringt. — Fig. 2, 3 und 5 sind einfarbig blau, Fig. 4 und 6 erhielten rothen Aufdruck für die breiten Streifen und darüber schmälere Querstreifen bezw. Punkte in Blaudruck. Es sind plumpe bäuerliche Copieen gleichartig gemusterter Louis-XVI-Drucke. Sie dürften ungefähr im ersten Jahrzehnt dieses Jahrhunderts entstanden sein und bieten ein interessantes Beispiel, wie zu allen Zeiten neben den vollkommensten Kunstproducten auch rohe und unbeholfene Erzeugnisse nichtsdestoweniger fortexistirten.

Die Schweizerische Zeugdruckindustrie.

Ich habe bereits in meinem Werke „Die Zeugdrucke" (p. 15) auf die mit Stampiglien hergestellten Pergamentinitialen des Klosters Einsiedeln aufmerksam gemacht.[1]) Von hier aus wäre bis zur Uebertragung dieser Drucktechnik auf Gewebe ein kurzer Schritt gewesen; aber es ist unbekannt, ob dieser in Wirklichkeit ausgeführt worden ist, denn bis heute fehlen noch gänzlich Originale schweizerischer Zeugdrucke des Mittelalters. — Wohl besitzt die Schweiz den werthvollsten aller überhaupt existirenden Zeugdrucke, die berühmte Tapete von Sitten, aber diese ist zweifellos nicht schweizerisches, sondern italienisches Fabricat und gehört ihre Behandlung daher nicht hieher, sondern in das Capitel der italienischen Zeugdrucke. Aber das Vorhandensein, die Verwendung eines solchen monumentalen Zeugdruckes auf Schweizergebiet — mit Ferd. Keller („Tapete von Sitten") ist anzunehmen, dass dieser Stoff im bischöflichen Palaste zu Sitten als Wandverkleidung diente — beweisen, dass man bereits im XIV. Jahrhundert in der Schweiz dergleichen bedruckte Stoffe gekannt und practisch verwendet hat. — Gleiches gilt auch für das XVI. Jahrhundert, denn ich besitze mehrere der Schweiz entstammende Zeugdrucke dieser Periode. Dahin gehört der mit Totenköpfen und dem Monogramm I. H. S. gemusterte Schwarzdruck Fig. 1 Taf. XXXIV meiner „Zeugdrucke" Er entstammt dem Canton Aargau; ein analoges Stück im Berliner Museum für Volkstrachten wurde ebenfalls im Canton Aargau gefunden, und ist also diese seltsame Art von Druckstoffen anscheinend der catholischen Nordschweiz eigen. Sie dienten zu Sargdecken und zu Wandbehängen bei Trauerfeierlichkeiten, wie noch heute in der Schweiz bei Sterbefällen am Tage der Beerdigung die Mauern des Trauerhauses und der Kirche mit schwarzen Tüchern behangen werden. — Aus Luzern habe ich den in seiner Grundlage noch gothisirenden Schwarzdruck Fig. 2 Taf. XXXIV der „Zeugdrucke". Er zeigt ähnliche Technik, wie erwähnte Funeraltücher, und hat vielleicht gleichen Zwecken gedient. — Hierher gehört ferner auch das Antependium der „Zeugdrucke" Taf. LV, wo die Inschrift „Balmbihl" ebenfalls auf die Nordschweiz hinweist. — Aber wenn damit nun auch mehrere für die Nordschweiz characteristische, technisch verwandte Originale vorliegen, so fehlen trotz dem urkundliche Nachrichten für die Schweiz auch noch aus dem XVI. Jahrhundert.

Erst im XVII. Jahrhundert fällt mehr Licht in die immer noch dunkle Schweizer Druckergeschichte. Wieder dienen uns hier die Aufzeichnungen des Augsburgers Neuhofer als wertvolle Quelle. Wir haben

[1]) In späterer Zeit, bes. vom XVII. Jahrh. an, hat Einsiedeln zahlreiche Marienbilder in Seiden- u. Leinendruck edirt.

oben (Seite 32) gesehen, wie Jeremias Neuhofer nach seines Bruders Georg's vergeblich unternommenen ersten Reise nach Holland nach zahlreichen Versuchen *„es zu Stande brachte, mit Wasserfarben auf Schweizer Art zu drucken"*. Diese kurze Notiz ist für die Geschichte des schweizerischen Zeugdrucks überaus wichtig, denn sie belehrt uns klar und deutlich über die angewendete Technik, als Wasserfarbendruck mittelst Holzformen; sie beweist zugleich durch deren Bezeichnung als eine *schweizerische*, dass sie ihren Ursprung in der Schweiz genommen und hier schon lange vor 1690 in dieser Form bestanden haben muss. Proben solcher Drucke bieten Taf. XXXII und XXXIII Fig. 3, sowie Taf. LVII der „Zeugdrucke" die technisch gewissermassen die Nachkommen der oben behandelten Schwarzdrucke sind; es ist hiebei das gleiche Druckverfahren (einfacher Holzplattendruck) und dasselbe Material (Schweizer Leinwand) zur Anwendung gelangt, jedoch mit dem Unterschiede, dass hier statt der unsauber wirkenden Oelfarben für die verschiedenen Blumenformen *Wasser*farben zur Verwendung gelangten.[1]) Wenn 1690 die schweizerische Drucktechnik aber so sehr bekannt war, dass sie weit über die Grenzen des Landes hinaus als specifisch schweizerische galt, so muss angenommen werden, dass sie in der Schweiz selbst bereits im XVII. Jahrhundert grosse Ausdehnung gefunden hatte und die schweizerischen Fabrikate sogar nach dem Auslande nicht unbedeutenden Absatz gehabt haben müssen.

Dieselbe Erscheinung, die Jeremias Neuhofer bedrohte, das Auftreten der gegen warmes Wasser und Seife unempfindlichen holländischen Fabrikate, musste indessen gegen Ende des XVII. Jahrhunderts auch der schweizerischen Druckindustrie den Absatz entziehen. Der Umschwung scheint durch französische Färber hervorgerufen worden zu sein, die 1685 nach der Aufhebung des Edictes von Nantes nach der Schweiz kamen. In Frankreich war damals die neue Kunst bereits bekannt und so ist es höchst wahrscheinlich, dass jene Emigranten die Kenntniss der neuen Technik in die Schweiz schon damals importirten. *O. von Schorn* berichtet in seiner „Textilkunde" pag. 64, dass sich unter den durch Ludwig XIV. im Jahre 1685 erfolgte *Aufhebung des Edictes von Nantes* vertriebenen und nach der Schweiz geflüchteten Textilindustriellen auch der Franzose *Jacques Deluze* befand. *Er liess sich in Biel nieder und gründete dort im Jahre 1688 eine Zeugdruckerei.*[2]) Hier dürften wir einen jener Drucker der von Neuhofer erwähnten neuen Richtung vor uns haben, und ihm sind zweifellos viele andere einheimische und fremde nachgefolgt. — H. v. Kurrer meldet pag. 87, *dass eine kleine Druckfabrik gegen das Jahr 1730 in Basel entstand.* Das Basler historische Museum besitzt obenstehend reproducirtes Druckmodel, welches dieser Zeit und vielleicht eben dieser Fabrik entstammte. „Genf, Neuenburg und Glarus mögen einige Jahre später solche Druckereien erhalten haben", berichtet Kurrer weiter, ohne allerdings mit Namen oder Daten dienen zu können. „Unter allen Kantonen zeichnete sich aber vorzüglich der von *Neuenburg* aus, wodurch *Pourtalès* Einwirken die Kattundruckerei zu einer mächtigen Grösse erwuchs, und dadurch den Impuls für andere Kantone weckte. Dem Neuenburger Beispiele, voran demjenigen der im Zeugdruck seit Mitte des XVIII. Jahrhunderts dominirenden Pourtalès, folgten bald mehrere, so dass das Land eine Reihe von Jahren hindurch, neben Augsburg und Hamburg, den ersten Rang in gedruckten baumwollenen Stoffen auf dem Festlande behauptete." „Die Schweizer Fabrikation wurde vor manchen andern Nachbarstaaten durch die Freiheit des Handels und den wohlfeilen Arbeitslohn begünstigt". — Gerade die Schweizer Industriellen haben aber auch befruchtend auf andere Länder eingewirkt: 1758 gründete der Schweizer *Abraham Frey* zu Bondeville-les Rouen die erste grössere Kattundruckerei der Normandie.

Fig. 15. Verkleinerte Wiedergabe eines Abdruckes von einer im historischen Museum zu Basel befindlichen Holzdruckplatte aus der ersten Hälfte des XVIII. Jahrhunderts.

[1]) Alle diese Drucke zeugen von grossem Können; sie erinnern in ihrer Musterung an die Ornamentik der Ledertapeten des XVII. Jahrh. und sind stets mit Anwendung mehrerer Farbmodel und nachherigem Handcolorit hergestellt.

[2]) Schorns Jahrzahl 1590 beruht auf einem Druckfehler und ist 1690 zu lesen.

Oberkampfs Vater (siehe das Capitel uber Frankreich's Zeugdruckindustrie) war um 1755 in *Aarau* als Zeugdrucker thätig, und von hier aus gieng sein nachher so berühmter Sohn nach *Jouy-Versailles* zur Gründung einer ebensolchen Fabrik. In *Genf* bestand seit 1780 eine Zeugdruckfabrik zur Herstellung von „Indiennes" unter der Firma „*Senn, Biedermann u. Cie.*", die sich 1783 mit der *Mülhauser* Firma Risler u. Cie. assoçirte, und auch die Kattundruckerei von *Jean Jaques Zürcher u. Cie.* zu Sennheim im Elsass entstand — anno 1770 — unter Mithülfe von *Basler* und *Genfer* Häusern. O. v. Schorn meldet, dass nach Jacques Deluze von der *Schweiz* aus „der Kattundruck in Deutschland Eingang und um die Mitte des XVIII. Jahrhunderts in Frankreich von neuem Aufnahme fand."

Bald aber wuchsen diese ausländischen Gründungen über die schweizerischen empor, und insbesonders die gewaltige Production im Elsass hat auf die schweizerische Zeugdruckerei nachhaltigen depressiven Einfluss ausgeübt. War noch um 1800 und auch noch zur Zeit des Empire der Import nach *Deutschland* ein sehr bedeutender, so verlor sich dieser doch immer mehr, und die deutschen Zollvereinigungen gegen Ende der zwanziger Jahre dieses Jahrhunderts machten eine Ausfuhr nach dem Norden immer schwieriger. Dagegen nahm die Ausfuhr nach *Amerika*, besonders aber auch nach *Italien* zu, und als neues und wichtiges, gerade von der Schweiz hauptsächlich gepflegtes Exportgebiet erwies sich der weite *Orient*, der ebenso wie Italien die grellen Farben liebte und zu gewaltiger Ausdehnung der schweizerischen Türkischroth-Färbereien und -Druckereien, sowie zu grosser Entwickelung des Buntdruckes führte. Dieser Umschwung begann schon zu den Zeiten Napoleons I. und wurde dann gegen das Ende des zweiten Jahrzehnts dieses Jahrhunderts immer stärker. Er gab einer grossen Menge von Arbeitern dauernde Beschäftigung und brachte der Industrie grosse finanzielle Vorteile, hat aber auf die Entwickelung des *Ornamentes* ungünstig eingewirkt und der Styllosigkeit unserer zwanziger- bis vierziger-Jahre grossen Vorschub geleistet. Grelle Farben und schwülstige Ornamente, schwere Blumenbüschel und schlecht verstandene orientalische Ornamentmotive characterisiren diese neue Aera.

Zahlreich sind die zur Zeit des napoleonischen Kaiserreiches entstandenen Kattundruckereien und die Schweiz hat damals wohl an die 40—50 solche Drucker besessen. *Bovet* in *Boudry* (Canton Neuenburg) lieferte damals Druckstoffe für Möbelbezüge, *Bernhard Greuter* (später Greuter u. Rieter) in *Islikon* bei Winterthur fabricirte besonders mit Indigo bedruckte Tücher für Kleider, ebenso *Franz Wagner u. Cie.* in *Solothurn*, *Meier u. Mittelsteiner* in *Herisau*, *Isler* in *Arbon* und *Gebrüder Glarner* in *Glarus*, deren Spezialität ausserdem die schwarzen Trauerkattune waren. *Pancratius Dobler* und ebenso *Gerig*, beide in *St. Gallen*, fabricirten kurz nach 1800 besonders viele Lapisdrucke. Andere Schweizer Drucker stellten die in Italien und im Orient beliebten rothfarbenen und mit grellfarbigen Ornamentborten überdruckten Kopf- und Halstücher in Rouge-Adrianopel her. Es waren das die sogenannten „Orientals", wie sie besonders *Trümpy u. Co.* in *Glarus*, *Gabriel Trümpy* ebendort, *Sulzer* in *Winterthur*, *Ryhiner u. Iselin* zu *Basel*, *Melchior Esslinger u. Sohn* in *Zürich* (vor der Stadt an der Limmat gelegen), *Staub* in *Wollishofen* bei Zürich, *Hofmeister* zum weissen Kreuz ebendort (Rouge-Adrianopel, „Merinos" für den Orient, falschfärbige „Orientals" für Italien) und *Rohrdorf* in *Zürich*, *Johann Studer* in *Wipkingen* bei Zürich (für Orientals, Baumwollsammt und Seidendruck), *Meier und Mittelsteiner* in *Herisau*, *Paul Meyer* in *Zürich* etc. herstellten. Einer der bedeutendsten Drucker war der schon oben erwähnte *Bernhard Greuter* in *Islikon*, der sich vom armen Schulmeister zum reichen Fabrikherrn emporgeschwungen hatte. Die Kattundrucktechnik, insbesonders die zu dieser Industrie gehörigen Farbenrecepte, wurden in jener Zeit noch streng geheim gehalten. Greuter aber wusste sie sich zu verschaffen und begann den Kattundruck mit so viel Glück, dass er 1818 bereits 80 Drucktische und 21 Blauküpen beschäftigte. Neben Indigo verarbeitete er auch Rouge-Adrianopel, wie Kurrer berichtet, und „Carmoisin-Böden mit weissen Objecten durch Vordruck und Deck, in Cochenille gefärbt". Diese letztern Producte waren meist für Italien, die Indigodrucke für Deutschland, besonders Augsburg bestimmt. Proben solcher Greuter'schen „Orientals" von Islikon reproducire ich auf Tafel LXXII.[1]) Ebenso bedeutend war die Kattundruckerei *Herosé* (später Gebrüder Herosé) in *Aarau*. Ihr Begründer, ursprünglich Hausirer, errichtete, nachdem ihm sein bisheriges Handwerk einiges Vermögen gebracht, an

[1]) Dieselben sind alle vielfarbig, doch musste hier leider auf eine Wiedergabe in Farben verzichtet werden.

der Aare eine kleine Druckerei, die sich bald gewaltig vergrösserte und 1818 bereits mit 80 dessinirten Druckwalzen und 70 Drucktischen arbeitete. *Auch der bekannte Finanzminister zur Zeit der helvetischen Republik, Rothpletz, war seines Zeichens ein Zeugdrucker,* aber der Ehrgeiz des Politikers war dort höher, als der des Fabrikanten, und es ist daher nicht zu verwundern, wenn Rothpletz, immerhin mit 20 Drucktische arbeitend, bei der „ordinären Waare für das Landvolk" stehen blieb. Noch 1818 stand er seiner Druckerei vor. — Von den westschweizerischen Fabrikanten waren die *Verdan* eine überaus thätige Druckerfamilie. *Franz Verdan u. Cie.* in *Biel* arbeiteten mit 80 Drucktischen und einer Walzendruckmaschine und bestanden noch 1843. Der frühere Leiter dieser Fabrik, Verdan, wurde 1816 in die Fabrik von Titoff nach Moskau berufen und erhielt dort den für damalige Zeit sehr hohen Jahreslohn von 400 Louis d'or. *Verdan u. Cie.* in Grandchamp bei Neuchâtel fabricirten auf 30 Drucktischen mittelst Walzendruck Uni- und Buntdrucke, „ferner Lapis- und Modewaaren mancher Art, dann Weissböden im natürlichen Blumengeschmack, sowohl Streifen, als Bouquets. Bei mehreren Dessins sind die Streifen über eine viertel Elle breit, so dass für ein Dessin häufig zwei Mödel der Theilung des Musters wegen erforderlich sind. Die Blumenmuster entsprechen der natürlichen Grösse, und der Absatz hiefür ist die Levante und einige Gegenden Italiens." *Louis Verdan* (später *Verdan u. Co.* in Grandchamp bei *Neuchâtel* und in *Biel*) *Au-ciel* an der Strasse von Neuchâtel nach Boudry druckte seine Stoffe mittelst Uni- und Bunt-Walzen und lieferte ausserdem solche Dessin-Walzen auch an andere Fabriken, sogar bis nach Russland. Dagegen arbeiteten die schon oben erwähnten *Bovet u. Co.* in Boudry stets nur mit H o l z m o d e l n. Ihre Muster für Möbelkattune zeigten Streifen und Bouquets mit nachgeahmten Naturblumen, als Rosen, Tulpen, Nelken, Narcissen etc. in natürlicher Grösse. Die Contouren des Vordrucks und die Ausfüllungen bestanden bei den Möbelstoffen in Schwarz, drei Abstufungen von Roth, zwei Abstufungen von Violett oder Lila im Krappbade ausgefärbt, welche nachgehends mit verschiedenen gelben, blauen, grünen und oliven Putzfarben ausschattirt werden." Daneben druckten Bovet u. Co. auch „schwarze Trauerkattune mit Vordruck und Deck", und versuchten sich auch, aber erfolglos, in der Rouge-Adrianopel Fabrikation. Die grösste schweizerische Druckerei besassen *Vaucher, Du-Pasquier u. Co.* in *Cortaillod* am Neuenburgersee. Sie arbeiteten 1818 auf nahezu 300 Drucktischen und mit über 100 dessinirten Walzen. Verbunden war mit der Druckerei eine Buntbleicherei und eine Färberei. Die Fabrik bildete einen gewaltigen Gebäudecomplex und allein Vaucher soll daran mit mehr als 10 Millionen Francs betheiligt gewesen sein. Ein *Verdan* war 1818 hier Leiter der Fabrik, der Zeichner *Bouchon* dirigirte das Atelier der Musterzeichner; Italien, Frankreich, Belgien und Nordamerika waren die Absatzgebiete für die Fabrikate dieser gewaltigen Zeugdruckerei. Die Producte waren theils einfache mit Walzen hergestellte Rothdrucke, theils vielfarbige „illuminirte Stoffe", mit Blumen gezierte Lapisdrucke, Rouge-Adrianopel „Kopf- und Halstüchel", breite Tafeltücher, gedruckte Kleiderstoffe und Stofftapeten. Andere Kattundruckereien befanden sich zu *St. Aubin, St. Marie* und *Bocardrie* (alle im Canton Neuchâtel), die aber alle zwischen 1816 und 17 wieder eingiengen.

Neben den genannten Fabriken existirten an vielen Orten noch kleine sogenannte „*Bauern- oder Landdrucker*", die den Bedarf der umwohnenden Landbevölkerung deckten und weniger auf grossen Vorrath, als auf feste Bestellung seitens einzelner Geschäftshäuser und selbst nur einzelner Familien arbeiteten. Sie bedruckten Futterstoffe, Leinen für Mägderöcke, in blau mit weiss ausgesparten Blümchen, Sternchen etc., farbig geblümte Leinen- und Seidentaffete für bessere Mieder und Röcke, mit Bildern gezierte Schnupftücher, Kittel und a. m. (*Zürcher u. Hofmann* in *Arbon, Doppelmaier* in *Mittelweyerburg, Tschang u. Co.* in *Kirchberg* bei Bern etc.). Probe eines frühen solchen „Bauerndruckes" bietet das Taf. XXXV abgebildete blau und roth bedruckte, farbig ausgemalte Handtuch von 1778, mit bezopften Pfeilern, Ansicht von Niniveh und der Inschrift: „Da Jonas busse lehrt wird Ninive bekehrt." Ein anderes Fabrikat dieser schweizerischen Druckindustrie zeigt die in Blaudruck ausgeführte Leinenweste Taf. XLIII, aus dem Canton St. Gallen, um 1780 entstanden, der ein Taschentuch des Basler Museums mit Friedrich dem Grossen zu Pferd gleichfalls in Blaudruck, verwandt ist. Ausserdem sind in den Museen zu Basel, Zürich etc. noch mehrfach Westen und Jacken vom Ende des vergangenen und vom Anfange dieses Jahrhunderts vorhanden, die Proben des schweizerischen Zeugdruckes jener Zeit bieten.

Höher standen die *Seidendrucker*, deren es insbesonders im Kanton Zürich in Folge der dort lebhaft blühenden Seidenindustrie mehrere gab. Zu dieser Categorie zahlten der schon oben erwähnte *Johann Studer* in *Zürich*, ferner *Gebrüder Hünerwadel* in *Lenzburg*, *Joseph Hürlimann* in *Richtersweil* und der in meinem Werke „Die Zeugdrucke" in Fig. 4 Taf. 47 mit dem Entwurf zu einem Taschentuche für Kaiser Alexander figurirende *Johann Jacob Reyhner* in *Obermeilen* am Zürichsee. Dieser Drucker war ehedem in *Wädensweil* auf der linken Seite des Zürichsees wohnhaft, siedelte sich dann aber zu Ende des vorigen Jahrhunderts, nachdem ihm seine Druckerei mit sammt dem Wohnhause verbrannt war, nach Obermeilen über, und errichtete hier in einem zweistöckigen Hause eine neue Druckerei, in der ausschliesslich nur noch Seidendruck, später speciell Zetteldruck, betrieben wurde. Der Druck auf Seide erfolgte lediglich mit Handmodeln, zu denen der Fabrikant die Dessins selbst entwarf und sie dann selbst in Holz schnitt. Anfangs waren die Druckformen ganz aus Holz geschnitten, später aber, und zwar schon gegen Ende des 18. Jahrhunderts, begann man die feineren Details der Blumenmuster statt aus dem Holze herauszuschneiden, durch aufgesetzte, gleichmässig hochstehende Metallstifte herzustellen. Der Druck erfolgte auf langen hölzernen, mit Stoff belegten Tischen, über welche die zu bedruckende Leinwand wegstrich. Parallel mit diesen Druckbänken liefen auf Schienen kleine Rollwagen, auf denen die, die Farbe enthaltenden Châssis lagen.

War der *Oelfarbendruck* für Gewebedecoration in der Schweiz schon zu relativ früher Zeit durch die Wasserfarben verdrängt worden, so behauptete er nichtsdestoweniger seinen Platz auch weiterhin in der Fabrication *bedruckter Leinentapeten*. Ich besitze aus der einstigen „Ferggerstube" des ehemaligen Pestalozzi'schen Seidenhauses in der Brunngasse zu Zürich Tapeten, welche der Mitte des XVIII. Jahrhunderts angehören und in Oelfarbendruck decorirt sind. Das Material ist grobe Sackleinwand, welche mit blauer Oelfarbe grundirt und mit reichem Blumenwerk in weisser Oelfarbe bedruckt ist; die freigebliebenen Mittelfelder füllen abwechselnd Fruchtkörbe und Lagerszenen in Handmalerei.

Der Zeugdruck in Belgien und Holland.

Die Niederlande müssen im Bedrucken der Gewebe schon frühe eine Rolle gespielt haben, denn dort hatte das Mustern des Sammet durch Pressung mittelst Ornamentformen im XV. und XVI. Jahrhundert eine besondere Ausdehnung erlangt, und die Mehrzahl aller gepressten Sammte der Gothik und der Renaissance darf als niederländischen Fabriken entsprungen gelten. Das Bedrucken von Sammt setzt Formen voraus, die genau den für den Zeugdruck üblichen entsprechen, und ich kann mich der Annahme nicht entziehen, dass eben jener Sammetdruck aus einer Anwendung von Modeln entstanden ist, die ursprünglich zum Zeugdruck bestimmt waren, und erst diesem gedient hatten. Statt des Farbauftrages kam auf dem Sammt ein farbloses Relief zum Vorschein, das verschieden stark geschorenen Sammt imitirte. In den Urkunden werden diese gepressten Sammte als „gedruckte Sammte" bezeichnet [1]) — wieder ein Hinweis auf die Herkunft der farblos „gepressten" Sammte von den *mit Farben* „bedruckten" Sammten, wie ich ein solches Stück aus gothischer Zeit, rother Sammt mit Granatapfelmuster in Schwarzdruck ausgeführt, besitze. Das Kensington-Museum zu London enthalt einige Leinendrucke des XIV. und XV. Jahrhundert, welche es als „flamisch" bezeichnet, und die an unsere rheinischen Drucke derselben Zeit sich durchaus anlehnen. Hierher dürften auch die von den deutschen Drucken wesentlich abweichenden Leinendrucke der „Zeugdrucke" Taf. XV. (aus dem Musée de Cluny zu Paris) und Taf. XXVII (Leinentapete aus Paris) gehören, deren Herstellung in Burgund oder Flandern zu suchen ist.

Der Streit um die Frage, ob Gutenberg oder Coster früher mit Typen gedruckt habe, hat hüben wie drüben zu eifrigen Nachforschungen nach Urkunden über alte Drucker und Formenschneider Veranlassung gegeben. Recherchen sind mehrfach von Erfolg begleitet gewesen, nur haben gewöhnlich die Entdecker zu weitgehende Schlüsse daran geknüpft und oft etwas gewaltsam ihre Entdeckung mit der Geschichte des Buchdrucks in Verbindung zu bringen gesucht. Voreingenommheit sah in jedem „Drucker"

---

[1]) Ein Verzeichniss des Joachim Götz von Olenhusen aus dem Jahre 1616 nennt neben sammtenen und seidenen Gewändern auch „noch ein Wams von gedrucktem sammet."

einen Buch- oder zum mindesten einen Bilddrucker, und liess den Gedanken als *Zeugdrucker* nicht zum Durchbruch kommen. Aber wenn man bedenkt, dass der Bild- und Buchdruck im XV. Jahrhundert erst eine „werdende Kunst," der Zeugdruck aber eine *von Alters her geübte* war, so muss jeder Unbefangene zugeben, dass wir in jedem in Urkunden auftretenden „Printer" *zuerst* einen Zeugdrucker sehen, und erst in *zweiter* Linie, wenn die Umstände darnach liegen, an Bild- oder Buchdrucker denken dürfen! Auch *W. L. Schreiber* in seinem Aufsatze „Darf der Holzschnitt als Vorläufer der Buchdruckerkunst betrachtet werden?"[1]) kommt als Ergebniss des urkundlichen Materials zu dem Schlusse, „dass die Bezeichnung „Drucker" von allen *die älteste* ist und daher wahrscheinlich einen *Zeugdrucker* bedeutete" In der That ergiebt eine Nachprüfung aller diesbezüglichen urkundlichen Nachrichten ein nicht unerhebliches Material an Documenten zur Geschichte des holländischen bezw. flämischen Zeugdruckes. Gerade die älteste auf Drucker bezügliche Documentenfolge entpuppt sich statt eines Beitrags zur Geschichte der Typographie als ein Baustein in der Geschichte des Zeugdrucks. Sie bezieht sich auf *Jan den Drucker in Antwerpen*, über welchen Léon de Burbure vier Urkunden aus dem Jahre 1417 entdeckt hat.[2]) Dieselben sind ihrem Inhalte nach Schuldverschreibungen, und zwar: I. von 130 liv. 7 Schill. flandrischer Währung, welche Ritter Wouter van der List für Ghysbrecht de Coninc und Jan den Drucker („Jan de printere") gegenüber dem Gläubiger Jacoppe de Beckere, Kaufmann von Brügge („coepman van Brugge") garantirt; II. von 2 lif. 12 Schill. und 3 Groschen brabantischer Münze, welche Jan der Drucker dem Pergamentmacher (Parkementmakere) Willeme Tserneels schuldet; III. von 8 Brabanter liv., welche Jan, Sohn Ghysbrecht van Wezele, Johannes Houbrake und Jan der Drucker gemeinsam dem Janne Vanderhouven und an Aerde de Clere von Audenaerde schulden; IV. von 10 liv. 15 Schill. und 6 Groschen flandrisch Geld, welche Johannes Houbraken und Jan der Drucker dem Janne Bae schulden, und wofür wieder Wouter van der List garantirt.

Wie man sieht, bildet in allen 4 Scheinen Jan de printere den Mittelpunkt, um den sich die Mitschuldner gruppiren — er scheint darnach mit Ghysbrecht de Coninc, Jan, Sohn des Ghysbrecht van Wezele, und Johannes Houbraken eine Art Compagniegeschäft betrieben zu haben. De Burbure nahm an, er sei ein Pergamentdrucker gewesen, aber der geringe Schuldbetrag für den Pergamentdrucker im Verhältniss zu den andern weit grössern Beträgen, machen es von vornherein verdächtig, dass Jan's Hauptthätigkeit Pergamentdruck gewesen sei. Schon Geheimrath Lippmann dachte an den Zeugdruck; heute nun zerfällt Jan als *Pergament*drucker in ein nichts, und es bleibt lediglich *Jan der Zeugdrucker* übrig: Der Vater des mit Jan verbundenen Ghysbrecht de Wezele war ein *Färber* (verwere und tinctor)[3]), Houbrake nach Burbure der *Zeichner* (Formschneider, sofern nicht Jan dies besorgte), und die Anwesenheit Tserneels des *„parkementmakere"* wird durch Hans Boesch's Nürnberger Zeugdruckmanuscript vollständig erklärt; die 2 liv. 12 schill. und 4 gr. können unmöglich für grössere Pergamentlieferungen ein Aequivalent gewesen sein, um so besser dagegen ein solches für die dem Jan zum Zeugdruck erforderlichen Pergamentabfälle, welche das Nürnberger Manuscript als zum Leinendruck nöthig bezeichnet. Der Kaufmann von Brügge, Jacob de Beckere, war als Hauptgläubiger aller Wahrscheinlichkeit nach der *Stofflieferant*. Jan de printere war die leitende Hauptperson der Firma, *der Drucker*. Die grosse Zahl der Antheilhaber und die relativ hohen Beträge beweisen, dass die von Jan betriebene Fabrikationsthätigkeit keinen geringen Umfang hatte, und dass für jene Zeit und für dieses Maass weder an Buch-, noch an Bilddruck, sondern nur an *Zeugdruck* gedacht werden kann.

Wir wissen nun also, dass die Zeugdrucker *„printers"*, *„Drucker"* hiessen, und dürfen daher solche auch unter jenen *„preuters"* vermuthen, welche in der Reorganisationsacte der *Lucasgilde* zu *Antwerpen* vom 22. Juli 1442 neben den Illuminatoren (verlichters), Malern (schilders), Holzschneidern (houtenbeeldsnyders), Steinbildhauern (metselrysnyder) und Glasmachern (gelaesmakers) als zur Lucascorporation gehörig erwähnt sind. Diese Gilde ist gleichbedeutend mit den *Malerzünften* anderer Städte, wo gleich-

---

[1]) Centralblatt für Bibliothekswesen, Leipzig, Harrassowitz, 1895.

[2]) Lettre de M. de Burbure „Sur l'anciennité de l'art typographique." Bull. de l'Acad. de Belgique, VIII. p. 294 und Lippmann Repertorium a. O. p. 233.

[3]) Dem schon 1410 ein „ Willems van Wezele des *beeldeverwers*" urkundlich vorangeht.

falls die Zeugdrucker der Malerzunft zugetheilt sind (vgl. das Capitel über den Zeugdruck in Italien). Beachtenswert erscheint beiläufig noch die Thatsache, dass hier die Glasmacher derselben Corporation angehören: Man schlage das Buch Cennini's und die Nürnberger Recepte nach, und wird hier wie dort unmittelbar bei den Zeugdruckrecepten Angaben über Glasarbeiten finden. — Eine andere Zutheilung scheint in der Stadt *Löwen* üblich gewesen zu sein. Dort erscheint in von Van Even daselbst entdeckten Documenten im Jahre 1452 ein Formschneider und Drucker Namens *Jan van den Berghe.*[1]) Dieser sollte auf Begehren der Geschworenen des Stellmacher-, Schreiner-, Drechsler- und Küferhandwerkes in die *Schreinerzunft* (scrynmakers ambacht) eintreten und seinen Beitrag leisten, *weil andere Formschneider* (also gab es deren auch schon früher dort) *dasselbe gethan hätten*: „ende ander van gelycken, alsoe zy die noempden, en daer off zekere conde by brachten, ander wyle gedaen hebben" (und andere dergleichen, welche sie nannten, und von denen (sie) sichere Kunde beibrachten, gleicherweise gethan hätten). *Jan van den Berghe, der „printsnydere"*, verweigerte aber Beides mit der Begründung, *dass sein Gewerbe* „van Letteren ende Beeldeprinten te snyden" *eine besondere Kunst wäre* („een sunderlinghe const waere"), *die hier noch keine Ausübung gefunden hätte,* und die auch mehr die Geistlichen (clerckgien) angienge, als die fraglichen Handwerke. Wenn er auch Schrift und Bilder in Holz schneide, so sei dies immerhin kein ausreichender Grund, ihn zum Eintritt in's Schreinerhandwerk zu zwingen. Darauf antworten wieder die Handwerksvorstände, dass andere Personen in's Handwerk gekommen seien, die *auch „Printen van Letteren ende Beelden sneden"* (d. h. Schrift- und Bilddrucke schneiden), und er zum Eintritt schon deswegen verpflichtet sei, weil „de printsnyder" wegen des Hobelns und der andern Behandlung der Druckformen („van den printhoute") zu ihnen gehöre, „ende dat en couste hy met gheene vryheyt van Clergien oft dier-gelyche verschoonen, oft hem des ontwerken". Nach mancherlei Hin- und Herreden urtheilt der Stadtrath von Löwen, dass „Janne" verpflichtet sei, in die Schreinerzunft einzutreten, dagegen in Anbetracht seiner Bitten vom Eintrittsgelde befreit sein solle. Dieser Jan van den Berghe erscheint nochmals in den Löwener Acten im Jahre 1457, wo er uns als Hausbesitzer entgegentritt. Sein Druckgewerbe hatte ihn also ersichtlich emporgebracht. — Man darf mit Bestimmtheit annehmen, dass es *Bild- und Schriftdruck*, zunächst wohl *die Herstellung von Heiligenbildern und Blockbüchern* war, was er hier als „neue Kunst" einführte, und was, wie Jan sagt, so sehr die *Geistlichen* (clergien) angieng. Gerade diese letztere Bemerkung lässt über van den Berghe's spezielle Druckthätigkeit (Herstellung geistlicher Blockbücher und Einblattdrucke) keine Zweifel, und in der That ist auch gerade jene Zeit die Epoche der Blockbücher und die Blüthezeit der Holztafeldruck-Einzelbilder. — *Was aber druckten denn die andern Formschneider, die schon vor van den Berghe in der Zunft sassen?* Dürfte unser Löwener Bild- und Schriftdrucker seine Kunst eine *neue, sonderliche Kunst* nennen, wenn seine Vorläufer das *gleiche* Gewerbe ausgeübt hatten? Durfte van den Berghe sich auf die Geistlichen berufen, wenn jene Formschneider in *gleicher* Weise den Geistlichen gedient hätten? — Nein — Van den Berghe war der Bild- und *Buchdrucker*, seine Löwener Formschneider-Collegen und Vorgänger aber waren *Zeugdrucker!* Prüft man vorurtheilslos die oben vorgelegte Urkunde, so kann hieran kein Zweifel sein: Auch die Zeugdrucker schnitten ja „Printen van Letteren ende Beelden" d. h. Druckformen mit Schriften und Bildern. Diese aber verwendeten ihre Formen zur Decoration von *Geweben*, und von einer „neuen sonderlichen Kunst" konnte bei *diesem* Gewerbe schon lange nicht mehr die Rede sein; wenn wir aber in diesen Löwener Formschneidern *Zeugdrucker* sehen, *dann* wird es sofort erklärlich, wesshalb Van den Berghe auf seine *neue, sonderliche Kunst* und auf deren *anderweitige* Hingehörigkeit pocht, und wenn er glaubt, *nicht* zu den fruheren Formschneidern zu gehören, die ja „bloss" *Zeuge* bedruckten und in dieser Form eine altbekannte und keineswegs neue Kunst ausübten. Leider sind uns die Namen jener Löwener Zeugdrucker nicht erhalten geblieben. Die Zunftmänner nannten sie zwar dem Rathe, der Schreiber aber hat sie nicht notirt; dass es deren *mehrere* waren, und dass sich darunter auch solche aus *früheren* Jahrzehnten befanden, solche, die jedenfalls bei Anlass dieser Urkunde schon gestorben waren, geht aus der Fassung des Textes hervor: *„welche sie nannten, und von denen sie sichere Kunde beibrachten."* So sehen wir also in Löwen schon in der ersten Hälfte des XV. Jahrhunderts *mehrere* Zeugdrucker

[1]) Vgl. Van Even, L'ancienne Ecole de Louvain. Bruxelles, 1870, pag. 101 und E. Lippmann a. O. pag. 235.

thätig, ohne allerdings sie namhaft machen zu können. Wie Viele aber mag es gerade zu jener Zeit in Flandern gegeben haben, da dies Land in der Produktion von Geweben gerade damals eine der ersten Stellen einnahm und seine Textilerzeugnisse in allen Ländern begehrt waren!

Die Löwener Urkunde hat aber auch noch ein allgemeines Interesse durch die Stellung, welche wir dort *die Zeugdrucker als Zünftler* einnehmen sehen. In Italien rangiren jene unter die Zunft der Maler, ebenso in Antwerpen, in dem prosaischern Löwen dagegen werden sie wegen des Hobelns und Schneidens der Druckformen der *Schreinerzunft* zugewiesen.

Auch in *Brügge* erscheint — in den Jahren 1456 und 1457 — ein *Jan de printere,* zuerst signalisirt von Archivar Scourion daselbst.[1]) Brügge war damals berühmt durch seine mächtige Textilindustrie, und es wäre daher eher erstaunlich, wenn dort keine Stoffdrucker gewesen wären, als wenn uns Urkunden von deren Anwesenheit Kenntniss gäben. Leider stehen mir aber jene bezüglich des Jan von Brügge nicht zur Verfügung, und bleibt also hier die Frage offen, ob jener printer wirklich Stoffe bedruckte oder aber Buchdruck übte. Gleiches gilt für einen in *Utrecht* im Jahre 1466 urkundlich vorkommenden *„beeldedrucker Peter Dircszon.*[2])

Im XVI. Jahrhundert gelangte nach Holland eine Druckmanier, die in der Folgezeit für den Zeugdruck hochbedeutsam wurde. Der Maler *Peter Klock* hatte auf seinen Reisen nach der Türkei und im Orient neben zahlreichen schönen Färbemitteln auch die Technik des Deckdruckes mit nachheriger Färbung des Gewebes kennen gelernt, und diese Kenntniss nach Holland mitgebracht. Er selbst soll bis zu seinem 1550 erfolgten Tode diese Kunst ausgeübt haben, und wenn die Verallgemeinerung dieser Technik in Holland nicht erst späteren Orientfahrern zu verdanken ist, darf man dieselbe wohl als ein Verdienst des Peter Klock betrachten. Thatsache ist, dass in Holland früher als irgendwo anders in Europa die Zeugfärbetechnik mit Deckdruck ausgeübt worden ist. Es ist dies die bereits im Kapitel über den deutschen Zeugdruck erwähnte, von Neuhofer so lange gesuchte, holländische Druckmanier, von deren langjähriger Existenz in Holland er Kenntniss hatte, und die sein Bruder schliesslich in Holland (Amsterdam) erlernte und glücklich nach Hause brachte. Ebendort haben wir auch gesehen, wie gegen Ende des XVII. Jahrhunderts diese in indischer Art hergestellten Drucke die deutschen Zeugdrucke durch ihre bessere Haltbarkeit zu verdrängen begannen. Die holländische Industrie muss damals bereits eine hochentwickelte gewesen sein und, wie aus Neuhofers Nachrichten hervorgeht, nicht bloss den holländischen Bedarf gedeckt haben, sondern auch die umliegenden Staaten mit ihren Druckfabrikaten überschwemmt haben. Der damals hochbedeutende holländische Schiffsverkehr nach Indien begünstigte durch die leichtere Beschaffung der indischen Stoffe und der fremden, rasch beliebt gewordenen Muster das rasche und andauernde Aufblühen der neuen Industrie. Der holländische Export dürfte indessen später in demselben Verhältnisse zurückgegangen sein, in welchem zunächst in England, dann auch in Deutschland u. s. w. grössere Zeugdruckereien erstanden, die ebenfalls waschechte Deckdrucke herzustellen verstanden. Die holländischen Kattundrucke entsprechen den gleichzeitigen Deutschlands, sowohl in der Technik als in den Dessins, doch sind leider über die in jener Zeit erfolgten zahlreichen Gründungen holländischer Kattundruckereien nur wenige Daten bekannt geworden. *Exner* erwähnt in seiner „Geschichte der Tapetenindustrie" pag. 23 in einer Anmerkung eines holländischen Kattundruckers namens *Eccard,* der 1768 im Haag erscheint. *Kurrer* giebt eine Anzahl von Firmennamen in *Gent, Brüssel, Antwerpen, Seraing, Lüttich, Leyden* und *Harlem.* Probe eines aus Belgien stammenden Louis XIV.-Seidenrockes mit roth und schwarz bedrucktem Leinenfutter bietet unsere Tafel XXXI.

Frankreichs Zeugdruckindustrie.

Wenn Frankreichs Antheil an der ältesten Geschichte des Zeugdrucks ein merkwürdig geringer ist, so mag hiefür die Erklärung nicht unschwer in der Thatsache zu finden sein, dass dieses seit undenklichen Zeiten an Reichthum und Luxus obenan stehende Land gerade in Folge seiner anscheinend

[1]) L. de Burbure, a. O. pag. 8.
[2]) W. L. Schreiber, a. O. pag. 65.

unversieglichen Hülfsquellen aller gedruckten Stoffe weniger benöthigte, als andere, weniger reiche Länder. Der Franzose, vom Mittelalter bis in die Neuzeit in der Mode Tonangebend, blieb stets bei seinen guten Tuchen, Seiden- und Sammtstoffen, wo der Deutsche des Mittelalters und der dem dreissigjährigen Kriege folgenden Zeit sich mit Druckstoffen behalf. Erst als der Zeugdruck durch die morgenländischen Kattune in der zweiten Hälfte des XVIII. Jahrhunderts für Kleidung und Wohnung *„Mode"* geworden war, trat die französische Industrie auch dem Stoffdruck näher und erreichte, ja überflügelte schliesslich den deutschen Kattundruck.

Für die älteren Zeiten ist aber Frankreichs Druckergeschichte überaus unbedeutend und bestimmte Anzeichen für eine Existenz des Zeugdruckes im Mittelalter fehlen bis dato hier noch gänzlich. Der in „Die Zeugdrucke" pag. 10 publicirte blau-weisse Leinendruck aus dem Grabe des heiligen Cäsarius von Arles, ungefähr dem VI. Jahrhundert angehörig, entstammt zwar einem französischen Fundorte, bietet aber keinerlei Anhaltspunkte für die Annahme, dass er in Frankreich hergestellt worden ist (Wachsdruck mit Blaufärbung analog der Tunica Taf. I.). Im Gegentheil bietet sowohl seine Technik, wie sein Zusammenvorkommen mit orientalisch-byzantinischen Stoffen weit eher der Vermuthung Raum, seine Entstehung sei im Orient erfolgt, in Syrien oder Aegypten. Auch die gothischen Drucke Tafel XV. und Taf. XXVII. der „Zeugdrucke" können, obwohl in Frankreich erworben, noch keineswegs als Zeugen einer französischen Druckindustrie zur gothischen Zeit betrachtet werden, so lange sie vereinzelt dastehen und man sie mit grösserer Wahrscheinlichkeit als flandrische Fabrikate bezeichnen muss. Aber die in manchen französischen Kirchen des Mittelalters angebrachten decorativen Wandmalereien mit Textilmustern erinnern oft so lebhaft an die Muster rheinischer Mittelalterdrucke, dass man sich unwillkürlich vor die Frage gestellt sieht, ob hier nicht Zeugdrucktapeten imitirt worden sind. Das Lilienmuster unserer Tafel XIII und dasjenige mit Kronen von Figur 1 Tafel XIX wiederholen sich dort, gleichmässig über die Wandflächen als Musterung vertheilt, in den verschiedensten Varianten. Ja eine Wandmalerei in einer Kirche des XII. Jahrhunderts zu Clermont[1]) zeigt nicht allein durch die Art der Musterung, sondern auch durch die Form der Zeichnung, dass dieser Malerei ein farbiger Wandbehang aus Tuch als Vorbild gedient hat, und man könnte glauben, das Bild eines mittelalterlichen Zeugdruckes vor sich zu haben. Auch „bemalte" Stoffe werden gelegentlich in den mittelalterlichen Inventaren erwähnt, so im Inventar Karls V. von 1379„No 3391: Deux autres draps ouvrés de cendal jaune, de quoy l'un est paint à chasteaux, rivière et à gens, par manière de mappemonde et l'autre à bestes et oiseaulx".[2]) Aber nirgends liegen sichere Anhaltspunkte vor, dass jene Fresken oder jene bemalten Stoffe wirklich auf bedruckte Gewebe zurückgehen. Gerade in altfranzösischen Pergamentminiaturen sieht man die Wände der zur Abbildung gebrachten gothischen Intérieurs besonders häufig mit Geweben behangen, aber stets scheint es sich nur um gewirkte Tapisserieen oder um Stoffe mit eingewebten Mustern zu handeln. So möchte ich denn vermuthen, dass in Frankreich die Stoffverkleidung der Wände besonders weite Verbreitung gefunden hatte, dass man aber da, wo es die Mittel nicht erlaubten, oder andere Gründe massgebend waren, also da, wo man in Deutschland zu bedruckten Wandbehängen griff, es vorzog, die Gewebeimitation direct auf die Wand al fresco zu übertragen. So erklärt sich wohl der Reichthum Deutschlands und Frankreichs Armuth an Druckstoffen des Mittelalters.

Fig. 16. Wandmalerei aus Clermont-Ferrand, XII. Jahrh.

Wichtig wäre für uns *Francisque Michel's* Bezeichnung des Bougran: „ordinairement monochrome, surtout quand il était déstiné à servir de doublure, était *peint, c'est à dire, à ce que je suppose,*

[1]) Didot et Lafillée, La peinture décorative en France du XI. au XVI. siècle, pl. XII.
[2]) Graf Farcy, La Broderie, Angers 1890. pag. 67.

imprime quand il devait figurer sur un meuble ou servir de vêtement de dessus; du moins je trouve dans l'inventaire de Charles Vune „coulte-pointe de bougran blanche pointe bien menuement et à plusieurs bestes de poincture de mesmes." Leider fehlen aber bis jetzt noch weitere Anhaltspunkte, welche das Gesagte bestätigen.[1])

Erst im XVI. Jahrhundert erscheinen hier bedruckte Stoffe urkundlich erwähnt, doch könnten damit vielleicht auch noch die damals üblichen „gepressten" Sammte und „gestanzten" Seidentaffete gemeint sein. Jene *gepressten Sammte* waren allerdings mit Holzmodeln ausgeführt, welche genau jenen der Zeugdrucker jener Zeit entsprachen. Der Druck geschah aber ohne Anwendung einer Aufdruckfarbe und erzielte das Muster lediglich durch das Niederdrücken der Sammthaare, analog den noch heute üblichen gepressten Peluchestoffen. Die *gestanzten Seidentaffete* sind mit Ornament-Stempeln erzielt,

Fig. 17. Französische Gaufrirmaschinen von 1763—1772.

mit denen man, ebenfalls ohne Anwendung von Farbdruck, durch, bald von links, bald von rechts erfolgtes Einschlagen des Stempels das Gewebe musterte. Um solche Stoffe dürfte es sich in dem 1599 niedergeschriebenen Inventare der Gabrielle d'Estrées handeln: „un lit couleur de fueille morte imprimé, à double pente et trois soubassemens . . . . Un aultre lit de serge jaulne, imprimée."

Später bezeichnete man dergleichen Stoffe als gaufrirte.[2]) In dem 1763 zu Paris, 1765 zu Neuchâtel (und 1772 in dritter Auflage zu Livorno) edirten „Recueil de planches sur les sciences, les arts liberaux et les arts mechaniques avec leur explication" figurirt unter dem Artikel „Decoupeur et Gaufreur d'étoffes" die hier facsimilirte Ansicht einer solchen Gaufrirmaschine für Gewebe, welche wie die des Glorez von Seite 54 sowohl für Gaufrage, wie für Zeugdruck hätte verwendet werden können, ohne dass indessen die letztere Verwendung im französischen Texte erwähnt wäre.[3]) „La vignette représente l'intérieur d'une fabrique. Fig. 1 machine à gaufrer, vue en perspective. C, le cylindre gravé. G, l'étoffe qui doit passer entre les 2 cylindres. K, la roue menée par une lanterne, qui communique le mouvement au cylindre inférieur. Fig. 2 presse pour gaufrer des morceaux d'étoffes comme vestes de velours etc. en les mettant avec les planches d'étain entre des feuilles de carton. On met des plaques de fer fondu et chaudes au-dessus und au-dessous du paquet de carton qui renferme l'étoffe que l'on veut gaufrer." Unter diesem Bilde ist dort ausserdem noch dieselbe Maschine von vorn gesehen, sowie eine Darstellung der gravirten runden Cylinderwalze und der als Gegenstück dienenden Holzwalze, skizzirt. Eine weitere Tafel zeigt „une nouvelle machine à gaufrer les étoffes" mit verändertem

[1]) Francisque Michel, Recherches sur le commerce, la fabrication et l'usage des étoffes de soie, d'or et d'argent et d'autres tissus précieux en occident, principalement en France, pendant le moyen-âge. Paris, Lahure, 1854.

[2]) Auch die lithographischen Tafeln dieses Werkes sind mittelst Gewebe imitirender Netzformen „gaufrirt".

[3]) Ebensowenig figurirt dort der damals noch mit einem gewissen Geheimniss umgebene Zeugdruck überhaupt.

System. Die Ursachen, wesshalb diese Maschinen in Frankreich nicht auch zum eigentlichen Zeugdruck führten, werden wir in Bälde kennen lernen.

Mögen im XVI. Jahrhundert immerhin einzelne Farbendruckversuche gemacht worden sein, so blieb es doch erst dem XVII. aufgespart dem Zeugdruck festeren Boden zu schaffen. Zunächst handelte es sich allerdings nur um *importirte* Drucke, welche die Kaufleute zusammen mit ungedruckten Baumwollstoffen aus *Indien* mitbrachten. Man bezeichnete daher jene Stoffdrucke mit demselben Namen, den man auch den weissen Importstoffen und jenen gegeben, bei welchen das Muster durch Weberei oder Wirkerei gebildet wurde, als „Indiennes". Loret erwähnt solcher Stoffe in seinem Gedicht auf die Messe von Saint-Germain vom Jahre 1658: „en antiquailles, bagatelles — confitures, draps et dentelles — *en indiennes,* en écrans . . . "; im „Livre commode" von 1691 erscheint die Anzeige des sieur Petit, chef grossier au Chevallier du Guet: „fait commerce d' étoffes indiennes". Schliesslich aber blieb der Name „Indiennes", ebenso wie die Bezeichnung „Cottonnies" nur mehr für die *bedruckten* Baumwollstoffe im Gebrauch. Für die Verwendung des letzteren Wortes im angedeuteten Sinne sprechen mehrere Inventare des XVII. Jahrhunderts. Schon das Inventar des Cardinals Mazarin von 1653 verzeichnet „une couverture de *cottonnie imprimée de fleurs de diverses couleurs,* façon de Turquie, picquée à deux faces, garnie de coton, longue de deux aunes et demie, large d' une aune, trois quarts". Im „Inventaire des meubles de la couronne" von 1681 finden sich „trois pièçes cottonis de soye, parsemées de fleurs d' or et argent, dont une nacarat et blanc, une autre colombin et blanc, la troisième gris et blanc" und im „Mercure" vom September 1701 wird die Zahl der aus *Indien* eingeführten Cottonis, wie folgt gezahlt: „1030 pièçes de cottonis unis, 3118 de cottonis rayés, 208 de petit cottonis, 240 de cottonis brochés et 24 couvertures de cottonis." [1])

Andere Inventare jener Zeit sprechen von gedruckten Stoffen ohne durch die Bezeichnungsart einen Hinweis auf die Provenienz zu geben. So erwähnt das Inventar Fouquets vom Jahre 1661: „Une tenture de tapisserye de taffetas blanc, imprimé de plusieurs figures, contenant six pièces doublées de thoille", ferner das Inventar der Marie Cressé, der Mutter Molière's: „sept tours de lit, dont trois de serge jaune imprimée". Allgemein ist man aber darüber einig, dass diese bedruckten Baumwoll- und Seidenstoffe nicht französische Fabrikate waren, sondern aus dem Oriente stammen. Der Name „*Indiennes*" übertrug sich dann weiter von den indischen und persischen Druckstoffen, die er anfangs ausschliesslich bezeichnete, auf die, diesen Originalen in Technik und Muster nachgebildeten Baumwoll- und Seidendrucke Europa's, blieb aber schliesslich eine specielle Bezeichnung der *Baumwoll*drucke — auch dann noch, nachdem durchaus europäische Muster darauf Platz gefunden und Techniken zur Anwendung gelangt waren, die der Orient in jener Vollkommenheit zu allen Zeiten entbehrt hat. Von Frankreich gieng die Bezeichnung „Indiennes" in der Form von „Indienen" auch in den deutschen Sprachgebrauch über, indessen das „Cottonys" der oben genannten Urkunden sich in *Cotonade,* in Deutschland in „*Kattun*", umwandelte. Auch der Name „*toiles peintes*" = „bemalte Stoffe" geht in seinem Ursprunge auf jene altindischen Drucke zurück. Die Musterung derselben war nämlich in der Mehrzahl nur in den Umrisslinien mit Modeln aufgedruckt, das Colorit aber theils durch Färbung, theils durch *Aufmalen* hergestellt. Zwar wurden auch zahlreiche europäische Indiennes mit Handcolorit versehen, die Bezeichnung „toiles peintes" gieng aber schliesslich wie der Name „Indiennes" auch auf jene Kattundrucke über, welche jeder Gleichartigkeit mit den indischen Originalen und jeder Handmalerei entbehrten, die also ausschliesslich bedruckt waren. Während aber der Name „Indiennes" sich über ganz Europa verbreitete, blieb die Bezeichnung „toiles peintes" nur auf das französische Sprachgebiet beschränkt. [2])

Nach O. von Schorn („Textilkunst" p. 64) sollen die unter Louis XIV von einer siamesischen Gesandtschaft nach Frankreich gebrachten, mit farbigen Blumenmustern bedruckten Kattune bald nachher dort Nachahmung gefunden haben und ebenfalls unter der Bezeichnung „Indiennes" in den Handel ge-

[1]) Havard, Dictionnaire de l' ameublement et de la décoration; p. 952: „deux rideaux de fenestre de toille de cotton, XV 0. (Invent. d' Humières, palais de Lille, 1694).

[2]) Gleicherweise werden noch heute in Frankreich die gedruckten Papiertapeten als „papiers peints" bezeichnet, trotzdem seit einem Jahrhundert die Handmalerei aus den Papiertapeten gänzlich verschwunden ist.

kommen sein. Darnach wäre diese Technik in Frankreich ungefähr zu gleicher Zeit, wie in Holland und Deutschland ausgeübt worden. Auch ein deutscher Zeuge giebt uns Kenntniss, dass gegen Ende des XVII. Jahrhunderts in Frankreich das Tragen bedruckter Stoffe allgemein Mode wurde. Die Handschrift No. 981 der Merkelschen Sammlung im germanischen Nationalmuseum, betitelt „Vom Ursprung und Herkommen sammt der Beschreibung aller Hand Werke in der Stadt Nürnberg", erwähnt: *„Es haben auch nunmehr die Fränkisch Adelichen Frauen und Jungfrauen ganz Kleidung von weisser Leinwadt mit schwarzer Farb mancherley Opera darauf getruckt, auch ob gerings unten herumb eine breite Spitzen aufgebremt wäre, so allgemach andere Frauen nachmachen lassen, und also derffte gemein (Mode) werden.*[1]) Jenes Manuscript datirt nach Director *Boesch* aus der Zeit von ca. 1680—1690 und bietet in Gemeinschaft mit den oben gegebenen Daten ein gewichtiges Zeugniss dafür, wie in Frankreich gegen Ende des XVII. Jahrhunderts der Stoffdruck bereits eine gewisse Höhe erreicht haben musste. Druckproben jener Zeit und Technik bieten die Schwarzdruck-Spitzenimitationen Taf. XXXVI. der „Zeugdrucke", und der hier in Fig. 1 Taf. XXXIV abgebildete Schwarzdruck auf Gebildleinen mit Darstellung Ludwigs XIV. und Madame de Fontanges zu Versailles.

Indessen war der erwähnte Aufschwung von keiner langen Dauer. Wie so vielen andern Gewerben entzog auch Diesem die 1685 erfolgte *Aufhebung des Ediktes von Nantes* zahlreiche Kräfte. Die Einen flüchteten nach England, die Andern in die Schweiz. Die Documente beginnen wieder zu schweigen. Zwei weitere Faktoren vollendeten das Werk der Vernichtung bezw. hintertrieben jedes Wiederaufleben der so glücklich begonnenen Zeugdruckkunst: Das auf seine alte Industrie stolze Frankreich wachte eifrig darüber, dass keine minderwertigen Fabrikate die althergebrachte solide Arbeit schädigten. Und so war denn auch mit Rücksicht auf die dort blühende Textilindustrie die *Herstellung bedruckter Stoffe, als der Fabrikation gemusterter Leinen-, Baumwoll- und Seidengewebe schädlich, gesetzlich verboten.* Das zweite Hinderniss bereitete die *Compagnie des Indes*, welcher das ausschliessliche Recht geworden war, in Frankreich die sogenannten Indiennes aus dem Oriente einzuführen. Diese setzte es durch, dass die Einfuhr gedruckter Stoffe aus anderen Ländern und die Fabrikation im eigenen Lande verboten wurde, damit sie allein die steigende Nachfrage nach bedruckten Indiennes ausnützen könne. Das Verbot der Fabrikation im Inlande liess sich allerdings besser durchführen, als dasjenige des Importes aus anderen Ländern, wie dies zahlreiche Edikte belegen, die stets von neuem wieder auf das Verbot des Importes hinweisen. Im Jahre 1717 erschien ein „Edit du Roy", welches mit Galeerenstrafe Diejenigen bedrohte, welche „Toiles peintes ou teintes, Ecorces d'arbres, ou Etoffes de la Chine, des Indes et du Levant, de Soye pure ou de Soye et Cotton, de quelque nature et qualité qu'elles puissent estre, mesmes les Toiles de Cotton et Mousselines, autres que celles marquées des Marques qui seront attachées sous le Contrescel du present Edit", sei es als Commissionäre oder auf eigene Rechnung einführen würden. Die von der Compagnie importirten Stoffe mussten mit den hier facsimilirten Stempeln und Plomben versehen sein.

Fig. 18. Stempel und Plombe für bedruckte und unbedruckte Indiennen der „Compagnie des Indes", facsimilirt nach einem Edikt von 1717.

Im Oktober 1726 wurde das Edikt erneuert und die Galeerenstrafe in Todesstrafe verschärft. Im Jahre 1730 wurde den Richtern besondere Strenge in der Handhabung dieser Gesetze anempfohlen, in Anbetracht der neuen Klagen, seitens der Fabrikanten des Königreiches und der Handelskammern der Hauptstädte, über die fortgesetzte unberechtigte Einfuhr morgenlandischer Stoffe. Das Verbot wurde weiterhin in den Jahren 1785 und 1788 erneuert, da trotzdem fremde Mousselinen und Toiles eingeschmuggelt oder mit gefälschten Plomben und falschen Bulletins der Compagnie des Indes eingeführt wurden, und da man auch gebrauchte Plomben und Bulletins von neuem verwendete oder für fremde Fabrikate jene Stempel imitirte, welche nur die im eigenen Lande erzeugten Waaren bezeichnen sollten.

[1]) Damit fällt auch ein Licht auf die Beweggründe, die *Neuhofer* veranlassten, in jener Zeit so energisch nach einer Verbesserung des Zeugdrucks zu streben: Ce que femme veut Dieu veut.

Diese vielen Verbote beweisen deutlich, dass der Import von indischen Stoffen über verbotene Wege ein sehr bedeutender gewesen sein muss, sie beweisen aber auch, wie weit das Bedürfniss und die Nachfrage gediehen waren. Man darf mit Sicherheit annehmen, dass die Holländer und Engländer kein Mittel unversucht liessen, um dem bei ihnen bereits blühenden Kattundruck in Frankreich Absatzquellen zu schaffen. War in Rücksicht auf die Compagnie des Indes und auf die Webereien des Inlandes der Kattundruck bisher verboten gewesen, so konnte unter diesen Umständen auf die Dauer das Verbot der Anlegung von Zeugdruckereien unmöglich aufrecht erhalten bleiben.

Die erste französische Kattundruckerei der neuen Aera errichtete nach O. von Schorn[1]) anno 1758 *Abraham Frey*, wahrscheinlich ein Schweizer, zu *Bondeville lès Rouens* in der Normandie. Da damals das Verbot des Kattundruckes in Frankreich noch giltig war, so ist anzunehmen, dass Frey sein Geschäft anfangs in verdeckter Weise (daher auch in einem abgelegenen Orte) betrieb. Diese Auffassung erscheint um so gerechtfertigter, wenn man sieht, wie auch die Niederlassung Oberkampfs anfänglich in schüchterner Weise an einem weltvergessenen Orte erfolgte.

Wilhelm Philipp Oberkampf wurde in *Weissenbach*, Churfürstenthum Ansbach, am 11. Juni 1738 geboren. Sein Vater war ein Deutscher, der den Zeugdruck verbunden mit Färberei an verschiedenen Orten Deutschlands, doch stets mit wenig Glück, versucht hatte, schliesslich nach der Schweiz auswanderte und sich dort in *Aarau* niederliess. Dort wurde er Aargauer Bürger — nach heutigem Begriffe also Schweizer —, mit ihm sein Sohn, der im Geschäfte seines Vaters thätig war und wie dieser sein besonderes Augenmerk auf Verbesserungen der Technik gerichtet hatte. Mit 19 Jahren gieng der junge Oberkampf, nachdem er auch bei Köchlin und Dollfuss in Mülhausen gewesen, nach Paris, um sich dort eine eigene Zeugdruckerei zu errichten. Er liess sich dort naturalisiren, und legte, nach Havard schon 1758, in dem damals nur von wenigen Bauern bevölkerten Thale von *Jouy* bei Versailles eine kleine Druckerwerkstätte an. Seine Mittel waren äusserst geringe — er soll kaum 600 livres besessen haben — und die ganze Einrichtung deshalb eine überaus primitive. Die „Fabrik" war in einer Strohhütte installirt, die Druckbänke fertigte er sich selbst an, ebenso zeichnete er selbst die Muster, schnitt sie selbst in Holz, besorgte den Druck in eigener Person und ebenso die Färberei und all' die vielen Arbeiten, welche solch' ein Geschäft mit sich brachte. Indessen muss er trotz der kleinen Anfänge rasch einigen Erfolg gehabt haben, denn bald zeigten sich ihm Neider und Feinde. Zwar war durch ein Edikt vom 9. November 1759 das bisherige Druckverbot dahin abgeändert worden, *dass von nun an Inländern die interne Fabrication gestattet sein sollte,* aber den Zunftgesetzen gemäss war zur Errichtung einer neuen Druckerei die specielle Erlaubnis der hohen Obrigkeit nöthig. Hier scheinen die zünftigen Fabrikanten von Lyon, Rouen etc. Oberkampf Hindernisse in den Weg gelegt zu haben. Sie sahen in seiner Thätigkeit eine Schädigung ihrer Textilindustrie und versuchten anscheinend gegen Oberkampf zu intriguiren. Der Oekonome Morellet legte sich ins Mittel, vertheidigte die freie Ausübung des Zeugdrucks und erwirkte denn auch ein Rathsedikt, das die Beschwerden der Gegner Oberkampfs abwies, und Diesem noch anno 1759 durch königliches Edikt die specielle Erlaubnis verschaffte: *„de créer une usine de toiles de coton imprimées."* Von nun an stieg Oberkampfs Fabrication überaus rasch, und seine Producte eroberten sich bald die besten Kreise. Das geht aus den Auctionsanzeigen jener Zeit hervor, die bei Versteigerungen bedeutender Nachlässe mehrfach der Erzeugnisse von Jouy Erwähnung thun, so 1782 in der vente des Meubles de M. Parseval: „un meuble de salon d' été en toile de Jouy", 1783 in der vente du sieur Larsonnier: „lits de toile de Jouy" u. s. w. Im Jahre 1787 erhielt Oberkampf sogar den Besuch Ludwigs XVI, der sich über Oberkampfs Erzeugnisse und Thätigkeit überaus lobend aussprach, ihm den Adelsbrief verlieh (eine im catholischen Frankreich einem Lutheraner gegenüber damals ganz ungewohnte Auszeichnung) und seine Anstalt zur „Manufacture Royale" erhob.[2]) Nun bewarb sich der ganze Hof um Oberkampf's Producte, mit dem Hof die Bürger und das ganze Land, seine Stoffe waren *Mode* geworden! Mit dem gewaltig steigenden Absatze wuchs nicht nur sein Ansehen und sein Credit, auch seine Fabrik nahm bald eine solche Ausdehnung an, dass in dem Thale von Jouy grosse Sümpfe ausgetrocknet werden mussten, um Raum für alle benöthigten

[1]) Schorn, Textilkunst, Leipzig 1885, pag. 64.

[2]) Aus jener Zeit datirt der Druck Taf. XLIX.

Bauten zu schaffen. Die Zahl der Arbeiter wuchs rasch auf 1500; Oberkampf gab ihnen eigene Wohnungen, Krankenhäuser und Alterspensionen, kurz sorgte für sie in einer noch heute vorbildlichen Weise. Auch seine Producte wurden immer vollkommener und überflügelten rasch die deutschen, elsässischen und englischen. Sie waren so sehr in Zeichnung und Colorit jenen andern überlegen, dass Deutschland und besonders England, die früher auf Schmugglerwegen Zeugdrucke importirt hatten, jetzt die besseren Kattundrucke von Jouy bezogen. Andererseits scheute Oberkampf keine Kosten, wenn es galt, seine Technik zu vervollkommnen und die neuesten Errungenschaften jener Länder sich zu erwerben. Er sandte überallhin seine Agenten, selbst nach dem Oriente, um an Ort und Stelle die leuchtenden Farben Indiens und Persiens kennen zu lernen. Im Jahre 1790 bestimmte der Generalrath des Départements, dass Oberkampf, als einem Förderer des Nationalwohlstandes, eine Statue errichtet werde. Der so Geehrte verhinderte aber aus Bescheidenheit die Ausführung, und lehnte ebenso während der Revolution im Senate einen Platz ab. Anno 1804 bildeten seine Fabriken bereits eine kleine Stadt für sich, und fabricirten mit 30 Drucktischen jährlich gegen 60000 Stück bedruckten Kattunes. 1806 wurde ihm von der grossen Pariser Ausstellung die goldene Medaille zugesprochen. Napoleon soll Oberkampf häufig zu Rathe gezogen und ihn den „seigneur de Jouy" genannt haben. Als Napoleon einst Oberkampfs Fabrik besuchte, soll er gefragt haben, ob jener schon das Ehrenlegionskreuz besitze, und, als Oberkampf dies verneinte, das eigene von der Brust genommen und dem verdienten Manne angeheftet haben: „Personne n'est plus digne que vous de le porter — vous et moi nous faisons une bonne guerre aux Anglais, mais votre guerre est la meilleure", sind die historischen Worte, die jene Auszeichnung begleiteten. Eine gewisse Parallele zwischen diesen beiden Männern ist unschwer herauszufinden: Beide hatten mit kleinen Anfängen begonnen und es durch eigene Kraft, Zielbewusstheit und Energie, Dieser auf politischem, Jener auf commerciellem Gebiete zu ungeahnter Höhe gebracht. Und der Sturz des Einen besiegelte auch das Loos des Andern: Als 1815 die bis Paris vorgedrungenen Alliirten in das Thal von Jouy kamen, wurde die mächtige Fabrik geplündert und verwüstet; der Betrieb hatte aufgehört, die vielen Arbeiter waren arbeitslos und dem Hunger und Elend preisgegeben. „Ce spectacle me tue" hatte der greise Oberkampf gesagt; der Zusammenbruch seiner Schöpfung zerbrach seine Existenz und seine Kraft — wenige Monate nachher, am 14. Oktober 1815, starb er.[1])

Fig. 19. Portrait Oberkampfs. Nach einem Stiche von J. M. Fontaine.

Oberkampfs Etablissement hat gewissermassen allen spätern als Vorbild gedient. Er war es, der zuerst auf dem Continent den Walzendruck neben dem althergebrachten Plattendruck einführte (wie ihn auch unser Zeugdruck Tafel XLIX. in Gesellschaft des Plattendruckes aufweist). Seine Druckerzeugnisse sind in Zeichnung wie Colorit gleich hervorragend und die besten aus jener Zeit. Die ältesten „Toiles de Jouy" sind in der Manier des um 1760 herrschenden „Chinesenstyls" ausgeführt und zeigen — durchweg in Rothdruck — Chinoiserieen aller Art analog unseren Tafeln XL, XLI und XLII. Dann, von ungefähr 1770 an, folgen Toiles, immer noch in Rothdruck, mit Landschaften nach holländischer Art, mit Mühlen, Bauernhäusern, Schäferszenen u. dgl.[2]), ferner Muster mit allegorischen Sujets[3]) und endlich Darstellungen aus der damaligen Zeitgeschichte, besonders aus dem amerikanischen Unabhängigkeitskriege und aus dem Beginne der französischen Revolution[4]). Unsere Tafel XLVIII bietet ein schwarz, roth, blau, braun und gelb bedrucktes Taschentuch, hergestellt zu Ehren der ersten Auffahrt

[1]) Vgl. Mémorial universel de l' Industrie. Notice historique sur Oberkampf, avec son portrait. Biographie des Contemporains, par Rabbe. Rapport du jury de l'exposition de 1806. Nouvelle Biographie générale depuis les temps les plus reculés jusqu' à nos jours, par Firmin-Didot, Paris, 1864.

[2]) Beispiele dieser Art bieten Taf. XLIX und L. Ornamente: Taf. LI.

[3]) Beispiele in „Die Zeugdrucke" Taf. XLI. [4]) vgl. Taf. LVII mit Ludwigs Beschwörung der Constitution.

von Charles und Robert in einer „Charlière" anno 1783. Im Vergleich mit den andern Drucken Oberkampfs erscheint die Zeichnung dieses Taschentuches minder elegant, so dass man vielleicht hier kein Product von Jouy, sondern das Erzeugniss eines der vielen kleinern Pariser Drucker jener Zeit vor sich hat. Umso werthvoller für die Geschichte der Oberkampf'schen Drucke ist der Rothdruck Taf. XLIX, weil er Oberkampfs Signatur trägt und gleichzeitig ein Bild seiner eigenen Thätigkeit giebt. Leider ist die volle Breite nicht mehr erhalten, da der Stoff als Bezug eines Fauteuilsitzes gedient hat und zu diesem Zwecke beschnitten worden ist, aber das Erhaltene ist reichhaltig genug, um uns einen interessanten Einblick *in Oberkampfs Werkstätten und in die von ihm angewandten Techniken* zu gewähren: Oben am Rande des 50 cm. hohen und 58 cm. breiten Tuches sehen wir ausgestreckt auf Rasenland einen langen Streifen Tuches; es ist der *zum Bedrucken bestimmte Kattun*, der hier zur *Bleiche* ausliegt[1]); kleine Holzpflöcke verhindern, dass der Wind das Tuch zusammenballt oder entführt. Links von dieser „Bleiche", am linken Rande des Bildes, steht ein Haus mit Gebüschumgebung, das *Geschäftshaus Oberkampfs*, wohl jener Bau, in welchem der Besitzer selbst residirte. Rechts hievon führt ein Fluss vorbei, *La Bièvre*, der Oberkampf mit dem nöthigen Wasser versah und vor Allem für das Bleichen und Auswaschen der Kattune nothwendig war[2]). Rechts davon zeigt das obere Mittelbild drei Arbeiter damit beschäftigt, die nach der Alaunabkochung in Bündel zusammengelegten Kattuntücher *mit Wasser zu begiessen und mit Holzknütteln zu schlagen;* „il faut les laver en rivière, les bien battre, ou les faire dégorger & reviquer au moulin, pour ôter la mal-propreté & la terre superflue que l'alun y a déposeé: autrement le bain serait bientôt gras, tué", sagt *Roland de la Platière* in seinem 1780 erschienenen Buche *„Art de préparer et d'imprimer les étoffes en laines"* (pag. 114). Ein Gehülfe trägt das derart zum Druck hergerichtete Tuch in die Fabrik zurück und leitet uns damit zu dem Hauptbilde rechts, *wo ein Drucker in voller Thätigkeit mittelst hölzernen Handmodels das auf dem Drucktisch ausgebreitete Gewebe mustert;* er hat mit der Linken die Holzform auf das Tuch gesetzt und ist gerade im Begriffe, mittelst eines hölzernen Hammers auf das Druckmodel zu schlagen, damit die Musterung allseits gleichmässig auf dem Stoffe zum Abdruck gelange. Rechts vom Drucker (links vom Beschauer) ist der bereits gedruckte Stoff vom Drucktische weg und über einen hochliegenden Balken gezogen, damit die Farbe trockne, ehe das Gewebe auf der andern Seite zu Boden fällt. An demselben Balken hängt hinten noch ein zweites, gleichfalls bereits bedrucktes Gewebe; das Blumenmuster des letztern ähnelt denen unserer Tafel LI. Unterhalb dieses so interessanten Bildes sehen wir eine leider nur theilweise erhalten gebliebene *Gesammtansicht der Druck-, Geschäfts- und Fabrikhäuser Oberkampfs*[3]); vor dem vordersten der Häuser sind einige Tücher zum Bleichen ausgelegt, rechts, auf der fehlenden Hälfte, waren wohl die Wäschereien, der Fluss etc. skizzirt. Links hievon, mehr im Vordergrunde, steht die *Glockensäule,* bestimmt, die Arbeiter des Morgens zur Arbeit zu rufen und ihnen Mittags- und Abendstunde zu verkünden. Den übrigen Raum unseres Stoffes nimmt die *Darstellung der Oberkampf'schen Walzendruckmaschine* in Anspruch. Zur bessern Veranschaulichung dieses Bildes gebe ich hier eine schematische Skizze, welche die Lage der Walzen und den Lauf der Stoffbänder veranschaulicht. Die Maschine ist in voller Thätigkeit: Rechts steht ein junger Druckknecht vor dem Drucktische, unter welchem auf eine Walze (A) aufgerollt, der zu bedruckende Kattun ruht. Dieser wird über eine kleine Rolle, die *„Directionswalze"* (B), nach oben geleitet und dort von dem Druckerburschen glatt gezogen, damit der Stoff weder schief,

System der Oberkampf'schen Walzendruckmaschine anno 1785. (Vgl. Tafel XLIX)
Fig. 30.

[1]) Ab ca. 1793 setzte Oberkampf an Stelle der Sonnenbleiche Berthollet's Erfindung der künstlichen Bleiche mittelst Chlors.

[2]) Zu den Einwänden, die man bei Oberkampfs Gründung vorbrachte, gehörten auch die Klagen, die Anstalt verkürze und vergifte durch die Färberei den Flussabwärts gelegenen Bleichereien das Wasser.

[3]) Von diesen Gebäuden steht heute nur noch das Häuschen, in welchem Oberkampf seine Thätigkeit eröffnete. Seine Tochter hat es in eine Bewahranstalt für arme Kinder umgewandelt. Über der Thüre steht die Inschrift: „C. P. Oberkampf, 1760." In diesem Jahre (am 1. Mai) druckte er hier (nach Luckenbacher) sein erstes Stück Kattun.

noch faltig auf die *Druckwalze* gelange. Diese Letztere (C) trägt das Druckmuster en relief über die Fläche vertheilt und erhält ihre Farbe von einer *Farbwalze* (D), die unterhalb der Druckwalze diese berührt. Die Farbwalze selbst schöpft ihre Farbe aus einem länglichen *Farbbecken* (E), in dessen Inhalt die Walze eintaucht. Über der Druckwalze liegt die durch Stoffbelag elastisch erhaltene *Trommelwalze* (H), welche beim Drucken den Kattun auf die Druckwalze festpresst und dadurch dem Farbauftrage Schärfe und Regelmässigkeit verleiht. Nachdem der Kattun Trommel- und Druckwalze passirt, also von Letzterer wie aus unserem Bilde Taf XLIX ersichtlich das Dessin empfangen hat, steigt der derart bedruckte Stoff (F) unter der Leitung des grossen, senkrecht nach oben gehenden Läufertuches I (bezeichnet als punktirte Linie) auf die erste obere Trockenrolle (N). Das grosse Läufertuch, rotirend fortbewegt durch das Trommelläufertuch, und wie dieses ein „Tuch ohne Ende", kehrt über die Rollen M. L. K. zur Trommel zurück, indessen der bedruckte Stoff F von der Rolle N aus über die vielen kleinern Trockenwalzen (O. P. Q. R. S. T. U) laufend Zeit zum allmähligen Trocknen findet und dann von der letzten Walze (U) zur Erde gleitet. Als treibende Kraft dient ein von einem Arbeiter gedrehtes Kurbelrad. Selbst das *Muster des Druckstoffes* ist auf der bereits gedruckten Strecke des auf jener Walze in Arbeit befindlichen Kattuns erkennbar. Es zeigt ländliche Szenen (Bauer mit Sack und Stock, Bäuerin mit Esel, Häuser, Hirte und weidendes Vieh), wie man ähnliche auf den „Toiles de Jouy" so oft reproducirt findet (vgl. insbesonders Taf. L). Wahrscheinlich war gerade dieser Stoff im Druck, als der Künstler für unsern Zeugdruck die Maschine skizzirte. In jenes Gewebebild hat nun der Zeichner auch den Namen Oberkampfs eingefügt und dadurch den documentarischen Werth dieses Stoffes noch erhöht. Die Signatur lautet *„Manuf re Royale De S. M. P. Oberkampf."* Zwischen De und S. M. (Sa Majesté) ist das Lilienwappen Ludwigs XVI angebracht. Oberkampfs Etablissement erhielt jenen Titel anno 1783; damals druckte er lediglich mit Handmodeln und Kupferplatten, den Walzendruck führte er gegen 1785 ein; in jenem Jahre also mag, vielleicht zur Feier dieser Erfindung, unser Rothdruck Taf. XLIX hergestellt worden sein; deshalb hat Oberkampf dort zur Kennzeichnung jenes wichtigen Fortschrittes den uralten *Holztafeldruck der Walzendruckmaschine* im Bilde gegenübergestellt!

Die *Revolution* schwemmte alles Alte hinweg, nicht aber die durch das Königreich inaugurirte Vorliebe für bedruckte Kattune. Unsere Tafel LVII bietet einen Rothdruck Oberkampfs, der die *Beschwörung der Constitution* durch König Ludwig XVI. anno 1791 verherrlicht; Frauen und Soldaten tanzen auf den Trümmern der Bastille, General Lafayette commandirt Bürgersoldaten, Orden und Geschenke werden ausgetheilt, Fischerstechen und Gelage veranstaltet; und, indessen Kanonenschüsse den Festjubel verkünden, schreibt ein Engel auf eherne Tafel die Worte „la constitution, l'an de la liberté". Man sieht, Oberkampf „schwamm mit dem Strome", aber er that dies in einer so würdigen Weise, dass gerade in den nun folgenden, für die damalige Industrie so kritischen Revolutionsjahren seine Thätigkeit dem Staate ganz ungewöhnliche Dienste leistete. Trotz der eingetretenen allgemeinen Geschäftsstockung liess er seine Arbeiter unausgesetzt weiterarbeiten, unterstützte den Handel durch das Aufkaufen aller in den Handel gebrachten Rohkattune und wurde sogar in Folge dieser Thätigkeit von den revolutionären Obmännern in Paris durch besonderes Dekret aufgefordert, „seine Geschäfte als für die Republik nützlich fortzuführen". Als auch er von einem Sansculotten als Royalist und Aufkäufer dem Wohlfahrtsausschusse angezeigt wurde, fand er in dem Terroristen Amar einen warmen Vertheidiger, so dass Kerker und Guillotine ihn verschonten. Dagegen wurde er allerdings in jenen geldarmen Zeiten durch erzwungene „patriotische Gaben", „Nationalanleihen" und ähnliche Schröpfmittel um gewaltige Summen erleichtert. Auch die Assignatenwirthschaft brachte ihm grosse Verluste, da viele seiner Schuldner den Zwangskurs benutzten, um Oberkampf in fast werthlosen Assignaten zu bezahlen, und weil er es andererseits für ein Gebot der Ehre hielt, seinen Verpflichtungen stets nur mit baarem Gelde nachzukommen; als in Frankreich weder Silber noch Gold mehr aufzutreiben war, liess er sich solches aus der Schweiz kommen, und als auch dort keines mehr zu finden war, zahlte er einst seinen Arbeitern in einem Monat den Baarwerth von ca. 25000 Frs. Löhnung in ca. 5 Millionen Frs. Assignaten aus. So bewährte er sich auch in den schlimmsten Zeiten als ein Wohlthäter seiner Arbeiter und hatte dafür die Genugthuung, dass in Jouy auch in den wildesten Stürmen der Revolution, selbst als auch dort ein Jacobinerclub gegründet und die Kirche in einen „Tempel der Vernunft" umgewandelt worden war, nichtsdestoweniger Zucht und

Ordnung herrschten. Nicht wenig trugen hiezu die von Oberkampf im Laufe der Jahre herangezogenen schweizerischen Landsleute bei, die in jenen Tagen des allgemeinen Aufruhrs ruhiges Blut bewahrten. Aus jener Epoche datirt das Portrait Oberkampfs, welches nach F. Otto's „Der Kaufmann zu allen Zeiten" hier wiedergegeben ist [1]).

Bei der Wahl seiner Mitarbeiter war Oberkampf von grossem Glücke begünstigt. Nach Luckenbacher (a. O. p. 474) soll Oberkampf, nachdem er als 18jähriger Arbeiter ein halbes Jahr bei Köchlin & Dollfus in Mülhausen als Graveur gedient hatte, im Jahre 1758, als er nach *Paris* kam, *erst bei zwei damals dort schon ansässigen Druckern gearbeitet haben*, dann 1759 mit einem Mr. *Tavannes* in einer Vorstadt von Paris selbst eine kleine Druckerei eröffnet haben, ehe er von dort nach Jouy zog. Tavannes stellte sein Geld, Oberkampf seine Kenntnisse zur Verfügung. Später soll Letzterer noch seinen Bruder Fritz aus der Schweiz zu sich gezogen, und, als Tavannes seine Wechsel nicht einlösen konnte, einen neuen Associé, *Sarrazin-Demaraise*, genommen haben. Anno 1787 kaufte sich Oberkampf von seinem Associé los und ward damit alleiniger Besitzer von Jouy. Später betheiligte er daran seinen Neffen *Widmer*, gleichfalls von Geburt ein Schweizer, der ehedem in fremden Druckereien thätig gewesen und nun bei Oberkampf den chemisch-technischen Theil des gewaltigen Unternehmens leitete.[2]) Ihm verdankte Oberkampf zahlreiche Verbesserungen und Erfindungen, u. A. viele Verbesserungen der Walzendruckmaschine, ferner die Anwendung des Aetzdruckes an Stelle des Reservage- (Deck-)druckes, eine echt blaue Aufdruckfarbe (bisher hatte man blaue Muster durch Anwendung von Deck- oder Aetzdruck mit Färbung erzielt), anno 1808 ein Solidgrün mit Zinnoxydul und Indigo als Basis, Wau als Färbemittel, und weiter eine Maschine, welche die früher viele Monate beanspruchende Gravirung einer Kupferwalze in 5—6 Tagen herstellen liess. — Hatte schon Ludwig XVI. einst in einem besonderen Erlasse Hof und Stadt aufgefordert, die eleganten Toiles de Jouy zu tragen, und standen diese zur Zeit der Revolution im Gegensatz zu Seide und Sammt bei allen Republikanern in besonderen Ehren, so übernahm das Empire die Vorliebe für diese Kattune in noch höherem Maasse. Oberkampf gründete seinem Bruder Fritz eine eigene Kattundruckerei zu *Corbeil* (Seine et Oise) und später mit Widmer Zweigfabriken in *Essonnes* und *Etiennes* (Spinnerei und Weberei); 1805 arbeitete er wieder mit mehr als 1400 Arbeitern. Als Napoleon ihn 1806 mit Kaiserin Josephine, 1810 mit Marie Louise, besuchte, stand seine Fabrik auf dem Höhepunkt ihres Glanzes.[3]) Die Fabricate jener Zeit zeigen den Empirestyl von seiner schönsten Seite; dem bisher herrschenden Rothdruck gesellten sich als besonders beliebt Braun- und Violettdrucke mit Mustern nach Art der Tafeln LXIII u. LXIV bei. Auch nach dem Falle des Kaiserreiches, als nach Oberkampfs Tode[4]) und nach dem im gleichen Monate erfolgten Abzug der russischen und preussischen Besatzungstruppen von Jouy die Fabrik von Oberkampfs Sohn und drei Verwandten[5]) wieder

Fig. 21. Portrait Philipp Chr. W. Oberkampfs aus der Zeit des Consulats.

—

[1]) Franz Otto, Der Kaufmann zu allen Zeiten. Leipzig, Spamer, 1869. Franz Luckenbacher: Christ. Philipp Oberkampf, der Begründer des Zeugdrucks in Frankreich durch die Etablissements von Jouy, 1738—1815.

[2]) *Widmer*, Schwiegersohn von Oberkampfs Vater *Jacob Philipp Oberkampf*, war ehedem mit Diesem assoçirt u. betrieb mit ihm die 1755 in *Aarau* gegründete, später nach *Othmarsingen bei Lenzburg* (Schweiz) verlegte Zeugdruckerei.

[3]) Josephine liess damals durch Isabey eine jetzt im Schlosse zu Versailles befindliche Tuschzeichnung herstellen, welche diesen Besuch, das kaiserliche Gefolge, Oberkampf, dessen Familie und hervorragendste Gehülfen vorführte.

[4]) Als Todestag Oberkampfs ist „4. Oct." nicht 14. Oct, wie pag. 70 versehentlich gedruckt, zu lesen!

[5]) Oberkampf junior zog sich 1821 vom Geschäfte zurück (starb 1837); Besitzer wurden Barbel u. A. Anno 1843 erfolgte die Auflösung.

neu installirt wurde, arbeitete die Fabrik ihre Kattune in an die Empiredrucke durchaus anlehnender Decoration weiter, verlor aber allmählig gegenüber der elsässischen Fabrication an Terrain. Heute, wo die bedruckten Stoffe mit dem Aufleben des Empirestyles wieder Mode geworden sind, beginnt man in Frankreich die alten Oberkampf'schen Muster zu copiren, doch entbehren diese Neudrucke die den alten Kattundrucken eigene Wärme und Tiefe der Farben.

Hand in Hand mit der Entwickelung des Zeugdrucks gieng in Frankreich die Herausbildung der *Tapetenindustrie*. Da dieselben Druckformen und dieselben Druckvorrichtungen, zum Theil sogar auch dieselben Farben, beiden Zwecken dienen konnten, so war nichts natürlicher, als die Vereinigung beider Industrieen in ein- und derselben Hand. Die Herstellung bedruckter *Leinentapeten mit Sammtimitation durch Wollbestäubung* hatte sich in Frankreich schon im XVII. Jahrhundert eingebürgert. *François* in *Rouen* soll bereits um 1670 solche Tapeten fabricirt haben (Exner, p. 22). Die Producte *Jean Papillons* in *Paris* um 1688 waren jedenfalls gleicher Art. Probe einer solchen Sammt-Tapete mit Silberaufdruck vom Anfange des XVIII. Jahrh. bot Taf. XXXVIII der „Zeugdrucke". Später, als man an Stelle der Leinwand immer häufiger das Papier als Tapete zu verwenden begann, übertrug man jene Technik auch auf das Papier. So machte im Jahre 1756 *Aubert*, ein Pariser Kaufmann und Graveur, bekannt, dass er die wahre Kunst der Anfertigung von Sammttapeten auf Papier „nach Art der englischen" gefunden habe. 1769 erhielt der Engländer *Lancoke* die Erlaubniss, in Paris eine Tapetenmanufactur zu errichten, mit welcher er zugleich die Herstellung *bedruckter Stoffe* verband (Schorn, p. 251). Die besten Erfolge erzielte *Reveillon*, der im letzten Drittel des letzten Jahrhunderts zu *Paris* eine ausgedehnte Manufactur für *Stoff- und Papiertapeten* gründete und für diese, wie für seine Wollplüschtapeten die meist im Pompadourstyl gehaltenen Muster bei den besten Künstlern seiner Zeit zeichnen liess. Anno 1780 errichteten *Robert und Arthur* eine gleiche Fabrik im Faubourg St. Antoine, doch gieng dieselbe neun Jahre später unter dem Ausbruch der Revolution zu Grunde. Als mit Beginn des Directoriums die Zustände sich wieder besserten, entstanden von Neuem zahlreiche Fabriken in und um Paris, die alle die Papiertapetenfabrikation mit der bedruckter Möbel- und Kleiderstoffe verbanden (Schorn, pag. 357).

Das schon oben erwähnte Buch von *Roland de la Platière* „Art de préparer et d' imprimer les étoffes en laines" (o. O. u. D.) berichtet, dass diese Kunst in *Rouen* und Umgegend zuerst gepflegt worden ist und zuerst nur auf serge d' Aumale Anwendung fand. „MM. *le Marcis* apportèrent d' *Angleterre* les premiers outils & ustensiles, la composition de quelques couleurs, le secret enfin d' imprimer les étoffes en laine, et formèrent leur établissement *à Bolbec*, il y a environ 30 ans. D'autres entrepreneurs en petit nombre les imitèrent quelques années après . . . *Amiens* saisit la circonstance: ses fabriques lui fournissaient un genre d' étoffe que sa durée & son éclat rendaient infiniment plus propres à l' impression que ne le fut jamais la serge d' Aumale . . . Mr. *Bonvalet* fut le premier qui imprima des étoffes en laine à Amiens: il y fut le seul pendant quelque temps qui exerça cet art. Mr *Flesselle* est celui qui en a le plus étendu la pratique . . . On imprime moins de peluches en ce moment, mais on imprime des petits draps, des camelots, des tamises & d'autres petites étoffes". Von Oberkampf weiss merkwürdigerweise Platière in diesem Buche nichts, dagegen giebt er umso interessantere Auskunft über die in Amiens von seinem Gewährsmann *Bonvalet* angewandten Techniken. „On doit au sieur *Bonvalet perè* d'avoir fait connaître et introduit le premier en Picardie l'impression des étoffes à la *planche plane*." Es ist dies eine Maschine, die in ihrem Oberbau den im XVII. Jahrhundert üblichen Tapetendruckpressen ähnelt. Sie ruht auf einem gemauerten Feuer-Herde, der es erlaubt, den Drucktisch durch Heizung zu erwärmen (vgl. Fig. 1 Taf. LXXIX). *Die Druckplatten bestehen aus gravirtem Roth- oder Gelbkupfer*[1]); sie werden auf jenen Herd und der zu bedruckende Stoff darauf gelegt; sodann setzt sich die tuchbelegte obere Platte nach unten in Bewegung und drückt das zu bedruckende Leinen auf die dessinirte, mit Farbe versehene und erwärmte Metallplatte fest. Die vordere Presse unserer Fig. 1 Taf. LXXIX zeigt sich im druckfertigen Zustande; die hintere Presse ist aufgeschraubt und ein Arbeiter

[1]) pag. 129. „A Amiens on préfère le cuivre jaune . . . Ces planches ont ordinairement 30 pouces de largeur, 38 de longueur, sur 1½ ou 2 lignes d' épaisseur. La gravure ne se fait guère que de ½ ou ⅔ ligne au plus de profondeur . . . se fait au marteau . . . Elles forment toujours une masse de 50 Livres au moins dans les mains de l' imprimeur. — Das Buch soll in erster Auflage anno 1780 erschienen sein.

eben damit beschäftigt, die Druckplatte wegzuheben, um sie an der Waschbank zu reinigen. „On peut imprimer ainsi toutes sortes de dessins, des devants de vestes, des bordures de robes, de jupes etc. etc. et si la couleur dans laquelle l'étoffe est teinte avant l' impression était en bon teint, toutes les couleurs d' impression qui s'amalgament avec celle sur laquelle elles sont appliquées seraient également en bon teint" (Platière, p. 127). Man verwandte diese Technik hauptsächlich für Schafwollstoffe, deren Grundmusterung in Oelfarben-, meist Schwarzdruck ausgeführt wurde, und druckte nachher die andern Farben kalt mit hölzernen Handmodeln ein, „comme on en use pour les indiennes" (Platière, p. 132). Die Presse diente auch zur Musterung der Sammte und Peluche, insbesonders der „velours d' Utrecht", „une panne courte poil, à chaine & trame de fil, & velouté de poil de chèvre. La destination est pour meubles, doublures de voitures etc., uni, en couleur, rayé, *gauffré* ou *imprimé*" (Platière p. 154). Die Anwendung gravirter Metallplatten und der durch jene Maschine ermöglichte starke Druck mögen für Farbdruck auf Wollstoff und für Peluchedruck vorzüglich scharfe Musterungen ergeben haben, doch muss die ganze Technik ebenso mühsam wie zeitraubend gewesen sein und auch sonst manche Nachtheile gehabt haben, denn Platière sagt pag. 127 „mais il en a toujours résulté l' inconvénient des raccords, l' inégalité et le peu de netteté dans le travail. Cet artiste (Bonvalet) l'a senti *et on lui doit l'idée de l'impression des étoffes de laine à chaud & au cylindre,* qui s'est beaucoup étendue et singulièrement perfectionnée depuis. Au moyen de ce mécanisme *qui n'est connu encore qu'à Amiens,* on évite tous les inconvénients dont on vient de parler." Unsere Tafel LXXIX, 2 u. 3, bietet Ansichten einer solchen *Walzendruckmaschine mit erwärmtem Cylinder;* sie gleicht in der Anlage durchaus der Maschine Oberkampfs, führt aber statt der einfachen gravirten Holz- resp. Kupferwalze eine hohle Walze aus Eisenstahl, um welche die gravirte Kupferplatte als Mantel gelegt wird, indessen man zur Erwärmung in die Röhre der Eisenwalze rothglühend gemachte Eisenkugeln einschob. Fig. 4 Taf. LXXIX stellt eine verbesserte Auflage derselben Maschine dar; da die Eisenkugeln rasch erkalteten, kam Bonvalet auf den Gedanken, direct in die Eisenwalzen eine Feuerung zu legen, indem man statt der Eisenkugeln glühende Kohlen einführte. Nach dem Drucke wurde der Stoff zur Entfernung allzustarken Farbauftrages in der umstehend in Fig. 23 dargestellten Weise „geschabt". In einem weitern, 1875 erschienenen Bande Platière's *„Art du fabricant de velours de coton, suivi d'un traité de la teinture et de l'impression des étoffes de ces mêmes matières"* wird auch der einfache Handmodeldruck erwähnt und die Technik des Reservagedruckes für *Indiennen* beschrieben. Man nahm als Deckdruckmasse ein Gemisch von Wasser, Gummi, Alaun, Kupfervitriol, verdde-gris und Pfeifenerde nebst etwas Vitriol- und Terpentinöl; 24 Stunden nach dem Druck färbte man den Stoff im Farbkessel und badete ihn sodann 2 bis 3 Stunden im Flusswasser, klopfte ihn tüchtig und badete ihn von Neuem.[1]) Dort wird endlich (pag. 273) eine weitere Walzendruckmaschine beschrieben: *„Méchanique à imprimer au cylindre les toiles, croisés, satinettes, velours de coton etc."* (vgl. Fig. 22). Alle 4 Walzen sind aus Holz; die dessinirte Druckwalze trägt das Muster in Form aufgesetzter Messingstifte; die andern 3 Cylinder sind mit Stoff überzogen und werden durch die Druckwalze, an welcher eine Handdrehkurbel angebracht ist, in Bewegung gesetzt. Der noch unbedruckte Stoff ist auf der Walze *AR* angebracht, rollt wellenförmig über die andern Walzen nach vorn zur Druckwalze und wird dann über den Haspel *A* nach oben zum Trocknen gezogen. — Bonvalet in Amiens ist also, nach den Daten der Publicationen Platières zu schliessen, Oberkampf in der Anwendung des Walzendrucks um ein halbes Jahrzehnt, vielleicht auch in der Anwendung für den Kattundruck um ein paar Jahre, vorangegangen. Trotzdem glauben wir Oberkampf, gleichwie Bonvalet und den unten zu erwähnenden englischen Erfindern der Walzendruckmaschine gerne, dass Jeder seine „Erfindung" selbstständig machte: überall war damals bei der enorm wachsenden Nachfrage nach Druckkattun das Bedürfniss nach schneller arbeitenden Druckvorrichtungen; sowohl in Deutschland, wie in Frankreich und in England waren aber

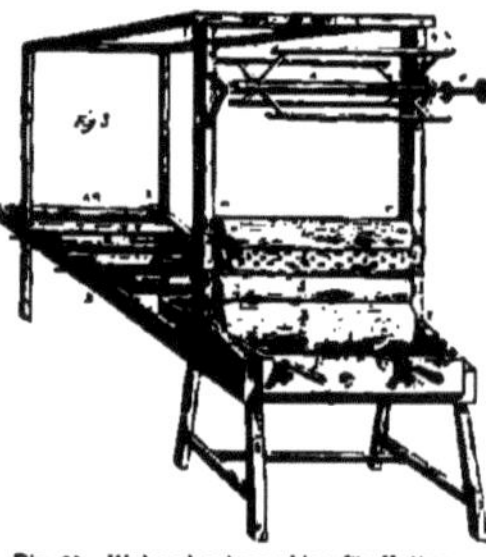

Fig. 22. Walzendruckmaschine für Kattun, Baumwollsammt etc. Nach Roland de la Platière, anno 1780.

[1]) Über die Färbetechnik jener Zeit vgl. Berthollet, Éléments de l' art de la teinture. Paris, Firmin-Didot, 1791.

auch, wie wir gesehen haben, für Gauffrage und Tapetendruck Walzenpressen bekannt, auf Grund welcher sehr wohl gleichzeitig an verschiedenen Orten jene Kattundruckwalzenmaschinen gebaut werden konnten.[1])

Leider ist die Litteratur jener Zeit sonst überaus arm an Nachrichten über den Zeugdruck, denn dieser wurde auch damals noch als Geheimniss behandelt, trotzdem die Fabrikation schon in den Achtzigerjahren gewaltige Dimensionen angenommen hatte und in Paris und in den Provinzen an die 300 Etablissements mit gegen 300000 Arbeitern sich mit Zeug- hauptsächlich Kattundruck befassten. Alle aber überragte Oberkampf's gewaltige Thätigkeit. Ihr gegenüber erscheint die der andern französischen Zeugdrucker verschwindend klein und unbedeutend. Als Pariser Geldmänner in *Sèvres* mit enormen Kosten eine mächtige Konkurrenzfabrik errichteten, gieng dieselbe schon nach 18monatlichem Betriebe wieder ein; Oberkampf erwarb das dortige Druckmaterial und war damit mehr als je alleiniger Grossfabrikant im Gebiete des französischen Kattundrucks. Er war der Planet, um den die Andern kreisten. Jene arbeiteten mehr nur in billiger Waare, für die Provinz, für das Landvolk und für den Export in überseeische Länder, oder suchten ihren Vortheil in der doppelten Verwendung ihrer Druckformen für Kattune und Papiertapeten; Oberkampf dagegen arbeitete mehr für den Bedarf der besseren Stände, war in der Mode Tonangebend und wirkte mit seinen Producten wie mit seinen Einrichtungen weit über die Grenzen Frankreichs hinaus vorbildlich und zur Nacheiferung anregend.

Fig. 23. Darstellung des Schabens der bedruckten Wollstoffe. Nach Roland de la Platière, ca. 1780.

Der Zeugdruck in Grossbritannien.

Englands Zeugdruckindustrie ist mit der Geschichte der holländischen und der französischen eng verbunden. Irgend welche Anhaltspunkte für eine Ausübung jener Kunst im Mittelalter fehlen zwar gänzlich, dafür war England's Antheil an der Entwickelung des Kattundrucks im XVII., XVIII. und noch im laufenden Jahrhundert ein umso bedeutenderer. Dem Kattundruck gieng zunächst auch hier der *Tapetendruck mit Wollstaubanwendung* voraus. Dieser Technik geschieht in England erst im XVII. Jahrh. zum ersten Male Erwähnung. Im Jahre 1634 erhielt *Jerome Lanyer* von König Karl I. ein Patent, durch welches ihm das Privilegium ertheilt wurde, „*Wolle, Seide und andere Materialien verschiedenster Farbe auf Wolle, Seidenstoff, Leinwand, Kattun, Leder etc. mit Kitt, Leim und andern Mitteln so zu befestigen, dass diese Erzeugnisse als Tapeten oder zu andern Zwecken dienen können*".[2]) Schorn

[1]) Nach Kurrer führte Oberkampf die ersten Kupferwalzen erst 1803 (nach Persoz „vers 1801") bei seiner Walzendruckmaschine ein.

[2]) „To all to whom these presents shall come, Greeting. Whereas our trusty and welbeloved subject and servant Jerome Lanyer has informed us, that he, by his endeavours hath found out an art and mystery by affixing of Wooll, Silk, and other Materialls of divers colours upon Linnen Cloth, Silk, Cotton, Leather and other Substances with Oyl, Size and other Cements, to make them usefull and serviceable for Hangings and other Occasions, which he callet Londindiana, and that the said art is of his own invention not formerly used by any other within Realm . . ." W. Exner, Die Tapeten- und Buntpapierindustrie, Weimar, 1869. p. 22.

(a. O. p. 248) denkt sich diese Erfindung als ein Festkleben ausgeschnittener Muster auf Leinwand oder auf Papier. Indessen war damals sowohl das Aufkleben ausgeschnittener Ornamente, als auch die Gewebedecoration mit aufgenähten verschiedenfarbigen Woll- und Seidenstoffen (Applicationsstickerei) schon seit einem Jahrhundert als vielgeübte Kunsttechnik weitbekannt, und wäre hiefür also wohl kaum ein Privilegium weder zu verlangen noch auszustellen möglich gewesen. Anders verhält sich die Sache, wenn wir annehmen, jene „Wolle, Seide und anderen Materialien verschiedenster Farbe" seien nicht ausgeschnitten, sondern *zu Staub zerrieben* auf „mit Kitt, Leim und andern Mitteln" *bedruckte* „Wolle, Seidenstoffe, Leinwand, Kattun, Leder etc." *aufgestreut* worden. *Dies* war für England eine „neue Herstellungsweise von Tapeten", und so allein glaube ich die Worte jenes Patentes von 1634 auslegen zu müssen. *Jerome Lanyer* dürfte jene Technik aus Deutschland oder Holland, wo sie ja bereits zur gothischen Zeit bekannt war, geholt haben, und wird, so lange keine ältern Zeugnisse bekannt werden, vor der Hand als der älteste Zeugdrucker Englands anerkannt werden dürfen. — Beachtenswerth ist hier auch die Bekanntmachung des Pariser Kaufmann's *Aubert* vom Jahre 1756, dass er die Kunst der *„Sammt-Tapeten nach Art der englischen"* gefunden habe; darin liegt eine unverkennbare Bestätigung unserer Ansicht bezüglich der Lanyer'schen Fabrikate; es scheint ferner daraus hervorzugehen, *dass man in England zuerst auf den Gedanken gekommen ist, für die Sammttapeten statt grober Leinwand Papier als Unterlage zu verwenden.* Auch die dem *Engländer Lancoke* 1769 ertheilte Erlaubniss zur Errichtung einer Tapeten- und Zeugdruckerei in *Paris*, und die Nachricht, dass MM. le Mareis in Bolbec ihre Kenntnisse und Druckeinrichtungen aus *England* mitbrachten, beweisen, welches Ansehen die Engländer in dieser Richtung bereits damals erlangt haben müssen.

Der englische *Kattundruck* hat indessen keineswegs vom Wolltapetendruck seinen Ausgang genommen. Die Anregung zu Jenem scheint von Aussen her erfolgt zu sein, indem die aus Indien und Persien importirten Kattundrucke durch ihre Wasser und Licht trotzenden Farben zum Forschen nach ähnlichen Farbmitteln anregten. Königin Elisabeth hatte ehedem den damals als stoffschädlich geltenden Indigogebrauch eingeschränkt und aus gleichem Grunde das Campêcheholz verbrennen lassen. Karl II. hob 1661 beide Verbote wieder auf. Dann beauftragte im August 1664 die „Königliche Societät der Wissenschaften" Howard Boyle und Dr. Merret, Mittel zur Befestigung der Farben ausfindig zu machen. Erst am 11. November 1696 legte das Mitglied *Hocke* jener Societät „ein Stück *gedruckten Zitz* vor, welches auf eine von ihm erfundene Art *bunt gefärbt* war, und am 9. des darauffolgenden Monats ein anderes Muster von *bunt gefärbten Zeugen, mit gelben, rothen, grünen, blauen und purpurenen Farben, wovon er versicherte, dass sie das Waschen mit warmem Wasser und Seife aushalten*" (Kurrer p. 148). Dieser Text beweist zweifellos, dass wir es hier mit der Deckdruckfärbetechnik zu thun haben, wie wir sie bei Neuhofer etc. ausführlicher behandelt haben. Es muss nun aber auffallen, dass Neuhofer bereits um 1690 in England jene neue Druckmanier erlernte, und dass schon vorher solche englische Drucke die deutschen zu verdrängen drohten! Die „Erfindung" des Mr. Hocke vom Jahre 1696 scheint also irgend einem *der damals schon mindestens ein Jahrzehnt in der neuen Weise druckenden englischen Zeugdrucker* abgelauscht oder „nachempfunden" worden zu sein. Dass auch das nicht so leicht war, erklärt sich aus der damals noch strengen Geheimhaltung jener Technik. Nach Anderson soll schon um das Jahr 1676 in England Kattundruck fabrikmässig betrieben worden sein. Nach James Thomson legte 1690 ein französischer Refugié nach Aufhebung des Ediktes von Nantes zu *Richmond* an der Themse eine kleine Druckerei an.

Eduard Baine hat in seiner Geschichte der britischen Baumwollmanufactur (1836) die den Kattundruck betreffenden Parlamentserlasse von 1700—1830 zusammengestellt. Im Jahre 1700 wurde durch eine Parlamentsakte *die Einfuhr aller gedruckten Zeuge aus Ostindien, Persien und China verboten.* Dieses, auf Drängen und zum Schutz der einheimischen Woll- und Seidenfabriken erlassene Verbot begünstigte gleichzeitig den *inländischen Zeugdruck.* Weisse, unbedruckte Caliko's einzuführen, war gegen eine geringe Abgabe gestattet, so dass die englischen Fabrikanten jene Stoffe einfach zu bedrucken hatten. Da die Käufer durch die bisher importirten asiatischen Kattune an indische und persische Muster gewöhnt waren, imitirten die englischen Drucker jene fremden Dessins auch für ihre eigenen Fabrikate. Der rasche Aufschwung des derart begünstigten inländischen Kattundrucks beeinflusste aber die Woll- und Seidenwebereien so sehr, dass diese 1712 das Parlament zur Errichtung einer *Verbrauchssteuer* von 3 Pence pro Quadratyard auf alle gefärbten und gedruckten Kattune durchsetzten. Da auch so dem stets wachsenden Verbrauche nicht gesteuert werden konnte; erhöhte man 1714 jene Steuer auf 6 Pence für den Kattun, auf 3 Pence für bedruckte Leinwand. Nichtsdestoweniger stieg der Kattundruck in rapider Weise, so dass auf Drängen der hierdurch schwer geschädigten Woll- und Seidenfabrikanten eine Parlamentsacte von 1720 den *Verkauf aller gedruckten Calicos oder sonstigen Gewebe, die Baumwollfäden enthielten, gleichviel ob in Grossbritannien oder im Auslande bedruckt, verbot.* Ausgenommen waren nur uni-blaugefärbte Calicos, sowie Mousseline, Halstücher und Barchente. Als natürliche Folge dieses Gesetzes ergab sich, dass die Druckereien von nun an nur *leinene Tüchel* drucken konnten. Im Jahre 1736 wurde das Gesetz dahin abgeändert, dass wenigstens auch *gemengte Gewebe* gedruckt werden durften, wodurch Zeuge mit leinener Kette und baumwollenem Einschlag gedruckt wurden. Diese Fabrikate, anfänglich *Blacksburntücher* geheissen, weil man sie in diesem Orte hauptsächlich verfertigte, müssen bald erfreuliche Fortschritte gemacht haben, denn in einem Artikel des Gentlemans-Magazine vom März 1754, liest man: Herr *Sodgwik* habe die Ehre gehabt, der Prinzessin von Wales ein Stück englischen Zitz von so ausgezeichneter Schönheit zu überreichen, dass die Fürstin ihm auf mehrere Weise ihre allerhöchste Zufriedenheit bezeugt, und dass sie sich sofort ein Kleid habe verfertigen lassen, mit der Äusserung, es scheine ihr dieses britische Fabrikat sogar jeden indischen Zitz zu übertreffen. Im Jahre 1774 hob das Parlament *das Verbot, ganz baumwollene Gewebe zu drucken*, auf, und gestattete den *Calicodruck* gegen eine Abgabe von 3 Pence per Yard. In den Jahren 1779 und 1782 wurde aber diese Auflage nach und nach um 15 Procent erhöht. Im Jahre 1784 wurde jeder Bleicher, Färber und Drucker genöthigt, für 2 Pfund Sterling jährlich eine Licenz zu lösen; dieselbe Akte steigerte um 1 Pence per Yard die Abgabe auf gedruckte Kattune unter, und um 2 Pence für Kattune über 3 Schilling. Im Jahre 1785 wurde Pitt genöthigt, auf dringendes Ansuchen der Fabrikanten an das Parlament, diese neue Auflage wieder aufzuheben, was jedoch von kurzer Dauer war, da in demselben Jahre alle gefärbten oder gedruckten Kattune und Mousselinen eine noch stärkere Taxe, von 2 Pence per Yard zwischen 1²/₅ und 3 Schilling, und von 4 Pence per Yard über 3 Schilling an Werth, aufgelegt erhielten. Im Jahre 1787 wurde die Abgabe dahin abgeändert, dass von nun an alle gefärbten und gedruckten leinenen und baumwollenen Gewebe 3¹/₂ Pence per Yard zu bezahlen hatten, und dass die ganze Steuer *bei der Ausfuhr zurückerstattet* werden solle. Das Doppelte hatten alle fremden weissen Baumwolltücher zu bezahlen, wenn sie in England gedruckt wurden.[1])

Eine der grössten englischen Kattunfabriken der Mitte des vorigen Jahrhunderts, jene zu *Bromleyhall,* fabricirte bereits 1750 jährlich ca. 50000 Stück. 1754 gründete *Jackson* zu *Battersea* eine Fabrik, die neben Stoffen besonders auch Tapeten herstellte. Die Muster waren Landschaften in Clairobscur und in altchinesischem Geschmack. *Glasgow* erhielt seine erste Druckerei 1771, und 1775 durch einen Fabrikanten der Stadt Rouen die erste Türkischrothfärberei. Eine gleiche Fabrik erhielt *Manchester* einige Jahre zuvor durch *Borel,* aus der Westschweiz. Überaus zahlreich sind die im Laufe der weitern Jahre zu Glasgow und Manchester errichteten Cottondruckereien, doch würde eine Aufzählung aller derselben zwecklos sein. Besonders wichtig wurden die Gründungen in *Lancaster,* wo die erste Druckerei 1764 durch die Brüder *Clayton* von Bamberbridge bei Bolton errichtet wurde. Ihnen folgte ein paar Jahre später *Robert Peel,* der Grossvater des berühmten gleichnamigen Staatsmannes. Peel, ursprünglich ein Landmann, hatte Baumwolle zu fabriciren und auch *geheime Versuche im Kattundruck* begonnen. Wie primitiv er diesen Letzteren betrieb, beweist die Nachricht, dass er statt einer Mange ein Plätteisen und *als Muster ein Petersilienblatt* verwendete.[2]) Er etablirte zunächst in *Brookside* bei Blackburn ein kleines Geschäft, bei welchem ihm seine Söhne behülflich waren, das aber im Laufe der folgenden Jahre grosse Ausdehnung erfuhr. Sein ältester Sohn gründete zusammen mit seinem Onkel *Harworth* und Mr. *Jates* zu *Bury* eine Kattundruckerei mit eigener Spinnerei; Peel senior errichtete mit seinen

[1]) Nach E. Baine und Kurrer p. 150/151. Erst 1831 wurden jene 1787 getroffenen Anordnungen aufgehoben, 1841 der Musterschutztermin auf 9 Monate verlängert.

[2]) Wie man ehedem solche Blätter auch für das Verzieren der Ostereier durch Aufbinden und nachheriges Färben benützte.

übrigen Söhnen eine grosse Kattunfabrik zu *Church*, und liess dieser später auch Druckereien zu *Burnley, Salley Abbey* und *Foxhillbank*, nebst Spinnereien in Altham und Burton folgen. Die mächtigen Etablissements der Peel zu Church und der Peel zu Bury wurden bald die Vorbilder aller ähnlichen Anstalten Grossbritanniens. Sie führten dort den mehrfarbigen Walzendruck ein und setzten an Stelle des Handbetriebes die Wasserkraft. Ihnen giengen die Fabrikanten *Livessy, Hargrave, Hall & Co.* in *Mosney bei Preston* (Lancaster) in der Anwendung des einfachen Walzendruckes 1785 voran. Im Jahre 1786 gründeten *Georg und Friedrich Ehrhardt* zu *Chelsea* eine Tapetenmanufactur, die sowohl Papiertapeten, wie Seiden- und Leinwandstoffe bedruckte, und sich für beide Zwecke derselben Modelle bediente.[1]) An demselben Orte und in demselben Jahre entstand auch die Tapetenfabrik *Sheringham's*, der hervorragende Künstler wie La Brière, Rosetti, Boileau etc. heranzog, aber hauptsächlich nur Papiertapeten herstellte.

Die Dessins der englischen Drucker entsprachen im allgemeinen denen ihrer Collegen vom Continent und machten wie jene dieselben Kunst- und Modeströmungen mit. Von den nach persischen und indischen Stoffen copirten Pflanzenornamenten gieng man um die Mitte des XVIII. Jahrh. zur Nachahmung der altchinesischen figuralen Papiertapeten über. Dann setzte man an Stelle der blossen Copieen eigene „im chinesichen Geschmack" componirte Muster, in denen besonders der französische Ornamentist Pillement, der auch für England vorbildlich war, excellirte. Proben solcher englischen Chinoiserieen bieten der Kattundruck Taf. XLI und der Rothdruck der „Zeugdrucke" Taf. XL, signirt „*Collins Woolmers 1766*". Später traten auch in England an Stelle dieser fremdartigen Muster wieder einheimische Zierweisen, die Blumenranken und die Streifenmuster des Louis XVI.-Styles, die antikisirenden und symbolischen Darstellungen ähnlich denen Oberkampfs, und endlich die Ornamentik des vollentwickelten Empire. Wie grossen Werth man auf das Muster legte, geht aus dem anno 1794 zu Stande gebrachten *Musterschutzgesetz* König Georgs III. hervor, das alles Copiren neuer Muster während der Dauer zweier Monate verbot, später dies Privilegium auf 3 Monate ausdehnte. Man wollte damit die Erfinder neuer Dessins aufmuntern und die Fabrikanten vor den Nachdruckern schützen. Jedes Stück Calico, Leinenzeug etc., ebenso die Druckmodelle selbst, mussten zu diesem Zwecke den Namen des Druckers und das Datum der ersten Ausgabe tragen. Leider sind mir bis jetzt ausser dem hier in Fig. 24 reproducirten Leinendrucke keine weiteren Drucke mit jener durch das Copyright verlangten Signatur zu Gesicht gekommen. Dieser fällt übrigens nicht einmal in die Categorie der fabrikmässig hergestellten Zeugdrucke, denn er ist nach Art der bekannten englischen Farbstiche von einer für jeden Abdruck mit den verschiedenen Farben neu einzureibenden Kupferplatte abgedruckt, und kann also nur in ganz beschränkter Auflage hergestellt worden sein. Die Signatur des Bildes lautet „London Engraved & Published Aug. 1. 1799 by M. Bort Nr. 207 Piccadilly", im Rande (undeutlich): „London Published Jan. 11., 1799 by M. Bort".

Fig 24. Mehrfarbiger Leinendruck, als Tischverzierung oder Feuerschirm bestimmt, signirt und datirt 1799. 5½mal verkleinert.

Nahezu gleichzeitig mit Deutschland sieht man auch in England die *bedruckten Taschentücher* Sitte werden. Eines der ältesten Produkte dieser Art bietet Taf. LIII, ein fein ausgeführter Rothdruck auf weiss Leinen, der die in *Dunmow* (Essex) geübte Sitte der Procession eines Ehepaares „ohne Zank und Zwist", mit der vorangetragenen Speckseite als Ehrenpreis, darstellt; unten ist die Platte mit „*W. Sherwin* sculp^t." bezeichnet. Das historische Museum in Basel besitzt ein ähnlich gearbeitetes

[1]) Exner. Tapeten- und Buntpapierindustrie, pag. 19, giebt als Gründungsdatum 1780 an und citirt nur „Friedrich Erhardt."

Taschentuch mit der Darstellung eines Festes in *Greenwich*, das Kensington-Museum ein solches Tuch mit dem Bilde Königs Georg III. zu Pferd, umgeben von Königin Charlotte Sophie und ihren 6 Kindern (im Hintergrunde Windsor Castle), sowie ein anderes Tuch mit Darstellung der Unterzeichnung der Magna Charta, nach einem Stiche von Charles Warren, aus der Zeit um 1785—90. Ein weiterer Rothdruck dieser Art, Tafel LX, zeigt „The Dance of the Death" nach Hogarth'schen Vorbildern, und leitet hinüber zu den beim Zusammenbruch des napoleonischen Kaiserreiches ganz Europa überschwemmenden englischen Farbentuchdrucken mit Spottbildern auf den niedergeworfenen, grimmsten Feind Englands, Napoleon. Ich habe bereits in meinem Werke „Die Zeugdrucke" einen solchen englischen Spottdruck beschrieben und auf Taf. XLIX abgebildet. Er ist *„Stage of Europe, Dec. 1812.* Europäische Schaubühne im Dezember 1812" betitelt und zeigt Russland, Preussen etc. über Napoleon herfallen; Zuschauer unterhalb der „Bühne" jubeln dem „Schauspiele" zu; die 4 Ecken sind mit Portraits von Schiller, Andreas Hofer u. A., der Rand des Tuches ist mit allerlei Bildern angeblicher Schandthaten Bonapartes geziert. Diese in Rothdruck auf gelber und auf weisser Baumwolle vorkommende englische Satyre muss damals in grosser Masse über den Continent verbreitet worden sein. Seltener sind die zwei auf Taf. LXIX reproducirten englischen Taschentücher auf andere Ereignisse jener den englischen Fabrikanten so günstigen Zeit. Das eine Tuch zeigt in Roth- und Schwarzdruck die *„Conflagration of Moscow* seen from the Kremlin on the entrance of the French army the 14th of Sept. 1812", darunter „A Cossack" und einen „British Lancier". Der andere Druck veranschaulicht *„The Battle of Waterloo"* mit Schlachtplan, „Village and Church of Waterloo", „Taking of Buonapartes Carriage" u. s. w.

Grosses Gewicht legten die englischen Fabrikanten auf die Gewinnung specieller, nur ihnen eigenen Vorzüge, sei es, dass einzelne Etablissements mit besonderen Farbeneffecten, mit besonders scharf und fein gedruckten Dessins oder mit aparten Färbeweisen zu excelliren trachteten, sei es, das sie durch Anlage ihrer Anstalten in unmittelbarer Nähe von Kohlengruben oder Wasserwerken besonders billig zn arbeiten hofften, sei es endlich, dass sie denselben Zweck durch Anwendung besonderer technischen Vervollkommnungen zu erreichen suchten. Die englischen Drucker haben sich dies vorzügliche Geschäftsprincip der „specialities" bis heute bewahrt und erzielen damit auch jetzt noch weit über die Grenzen ihres Landes hinaus grosse Erfolge. Der Eine arbeitet nur Drucke in persischem und indischem Geschmack, der Andere druckt nur Cravatten-, der Dritte nur Foulardstoffe, wieder Andere üben nur Wollsammtdruck für Tischdecken u. s. w. Besondere Erwähnung mag hier *Thomas Wardle* der Hencroft Works bei *Leek* (Staffordshire) finden, weil dieser hervorragende englische Printer mit Geschick und Erfolg *die alten Zeugdruckmuster der Gothik für moderne Leinentapeten copirt und damit diese alten Muster der modernen Industrie dienlich macht.*[1]) — England hat zuerst den sogenannten *Golgasdruck* in ausgedehnterem Maasse zur Anwendung gebracht. Es ist dies eine zwischen Färberei und Zeugdruck liegende Technik, die besonders bei *Schafwollstoffen* Anwendung fand und schon zu Ende des XVII. Jahrhunderts ausgeübt worden sein soll. Man legte den vorher in Wasser (bei Rothdruck in Alaun und Weinstein) ausgesottenen Stoff zwischen zwei genau aufeinander passende Kupfer- oder Messingplatten, in welchen beiden das Muster in übereinstimmender Weise durchbrochen ausgeschnitten war, presste die beiden Formen fest zusammen und goss die heisse Farbbrühe über die obere Platte; an den in der Form ausgeschnittenen, also den Stoff unbedeckt lassenden Stellen drang die Farbe durch das Gewebe, bildete dort das Muster, und floss dann unten wieder ab. — Ebenso ist der für Schafwollstoffe zur Anwendung gebrachte *Druck mit heissen Farbplatten aus Metall* (*„Berylldruck"*), wie wir ihn durch Bonvalet in Amiens pag. 74 und 75 kennen gelernt haben, englische Erfindung. — Auch beim *Kattundruck* haben gerade die englischen Fabrikanten besonders früh und mit besonderer Vorliebe statt der hölzernen Druckformen *Platten aus Kupfer oder Bronze* verwendet. Sie erzielten durch die Feinheit und Schärfe dieser Dessins grosse Erfolge[2]). Dieselben Eigenschaften erlaubten eine Anwendung solcher Platten auch für *Seidendruck* (vgl. Taf. XXXIX), wurden später aber auch dadurch

[1]) Ganz vorzüglich wirken, wie das Kensington-Museum zeigt, diese billigen Leinendrucke zur Deckung der Wände in gothisch eingerichteten Wohnzimmern, in Ateliers, in Waffensälen, in Ausstellungsräumen etc.

[2]) Schedel sagt 1797 in seinem „Waaren-Lexicon" (Offenbach, II. Aufl. p. 244): „Der Druck der Engländer ist feiner, als der der Deutschen; jene drucken nämlich mit kupfernen Platten, diese mit Holzformen."

erreicht, dass man auf den hölzernen Druckformen, statt wie bisher die Figuren aus dem Holze herauszuschneiden und die Punkte durch Drahtstifte zu bilden, *das ganze Dessin aus geschnittenen Messingstückchen herstellte* und diese durch Ausgiessen mit Blei auf der Bodenplatte noch stärker befestigte. Diese Metallformen hatten den Vortheil, dass sich mit ihnen eine überaus grosse Auflage gleichmässig guter Drucke erzielen liess, während die Holzformen nur zu rasch sich abnutzten, zu leicht beschädigt wurden und dabei zu oft ausgebessert oder neu geschnitten werden mussten. — Neben Druckformen mit *en relief* gearbeiteter Druckfläche gebrauchte man ferner sehr frühe die sogenannten *„planches plates gravées en creux"* d. h. Metallplatten, auf welchen das Muster vertieft eingeschnitten war, und wo dann der Druck wie beim Drucken von Kupferstichen erfolgte. Die Platte wurde mit Farbe eingerieben und die auf der Oberfläche liegende Farbe weggewaschen, so dass nur in dem vertieft liegenden Muster die Farbe blieb; der auf die Platte gelegte Stoff holte dann durch den auf ihn ausgeübten Druck die Farbe heraus. — Hoch- wie Tiefdruck übertrug man später auch auf die *Walzendruckmaschine*. Wo, wann und durch wen indessen dieselbe zuerst für den Kattundruck Anwendung fand, wird kaum mehr sicher entschieden werden können. Schon zu Anfang dieses Jahrhunderts lauteten die diesbezüglichen Angaben durchaus widersprechend. Nicht wenig mag hiezu die Aengstlichkeit beigetragen haben, mit welcher man ehedem die technischen Errungenschaften als Geschäftsgeheimnisse hütete. Wie in Frankreich Bonvalet und Oberkampf, so stehen sich in England gleichfalls zwei Firmen gegenüber, von denen jede jene Erfindung für sich in Anspruch nehmen will. Nach Kurrer u. A. war der Erfinder ein Schottländer Namens *Bell*, der seine Maschine 1785 oben genannten *Livessy, Hargrave and Hall* abgab. Nach Pope (Manuel des découvertes, lt. Persoz, „Traité théorique et pratique de l'imprimerie des tissus", Paris, Victor Masson, 1846) druckten *Charles Taylor und Thomas Walker* in *Manchester* schon seit 1770 mit hölzernen Druckcylindern „sur lesquels les dessins étaient gravés en creux".[1]) Wenn trotzdem die Walzendruckmaschine nur langsam den Hoch- und Plattendruck verdrängte, so liegt dies zum nicht geringen Theile in den dieser Maschine damals noch anhaftenden zahlreichen Mängeln. Die englischen Fabrikanten trachteten daher, diesen Apparat nach allen Seiten zu vervollkommnen. Schon 1790 erhielt *Nicholson* ein Patent auf eine verbesserte solche Maschine. *Adam Parkinson* in *Manchester* soll nach Persoz (II. p. 361) schon zu Ende des XVIII. Jahrhunderts eine *Zweifarbendruckmaschine* erfunden haben. Dann begann 1802 eine Londoner Firma die Anwendung ausgeschnittener Messingmuster auch auf die Druckwalzen überzutragen. Da ferner die Dessins der hölzernen Druckwalzen in Folge der steten Feuchtigkeitszufuhr durch die Farben sich leicht verzogen (was besonders bei gradlinigen Streifenmustern störend wirkte), begann man das Dessin auf Kupfer- oder Bronzeplatten zu graviren und diese dann auf die Holzwalze festzunieten. Anno 1805 folgte *James Burton* in Peels Druckerei zu Church mit einer Walzenmaschine, *welche den zu bedruckenden Stoff zwischen zwei verschieden dessinirten Druckwalzen zu gleicher Zeit mit zwei verschiedenen Farben bedruckte*; die eine Walze bestand aus einem vertieft gravirten Kupfercylinder, die andere aus einem en relief gravirten hölzernen („Burtons Union- oder Mullmaschine"). Bald folgten andere Fabrikanten mit der Anbringung von 3, 4 und mehr übereinandergestellten Druckwalzen, die, jede von einer eigenen Farbwalze gespeist, den Stoff gleichzeitig mit einer ganzen Reihe von Farben bedruckten. Da ferner der Farbübertrag von der Farbwalze auf den Druckcylinder nicht immer in gleichmässig dünner Schicht erfolgte, erfand man „Abstreicher", welche den Farbauftrag ausglichen. Später brachte man zu demselben Zwecke mehrere Walzen an, die sich gegenseitig die Farbe abnahmen und vertheilten, bevor sie zur Druckwalze kam (vgl. Persoz, a. O. Bd. II. Fig. 111—113). Andere Drucker verwandten für ihre mehrfarbigen Handmodeldrucke mehrfach abgetheilte Farbchâssis, in welchen die für das Muster nöthigen verschiedenen

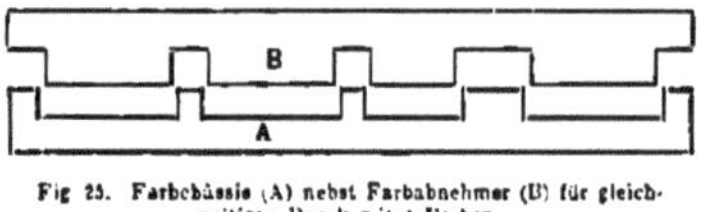

Fig 25. Farbchâssis (A) nebst Farbabnehmer (B) für gleichzeitigen Druck mit 4 Farben.

[1]) In Frankreich nannte man diese Walzenmaschinen nach ihrem Erbauer *„machines Lefèvre"*, doch wird auch dort der *englische* Ursprung zugegeben. (*Joseph Koechlin* im „Bulletin de la Société industrielle de Mulhouse", T. III. p. 258, 259.) Jedenfalls waren dies stets nur *verbesserte Constructionen*, ebenso wie diejenige *Ehingers* in *Saint-Denis* bei Paris, der sich am 16. Juli 1800 auf seine Maschine ein Patent geben liess.

Farben getrennt neben einander lagerten; entsprechend geformte Bretter mit Tuchbezug holten dann zu gleicher Zeit sämmtliche Farben aus dem Châssis, übertrugen sie auf die Druckform und von dort alle gleichzeitig auf den Stoff (vgl. Fig. 25). Ebenso wie die Technik wurde die zu Ende des letzten Jahrhunderts so rasch aufstrebende Chemie in umfassendstem Maasse zur Ausbildung des Zeugdrucks herangezogen. Anno 1799 erfand ein Glasgower die Methode, den Beizdruck sowohl, als die aufgedruckte Farbe auf dem Gewebe mittelst aufgedruckter Citronsäure ganz oder stellenweise wieder wegzuätzen (in Cosmanos bewerkstelligte man solche „Enlevagen" seit 1803 mit Zuckersäure). Je nach Anwendung verschiedener Aetzgründe und verschiedener Beizen erzielte man derart die verschiedensten Farbenzusammenstellungen. Dem Zeugdruck war damit eine ganz neue Aera, ein ganz unerschöpfliches Gebiet eröffnet, das bis in die Neuzeit die manigfaltigsten und raffinirtesten Combinationen möglich gemacht hat. Grosse Erfolge erwarb sich in dieser Richtung die gegen Ende des XVIII. Jahrhunderts errichtete Druckerei von *Thomson Brothers and Sons* in *Manchester*, die zuerst mit dem Aetzstoffe zugleich eine Beize (Mordant) zur Erzielung einer zweiten Färbung verband, 1813 ein Patent auf den Druck türkischroth gefärbter Zeuge erhielt und die Einführung der Chromwalze und des sogenannten Dioramadruckes veranlasste.

Möglichst rasche, möglichst billige und möglichst grosse Produktion waren von jeher das Ideal und die Stärke der englischen Fabrikanten gewesen. Sie machten, wie wir von Neuhofer gehört, schon zu Ende des XVII. Jahrhunderts, noch viel mehr aber im XVIII. Jahrh. den Fabriken des Continents gewaltige Concurrenz. Die Napoleonische Continentalsperre that denn auch dem englischen Export trotz des schwunghaft betriebenen Schmuggels enormen Schaden, und es waren Gründe sehr greifbarer Natur, welche die Engländer veranlassten, den verbündeten Mächten des Continent in den Befreiungskriegen energische Mithülfe zu bieten. Als Aequivalent empfiengen sie nach dem Sturze Napoleons die sofortige gänzliche Aufhebung der Continentalsperre. Die Freude der englischen Industriellen fand in den oben erwähnten historisch-satyrischen Taschentuchdrucken, noch mehr aber in der enormen Fluth billiger bedruckter Kattune für Kleider, Möbelbezüge u. dgl. ihren Ausdruck, womit die Engländer sofort nach Aufhebung der Continentalsperre ganz Europa überschwemmten und damit die continentale Fabrication derart niederdrückten, dass eine grosse Menge der bisher blühenden Druckereien Deutschlands, Oesterreichs etc. den Betrieb einstellen oder, um sich vor dem Ruin zu schützen, neue Absatzquellen, besonders den Orient, aufsuchen mussten.

Der Zeugdruck in Russland.

Der Vertrieb der gedruckten Kleiderstoffe, Hals- und Kopftücher u. s. w. erfolgte ehedem überall derart, dass die grossen Zeugdruckfabriken ihre Produkte alljährlich auf die grossen Messen brachten und dort an Grosskaufleute parthieenweise abgaben. Diese wiederum lieferten an die Ladenbesitzer und an die Hausirer aus. Die Letzteren führten ihre Waaren je nach Vermögen auf dem eigenen Rücken, auf Mauleseln oder in Wagen mit sich, und suchten, von Ort zu Ort wandernd, ihren Absatz insbesonders bei der Landbevölkerung. Andere Händler reisten mit ihren Waaren von Jahrmarkt zu Jahrmarkt und erwarteten hier in gemietheten Gewölben oder in offenen Bretterbuden die mit ihren Einkäufen meist bis zur Messe wartende umliegende Bevölkerung. In *Russland* ist diese Form des Waarenvertriebes noch heute die fast ausschliesslich übliche, und, wie vor einem Jahrhundert, so noch heute ist die Messe von Nischnei-Nowgorod der grosse Mittelpunkt des Handels. „Der Mindestwerth, um den gehandelt wird, beträgt 100 Rubel, grosse Handelsleute arbeiten aber mit 200- und 300 000 Rubeln auf der Messe, deren Gesammtumsatz mehr als 200 Millionen Rubel beträgt. Das grosse Wort der Messe heisst *„Kattun"*. Dieser ist das herrschende Gewebe für die Frauen aus dem Volke. Eine einzige Fabrik in der Nähe von Moskau beschäftigt allein 15 000 Arbeiter und erzeugt mehr als die ganze Stadt Mülhausen im Elsass. Von Nischnei aus wandern die Ballen bis in den fernsten Osten und finden ihren Weg in die entlegensten Hütten der Einöde . . ."[1])

[1]) Aus einem Artikel der „Kölnischen Zeitung" über die Messe von Nischnei-Nowgorod.

Dieser so gewaltigen Absatzquelle musste sich in relativ früher Zeit das Bedürfniss nach eigener Fabrikation aufdrängen, und so entstanden denn dort schon in den Achtziger Jahren des letzten Jahrhunderts mehrere rasch wachsende Druckereien. 1780 gründete *Peter Garelin* zu *Jwanow* eine solche Fabrik, 1783 *Barisow* eine zweite solche ebendort, 1784 *Karetnikow* eine zu *Teikow*, 1785 *Udin* eine dritte Druckerei zu *Jwanow*. Die letztere Stadt entwickelte sich in der Folge für die Fabrikation und den Druck von Baumwollstoffen so gewaltig, dass sie noch heute das „russische Manchester" heisst und eine ungeheure Produktion aufweist. Auf die eben erwähnten Gründungen folgten dort 1790 die Fabrik *Karnnowa's*, 1795 diejenige *Derdenowski's*, 1798 *Schotschin* und nach dem Kriege 1815 *Kaminowa*, in demselben Jahre *Alexis Baburin*, im folgenden Jahre *Jwan Baburin*, sowie *Spiridonow* und zahlreiche andere Zeugdrucker. Ebenso bildete sich bald auch in *Moskau* ein Centrum für Kattundruck. *Racsanow* eröffnete dort 1799 eine solche Anstalt, der bald eine Menge gleicher folgten (*Luschawskoi, Titow, Medwedjew, Melukow, Alexandrow, Kratschow, Buikowski* etc). Der Brand von Moskau zerstörte viele dieser Fabriken und nur ein Theil derselben vermochte sich von diesem schweren Schlage zu erholen, brachte es dann aber bald zu immer grösserem Aufschwunge. Gleichzeitig trat damit der russische Zeugdruck aus seinem bisher noch primitiven Stadium heraus, als nach Beendigung des napoleonischen Krieges der Friedensschluss eine neue Zeit der Arbeit verkündete und *Michael Weber* 1814 zu *Schlüsselburg bei St. Petersburg* eine nach westeuropäischen Vorbildern installirte, mustergültige Kattundruckerei mit Walzendruckmaschinen errichtete. Seine Produkte lehnten sich eng an die des herrschenden Styles an. Einige Jahre später gab Weber die Fabrik der russischen Krone, deren Eigenthum sie war, zurück, und gründete zu *Zaicwa* eine neue Fabrik für bedruckte Wollstoffe (später auch für Kattune). In die Schlüsselburger Druckerei setzte 1818 die Krone *Friedrich Bietepage* (geb. 1771 zu Braunschweig), der nach dem Friedensschlusse von 1814 in *Petersburg* eine kleine Druckerei errichtet hatte. Seither hat sich Russlands Zeugdruckindustrie gewaltig gehoben und manche Etablissements stehen unsern westeuropäischen in nichts nach. — Proben russischer Drucke aus den oben genannten Fabriken standen mir leider keine zur Verfügung, dagegen reproducire ich in Fig. 1 Taf. LXII einen Leinendruck, der mir vom Gewerbemuseum in Lemberg überlassen worden ist und zu dem Herr Custos *Rebczynsky* mir schreibt, dass er „höchst wahrscheinlich *russischer* Provenienz ist, denn er stammt aus dem ruthenischen Mönchskloster in Maniacsa (Ostgalizien), welches im vorigen Jahrhundert in regem Verkehr mit Russland stand und zahlreiche von dort empfangene Geschenke enthält". Der Stoff zeigt eine mit weiss ausgesparten Zweigen und Sternen gemusterte violettgrau gedruckte Mittelfläche, welche von einer blau aufgedruckten Ornamentborte umrahmt wird. Die Zeichnung imitirt einen mit Quasten besetzten Rand und zeigt Vogelfiguren und solches Baumwerk, wie man Beides auf slavischen Stickereien vorfindet. Provenienz wie Muster machen es also annehmbar, dass wir hier wirklich einen der ersten russischen Zeugdruckversuche vor uns haben.

Der Zeugdruck in Italien.

Italien spielt in der Textilgeschichte des Mittelalters eine so gewaltige Rolle, dass man sich wundern müsste, wenn dies Land uns für das Capitel der Zeugdrucke kein reiches Material zu beschaffen im Stande wäre. Seine älteste Druckgeschichte ist allerdings noch in Dunkel gehüllt, denn was bis jetzt als italienische Drucke des hohen Mittelalters angesprochen worden ist, kann bei genauer Besichtigung die Feuerprobe nicht bestehen. Dahin gehört zunächst das von Canonicus Dr. *Franz Bock* in dem grossen Werke von *Weigel* und *Zestermann* „Die Anfänge der Druckerkunst in Bild und Schrift" (Leipzig, 1866) pag. 10 behandelte und Taf. I abgebildete, hier in Fig. 26 reproducirte Gewebe aus hellrothem dünnem Seidenzendel, dessen Muster eine schwarz contourirte rothe Rankenborte zeigt. Dr. *Bock* hat den Stoff im Ghetto zu Neapel erstanden und datirt ihn in die letzten Jahrzehnte des XII. Jahrhunderts. Er schliesst aus dieser Herkunft sowohl, als aus dem Ornamente, dass der „Druck" auf dem benachbarten Sicilien, in Palermo, hergestellt worden sei, und legt damit also nahe, dass in Palermo, wo um jene Zeit die kostbaren Seidenbrocate fabricirt wurden, neben der Weberei auch gleichzeitig der Zeugdruck betrieben wurde. Leider hat dieser Stoff durchaus keine Kennzeichen eines Zeugdruckes an sich, vielmehr alle Merkmale eines mit der Hand *bemalten* Gewebes. Ein Rapport des Ornamentes ist nicht ersichtlich, und die schwarzen Contouren „in groben ziemlich unregelmässigen Linien" tragen vollkommen das Gepräge von mit Pinseln in Handmalerei erzielten Linien; solche waren hier übrigens nur bei einer Handmalerei, nicht aber beim Druck notwendig, und in der That sieht man derartige Contouren auch bei keinem mittelalterlichen Zeugdrucke wiederkehren. Wir müssen also diesen Stoff bei unserer Suche nach italienischem Druckmaterial bei Seite lassen. Gleiches gilt auch für die im genannten Werk abgebildeten vier Drucke des XIV. Jahrhunderts (Taf. 2, 3, 4, 5); zwar sind Diese regelrechte Zeugdrucke, allein bei ihnen müssen wir die italienische Herkunft bezweifeln. Bei Keinem ist als Fundort Italien genannt, sie stammen vielmehr alle oder grösstentheils aus rheinischen Kirchen und stimmen mit den übrigen rheinischen Drucken so vollkommen überein, dass an ihrer deutschen Provenienz nicht gezweifelt werden kann. Dr. Bock bezeichnet sie auf Grund der *Muster* als oberitalienische Fabrikate, giebt indessen pag. 13 selbst zu, *dass bei mittelalterlichen Brocatimitationen das Muster allein den Herstellungsort nicht bestimmt.* Das gilt auch für die im *Kensington-Museum* aufbewahrten mittelalterlichen Zeugdrucke, die je nach Muster bald als sicilianisch, bald als flämisch oder deutsch bezeichnet werden. Alle jene als sicilianisch geltenden Druckstoffe sind aber in Deutschland gefunden worden und werden also wohl als deutsche Copieen italienischer Brocatstoffe aufzufassen sein, wie dies *Prof. Lessing* im „Jahrbuch der kgl. preuss. Kunstsammlungen", 1880, und ich in „Die Zeugdrucke" gethan haben.[1]) Nun möchte ich trotz alldem die Möglichkeit keineswegs bestreiten, dass der eine oder andere dieser als deutsch angesprochenen Druckstoffe doch in Italien fabricirt worden und mit Brocaten oder als Futterstoff fertiger Kirchengewänder nach Deutschland bloss importirt worden ist; allein, so lange die Fundumstände nicht mitsprechen, können wir keinen der bisher genannten Drucke als Z e u g e n italienischer Fabrikation ansprechen.

Fig. 26. Bemalter Seidenstoff aus Neapel, XII. Jahrh. Ehemals Collection Weigel. 1/4 resp. 1/16 der Naturgrösse.

Ist es also bis dahin um italienische Originaldrucke schlecht bestellt, so kann doch kein Zweifel darüber bestehen, *dass in Italien der Zeugdruck schon im Mittelalter geblüht hat.* Das beweist neben den in Bälde zu behandelnden gothischen Originaldrucken und Urkunden zunächst der schon oben ausführlicher besprochene *Tractat Cennini's über den Zeugdruck*, der, wie dort dargethan, in seinem Ursprung jedenfalls auf das XIII. bis XIV. Jahrhundert, wo nicht gar auf ältere Zeiten, zurückgeht. Und eben Dieser beweist ferner, dass genau dieselben verschiedenen Arten von Druckstoffen, wie wir sie für Deutschland in Originalen, sowie aus den Nürnberger Recepten kennen gelernt haben, auch in Italien üblich waren: Gold- und Silberdrucke, Schwarz- und andere Farbdrucke, Sammtaufstäubung u. dgl. mehr — imitirt nach Brocaten, Sammt- und Seidenstoffen, wie sie damals Italien für den eigenen Gebrauch wie für den Export nach allen christlichen Ländern in grossen Mengen erzeugte. So ist es denn nicht ausgeschlossen, dass manche in Deutschland gefundene Druckstoffe italienisches Fabrikat sind, ebenso, wie umgekehrt jene Kaufleute, die aus Italien kostbare Brocate holten, zum theilweisen Austausch deutsche Leinen- und Druckstoffe mitbrachten. Wir nehmen also für die Zeugdrucke des Mittelalters denselben gegenseitigen Waarenaustausch an, wie er damals auch auf andern Gebieten der Textilbranche und mit andern Handelsobjecten stattfand. Wenn die Zahl der auf uns gekommenen gothischen Zeugdrucke Italiens gegenüber denen Deutschlands eine so kleine ist, so darf die Ursache hievon nicht zum mindesten darin liegen, *dass an der Quelle der prunkvollen Brocatgewebe für Surrogate ein wenig fruchtbarer Boden war.*

Ist die Zahl der heute bekannten, erwiesen italienischen Druckstoffe eine geringe, so sind Diese dagegen von ganz besonderer Qualität. Das älteste und zugleich bedeutendste Monument dieser Art ist der unter dem Namen der *Tapete von Sitten* bekannte, von *Dr. Ferd. Keller* zuerst veröffent-

[1]) Bock-Weigel No. 2 entspricht Taf. XV, B.-W. No. 3 und 4 entsprechen meiner Fig. 2 Taf. XX der „Zeugdrucke".

lichte Zeugdruck unserer Tafel LXXX.[1]) Dieser ebenso werthvolle, wie interessante Druck befand sich ehedem im Besitze des Advokaten *Odet* in Sitten, figurirte 1896 auf der Genfer historischen Ausstellung und ist nunmehr an das *historische Museum* zu Basel übergegangen. Ein kleineres Fragment besitzt das Schweizer Landesmuseum in Zürich. Was erhalten ist, stellt sich als das Bruchstück einer einst grossen, mit verschiedenen Holzmodeln bedruckten Leinentapete dar, die in breiten Bändern nach Art der gothischen Wandteppiche ein Gemach schmückte, und deren Nahtspuren zeigen, dass sie ehedem aus mehreren solchen Streifen Tuches zusammengesetzt war. Der ursprüngliche Rand ist oben, links und unten erhalten, und zeigt dort die alte Webekante; nach rechts ist der Stoff abgerissen; soweit heute erhalten, misst er in der Länge noch ca. 2,56 m; die Höhe, also die ursprüngliche Tuchbreite, misst 94 cm. Der Stoff ist ungebleichte, daher gelbliche Leinwand. Irgend eine nachträgliche Ausmalung ist nirgends zu bemerken; alles ist mit Modeln aufgedruckt, und zwar haben auf dem erhaltenen Fragmente nicht weniger als 13 verschiedene Formen Anwendung gefunden. Die figuralen Szenen sind in schwarz gedruckt, die ornamentalen Borten mit den Mädchenbüsten und den phantastischen Ungeheuern („bestiaux") in Rothdruck ausgeführt, wobei nach Keller zur Zubereitung der Farben mit Oelfirnis (vernice liquida des Cennini) zerriebener Kienruss bezw. Roethel Anwendung fanden. Die Bildformen messen durchschnittlich 26 cm in der Höhe, die Ornamentformen 11 cm. Die oberste Reihe zeigt tanzende Männer und Frauen, die mittlere Reihe bietet Kämpfe zwischen Rittern und Mohren, und die unterste Bilderreihe enthält ein Bruchstück der Geschichte des Königs Oedipus. König Laios („Lagvs Rex") giebt den Befehl zur Aussetzung des jungen Oedipus („Edip."), Diener des Königs („Famvli: Rex") schlitzen jenem die Achillessehnen auf und hängen ihn an einen Baum, Diener des Königs Polypos („Polipus.") finden den Ausgesetzten und bringen ihn ihrem Herrn, der ihn dem Chirurgen („Ciroicvs") zur Pflege übergiebt; dann gebietet der inzwischen herangereifte Oedipus dem „Secretarius. Rex" Schweigen über seine Herkunft, bespricht sich mit dem König, und totet endlich seinen Vater im Zweikampf. Alle Bilder verrathen einen geschickten Zeichner und unverkennbar die weichen rundlichen Formen der italienischen Schule. Die Costüme, insbesonders jene der Tänzer, verrathen als *Ort* der Herstellung *Oberitalien;* die phantastischen Ungeheuer der rothen Zwischenbänder, die Rüstungen der Ritterfiguren, die Costüme der Tänzer und endlich die zur Anwendung gelangten gothischen Majuskeln bezeugen als *Zeit* der Entstehung die *zweite Hälfte des XIV. Jahrhunderts.*[2]) Schon *Dr. Bock* (a. O. p. 6) sagt anlässlich Erwähnung dieses Zeugdruckes, dass derselbe „bei seinem Umfange und der Vollendung des technischen Machwerkes gewiss nicht der erste dieser Art gewesen ist, sondern eine Reihe von Vorbedingungen und Entwickelungen gehabt haben müsse." Wie Cennini, so lässt also auch die Tapete von Sitten auf Vorläufer schliessen, und es bildet sich damit eine ununterbrochene Kette von Zeugen für den italienischen Zeugdruck des Mittelalters. — Die Kette setzt sich aber auch hinauf ins XV. Jahrhundert fort, denn ein Venetianer Document vom Jahre 1441 spricht nicht nur von Zeugdruckern, sondern erinnert mit der Erwähnung der gekommenen „mageren Jahre" an eine einstige *Blüthezeit* des Zeugdrucks. Damit kannnach den Winken, die uns Cenninis Manuscript und die Tapete von Sitten geben, nur das glänzende italienische Quattrocento gemeint gewesen sein.

Die erwähnte Urkunde lautet im Originaltexte:

„MCCCCXLI a di IX. otubrio. Conciosia che l'arte et mestier delle carte e figure stampide che se fano in Venezia è vegnudo a total deffaction, e questo sia per la gran quantità de carte da zugar e fegure depente stampide, le qual vien fate di fuora de Venezia, ala cal cosa à da meter remedio, che i diti maestri, i quali sono assaii in fameja, habiano più presto utilitade che i forestieri. Sia ordenado e statuido, come anchora i diti maestri ne ha supplicado, che da mo in avanti non possa vegnir over esser condutto in questa terra alcun lavorerio dela predicta arte, che sia stampido o depento in tela o in carta, come sono anchone e carte da zugare, e cadaun altro lavorerio dela so arte facto a penello

[1]) „Die Tapete von Sitten, ein Beitrag zur Geschichte der Xylographie" von Dr. F. Keller. Mittheilungen der antiquar. „Gesellschaft, Zürich 1857. Ferner: Album illustré du Groupe 25, art ancien de l'exposition nationale de Genève, Georg 1897". Nach einer von Dr. A. Burckhardt-Finsler, Direktor des Basler historischen Museums, mitgetheilten Photographie.

[2]) Gegen eine Datirung in die Mitte des Quattrocento, wie dies F. Keller annimmt, sprechen die erst gegen Ende des XIV. saec. auftretenden Bassinets mit links- und rechtsseitigen Visircharnieren, wie sie hier die gerüsteten Reiter tragen.

e stampido, soto pena di perdere i lavori condutti e liv. XXX, e sol, XII . . . dela qual pena pecuniaria un terzo sia del comun, un terzo di signori justitieri vechi ai quali questo sia commesso, e un terzo sia del accusador. Cum questa tamen condition, che i maestri, i quali fanno de i predetti lavori in questa terra, non possano vender i predetti suo lavori fuor delle sue botege, sotto la pena preditta, salvo che de merchore a S. Polo, e da sabado a S. Marco, sotto la pena predetta . . . ."

In deutscher Uebersetzung: „1441, am 9. Oktober: In Anbetracht, dass die Kunst und das Handwerk der Karten und gedruckten Bilder, welche in Venedig fabricirt werden, zu gänzlichem Niedergang gelangt sind, und dies herbeigeführt ist durch die grosse Menge von Spielkarten und gemalten (oder) gedruckten Bildern, welche von ausserhalb von Venedig eingeführt werden, sollen, diese Sachlage zu bessern, die besagten Meister, welche sehr im Elend (Hunger) sind, grössere Vortheile haben, als die Fremden. Es sei befohlen und festgesetzt, wie es die besagten Meister erbeten haben, dass von jetzt an in Zukunft auf diesen Boden (Venedig) keinerlei Arbeiten der obengesagten Kunst eingeführt werden dürfen, *es seien gedruckte oder gemalte, auf Leinentuch oder auf Papier, ebenso wenig wie Spielkarten,* und ebenso andere Arbeiten der Kunst gemacht mit dem Pinsel oder bedruckt, unter der Strafe, diese eingeführten Waaren zu verlieren nebst Liv. 30 und Sol. 12, von welcher Geldstrafe ein Drittel der Gemeinde sei, ein Drittel den Herren des alten Raths, von denen dies verwaltet wird, und ein Drittel sei dem Anzeiger (oder Ankläger). Mit dieser weitern Bestimmung, dass die Meister, welche die vorgesagten Arbeiten auf diesem Boden herstellen, diese ihre besagten Waaren nicht anders als in ihren Werkstätten (oder Kramläden) verkaufen dürfen, unter der vorbenannten Strafe, ausgenommen den Markt von St. Polo, und den Samstagsmarkt auf S. Marco, dies unter der besagten Strafe. . . . ."

So lautet diese in einem alten *Statutenbuche der Venetianer Malerzunft* aufbewahrte, von *Bernard,* Origine de l' imprimerie (Paris 1853) veröffentlichte, interessante Urkunde. Sie bietet zu mancherlei Commentaren Anlass, gestattet zunächst den oben gezogenen Rückschluss auf *frühere, bessere Zeiten* jener Kunst, und wirft dann vor Allem durch Angabe der Verfallsursache werthvolle Streiflichter auf jene Zeit. Die Concurrenz *„von ausserhalb von Venedig"* war es, die den Venetianer Druckern so arg mitspielte, und da kann man sich in der That fragen, ob damit Zeug- und Bilddrucker *oberitalienischer Schwesterstädte,* oder gar transalpine, *deutsche* Fabrikanten gemeint waren, die eine so grosse Menge von Waaren nach Venedig importirten. Die Urkunde ist vom Jahre 1441 datirt, so dass der Verfall der Venetianer Druckindustrie gegen Ende der Dreissiger Jahre jenes saec. eingetreten sein muss, also zu einer Zeit, wo der Buchdruck noch unbekannt war und erst der Papier-Bilddruck (Spielkarten und Heiligenbilder) allmählige Ausdehnung genommen hatte. Dem darniederliegenden Gewerbe suchte man nun durch Aussperrung der fremden Concurrenz-Produkte aufzuhelfen; ob mit Erfolg, wissen wir leider nicht.[1]) — Wichtig ist ferner, dass erwähnte Urkunde dem Statutenbuche der Venetianer *Malerzunft* angehört. Das beweist, *dass die Venetianer Zeugdrucker der dortigen Malergilde einverleibt waren* — ein Schluss, mit welchem Cenninis Aufnahme der Zeugdruckrecepte in sein „Tractat über die Malerei" und seine Bezeichnung der Druckarbeit als ein „malen" parallel geht. *Das Bedrucken der Zeuge wurde eben damals nur als eine andere Form des Malens, als eine mechanisch ausgeführte, vereinfachte Malerarbeit betrachtet.* Das erklärt wieder, wesshalb man die Zeugdrucker damals nicht den Färber- oder Tucherzünften zugesellte.

Sollte indessen das Venetianer Zeugdruckgewerbe auch nicht mehr in Aufschwung gelangt sein, mögen seine Meister sich dem damals bald und rasch ausbreitenden Papier-Bilddruck und dem Buchdruck zugewendet haben, so muss, wenn nicht in Venedig, so doch in andern Städten Oberitaliens die alte Kunst des Stoffdrucks trotzdem weitergeblüht haben. Vielleicht gehören, wie schon oben angedeutet, manche in Deutschland gefundene Stoffe hieher. So möchte z. B. *Dr. Lippmann* den prächtigen Schwarzdruck unserer Fig. 7 (Seite 26) mit singenden Engeln vor Mutter Anna als eine um 1400 in *Oberitalien* entstandene

[1]) Parallel mit dieser Klage über den Verfall des Stoff- und Bilddrucks geht auch der in der Venetianer Senatsverordnung vom 21. Febr. 1457 beklagte Rückgang der dortigen Seidenindustrie. Ebendasselbe bezeugen die 1366—1490 zu Gunsten der Weberzünfte in Venedig erlassenen Verbote gegen die Einfuhr fremder Seidenstoffe und Brocate. Vgl. Graf Broglio d'Ajano „Die venetianische Seidenindustrie und ihre Organisation bis zum Ausgang des Mittelalters", Stuttgart, Cotta, 1893.

Italienische Leinwandtapete mit Schwarz- und Rothdruck, aus Sitten (Canton Wallis)

Hälfte des XIV. Jahrhundert. Historisches Museum zu Basel. pag. 25. 37. 84 u. 85.

Arbeit ansprechen.[1]). Sicher ist nun die italienische Provenienz für die prächtige Casula Tafel XXVI, die Herr *Vittorio Avondo* in einer kleinen Kirche des *Valle d'Aosta*, unweit seines Schlosses Issogne erworben hat. Dieser heute meine Sammlung zierende Prachtdruck ist als eine jener seltenen *Pestkaseln* anzusehen, wie sie der grosse Textilgelehrte *Dr. Bock* a. O. p. 14 erwähnt als „Messgewänder in alter faltenreicher Form von grobem Leinen, desgleichen auch Stolen und Manipel von demselben Stoff, welche die örtlichen Ueberlieferungen als Pestcaseln bezeichneten. Es waren das die Gewänder, die der fungirende Priester anlegte, wenn er zur Zeit, wo im Mittelalter die orientalische Pest wüthete, den davon Befallenen die heilige Communion als Viaticum darreichte. Um die Ansteckung zu verhüten, wurden jene liturgischen Gewänder, die derselbe bei den angedeuteten amtlichen Verrichtungen gebrauchte, gewaschen. Aus diesem Grunde wurden also keine Seidenstoffe nach Vorschrift, sondern Leinenzeuge zu den sogenannten Pestcaseln verwendet." Auch die Casel aus dem Aostathale besitzt noch die zugehörige Leinenmanipel, die in gleicher Weise, wie die Casel selbst, decorirt ist. Letztere misst ausgespannt gedacht nicht weniger als 2 m. 40 cm., zusammengelegt auf der mit einem Kreuz belegten, Tafel XXVI abgebildeten Seite 1,26 m. und auf der nur mit einem senkrechten Streifen belegten vordern Hälfte 1,16 m.; die grosste Breite zeigt 78 cm. Das Futter ist bei Gewand wie Manipel ein braunschwarz gefärbtes starkes Leinentuch; das aussen aufgenähte Kreuz bezw. der anderseitige Längsstreifen bestehen aus bläulich schwarz gefärbter Köperleinwand. Der Druckstoff selbst ist röthlich gefärbter, durch vieles Waschen gebleichter Leinenköper, auf welchen mit schwarzer Farbe ein überaus reiches gothisches Tapetenmuster aufgedruckt ist. Deutlich erkennt man (auch auf der Photographie) die Stellen, wo das Model aufhörte bezw. neu angesetzt wurde, und so lässt sich darnach die Grösse der Holzform auf 38 cm. Länge feststellen. Die volle Breite des Druckstoffes hat sich am obern Theile des Gewandes unzerschnitten erhalten und zeigt dort in einer Breite von 52 cm. beiderseits die Webekante und eine Modelbreite von $50^1/_2$ cm. Das Muster selbst ist überaus fein und complicirt, verräth einen ebenso geschickten Zeichner wie Formschneider, und zeigt gleichmässig scharfen Abdruck. Es ist ersichtlich unter Anlehnung an die reichen gothischen Brocatmuster aus der Mitte des XV. Jahrhunderts entworfen, aber der veränderten Technik entsprechend im Dessin umgearbeitet. Haben wir aber sonst in solchen Fällen eine Vereinfachung des Musters constatiren müssen, so liegt hier das Gegentheil vor. Der Künstler hat sich einen jener wunderbaren oberitalienischen oder burgundischen Sammtbrocate zum Vorbild genommen, wie man solche heute nur selten noch im Original, häufiger auf Gemälden und in Miniaturen des XV. Jahrhunderts sehen kann. Sie dienen dort bald als Gewänder vornehmer Frauen- oder Männergestalten, bald als Tapeten und Baldachine im Inneren der Paläste; sie characterisiren sich durch die mächtig grossen Muster, die meist ein breites Bandgewinde unterbrochen von grossen Pflanzenrosetten aufweisen.[2]) Der diesen Mustern als Grund dienende Sammt trug in sich selbst durch seinen wechselnden Glanz und die Tiefe seiner Farben eine Art „Musterung" des Gewebes; bei der Reproduction fur den Druck fiel dieser Vortheil weg, und als Ersatz des Sammteffectes, als Füllung der freien Flächen, hat der Autor unserer Pestcasel den Grund seines Druckmodels mit einem in den Zeiten der Gothik als Flächenornament gerne verwandten Rhombennetz mit eingelegten Kreuzchen belegt, wie es losgelöst hier Seite 88 in Naturgrösse reproducirt ist. Der Boden wird damit belebt, wirkt aber zu un-

Gedruckte italienische Pest-Manipel vom Ende des XV. Jahrhunderts. Aus dem Aostathale. Fig. 27.

[1]) Die Inschrift liest er: „Gratia laus ch(rist)o.

[2]) Beispiele bieten *Essenwein's* Kulturhistorischer Bilderatlas (bes. Figur 2 und 3 Tafel 97), *Weiss*, Costümkunde u. a. m., ferner für Wandtapeten besonders die al fresco aufgemalten Wanddecorationen Tafel VI und VII aus *Forrer*, Gothische Wohnräume und Wandmalereien aus Schloss Issogne. Strassburg, 1896.

ruhig und verliert damit den strengen Character. Die frühe Form von Casel und Manipel, verbunden mit dem Character des Musters, verweisen den Druck in das *letzte Viertel des XV. Jahrhunderts,* also in die Blüthezeit des italienischen Buchdruckes und Holzschnittes. Ob Venedig, oder welche andere Stadt *Oberitaliens,* worauf Provenienz und Muster hinweisen, die Erzeugerin war, muss natürlich eine offene Frage bleiben. Jedenfalls geht aus diesem Drucke hervor, dass auch nach dem Verfalle der Venetianer Zeugdruckindustrie in Oberitalien diese Kunst, wenn vielleicht mit weniger Erfolg so doch mit Geschick weitergeübt wurde.

Grundmuster der Pestkasel Taf. XXVI. Fig. 28.

Dieselben Ursachen, die auch in andern Ländern zu Anfang des XVI. Jahrhunderts den Zeugdruck zurückgehen liessen, müssen auch den italienischen beeinflusst haben. Das neue Jahrhundert ist ebenso arm an diesbezüglichen Urkunden, wie an Originaldrucken. Eine Ausnahme hievon machen nur die damals für die Wallfahrtsorte üblich gewordenen *Andachtsbilder,* wie sie für die die heiligen Stätten besuchenden Pilger in grossen Mengen angefertigt wurden. Es sind Darstellungen alter Madonnenbilder, des Schweisstuches Christi, Ansichten berühmter Wallfahrtskirchen u. dgl. m., welche in Gold-, Silber- oder Schwarzdruck in Kupferstich oder Holzschnitt, oft mit beigefügtem typographischem Text, auf Leinwand oder Seide abgedruckt wurden. Wie in Deutschland der heilige Rock und der Kreuznagel von *Trier,* sowie die 3 Könige von *Köln,* in Holland die Madonna von *Molenaer,* in Frankreich die Madonna von *Lourdes* und das Suarium Christi von *Besançon,* in der Schweiz die Madonna von *Einsiedeln,* so wurden in Italien die Madonna von *Loretto* (Maria Lauretana, Fig. 3 Taf. XXIX), die hl. Maria von *Genazzano* (Fig 4. Taf. XXIX), das Suarium von *Turin* u. s. w. in unzähligen Exemplaren und Variationen für jene Zwecke abgebildet. Auch ein berühmtes altitalienisches Madonnengemälde in Florenz hat auf diese Weise seine Vervielfältigung gefunden (Fig. 1 Taf. XXIX). Der Druck dieser Andachtsbilder geschah bald durch Geistliche jener Klöster oder Kirchen, bald durch benachbarte Buch- oder Kupferdrucker. Er lag dem eigentlichen Zeugdrucker in den meisten Fällen ebenso abseits, wie die Anfertigung der zu Geschenkszwecken auf Seide abgedruckten Geburtstags- und Hochzeitsgedichte, der in gleicher Weise hergestellten Neujahrswünsche, Lobhymnen u. ä. m. Die Mehrzahl dieser künstlerisch meist unbedeutenden Bilder gehört dem XVII. und XVIII. Jahrhundert an. — Probe eines italienischen Leinendrucks dieser Verfallszeit bietet nebenstehende Fig. 29.

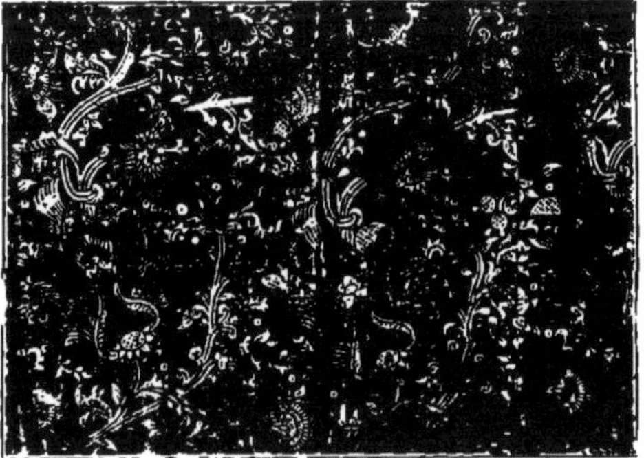

Fig. 29. Schwarzdruck-Tapete auf weisser Leinwand, mehrfarbig geschildert. Aus Oberitalien. Um 1600. 1/6 n. Gr.

Dem letztvergangenen Saeculum entstammen höchst eigenartige *Seidendrucke,* die trotz der fremdartigen Muster europäisches und zwar, ihren Fundverhältnissen zufolge, italienisches Fabricat sein müssen. Die Technik dieser Drucke ist trotz ihrer Schönheit einfacher schwarzer Contourdruck, dessen Muster in zahlreichen Farben mit der Hand auscolorirt sind. Man hat dazu chinesische oder japanische Seide verwendet, bald glatte, wie bei Taf. XXXVII, bald weiss gemusterte, wie bei Taf. XXXVI. Auch die aufgedruckten Muster sind exotisch, wenigstens orientalisirt, verrathen aber nichtsdestoweniger europäischen Ursprung. Wir haben es hier also mit Producten zu thun, *die fremde, chinesische oder japanische Gewebe imitiren sollten, zu denen man sogar fremde Seide nahm, die aber erst in Europa durch Druck-*

gemustert worden sind. Die Dessins zeigen bald phantastische Blumengebilde (wie Taf. XXXVII), bald naturalistisch behandelte Blumenbündel in durchsichtigen Flaschen (wie Taf. XXXVI). Es sind dies Parallelen zu den mit Chinoiserieen gemusterten Rothdrucken der Franzosen und Engländer aus der Mitte des vorigen Jahrhunderts, allein der Italiener ist hier seine eigenen Wege gegangen: Er setzt an Stelle des dort beliebten Rothdrucks schwarzen Contourdruck, den er mit vielfarbigem Handcolorit belebt; die Musterung selbst ist eine andere, weniger leichte, eher schwerfällige, wenn auch bis in alle Détails scharf, fein und sorgfaltig ausgeführte. Ueber den Ort der Herstellung können nur Vermuthungen herrschen, doch dürfte man am ehesten an *genuesische* Werkstätten denken, da Genua im XVIII. Jahrhundert die bedeutendste Fabriks- und Handelsstadt Italiens war, der Druck Taf. XXXVI mit einem andern ähnlich gemusterten Gewande zu Genua im dortigen Ghetto erworben wurde, und da auch in der Folgezeit Genua fremdartig gemusterte Druckstoffe als eine Spezialität fabricirte. Gegen Anfang dieses Jahrhunderts entstanden nämlich zu Genua die ersten italienischen *Kattundruckereien.* Sie copirten mit Vorliebe persische und indische Druckstoffe, und schufen damit die „*Toiles de Gênes*“, wie sie unsere Tafeln LVI, LXXI und LXXIII vorführen. Kurrer (p. 101) nennt als 1805 und 1808 dort entstanden die Fabriken von *Mathias Speich, Michael Speich und Söhne, Fratelli Muratori und Fortunato Marchese;* ebendort gedenkt er späterer, meist durch Schweizer oder Elsässer erfolgten Gründungen. Indessen blieben die meisten dieser Fabriken in ihrer technischen Entwicklung hinter denen des Auslandes so weit zurück, dass sie dem Import der billigen und schöneren deutschen, schweizerischen, französischen und englischen Druckstoffen machtlos gegenüberstanden und bald wieder eingiengen oder nur in kleinerem Maassstabe für die umliegende Landbevölkerung der Provinzen arbeiten konnten.

Die Stellung der Zeugdrucker zu den Zünften.

Hohes Interesse, nebstdem auch practischen Werth bei der Frage, wo die auf den Zeugdruck bezüglichen Urkunden am ehesten zu finden sind, bietet eine Betrachtung der Stellung, welche die Zeugdrucker im *Zunftwesen* einnahmen. So alt jene Kunst ist, so hat sie sich gegenuber den Zünften doch stets in einer seltsamen Ausnahmestellung befunden. *Die Zunftgesetze schrieben jedem Handwerker seine genau umgrenzte Thätigkeit vor. Der Zeugdruck vereinigte aber in sich die verschiedenartigsten Techniken und Künste, so dass die Zuweisung an ein gewisses Handwerk, an eine besondere Zunft mit grossen Schwierigkeiten verknüpft war.* Als unausbleibliche Folge ergaben sich Streitigkeiten der verschiedensten Art mit Zünften und Zünftern. Auch auf diesem Gebiete traten die Gilden der freien Entfaltung neuer Erfindungen und grosser Industriebetriebe vielfach hindernd in den Weg. Die Geschichte der zwei hervorragendsten Vertreter des deutschen Zeugdrucks, Neuhofer's und Schüle's, bietet in dieser Richtung characteristische Beispiele (vgl. pag. 32 und 41). Auch die Urkunden des Mittelalters werfen in ihrer verschiedenartigen Zutheilung der Zeugdrucker einen Reflex auf diese Schwierigkeiten. Das Deckdruckverfahren mit nachherigem Ausfärben war damals noch ganzlich unbekannt, und es lag also *das Schwergewicht der „Kunst“ im Zeichnen der Muster und im Schneiden der Model.* Die prosaischen Richter der gerade im XIV. und XV. Jahrhundert durch ihre mächtige Tuchindustrie berühmten Stadt Löwen verwiesen, wie wir gesehen haben, in Anbetracht des Zurichtens der Holzformen, die Zeugdrucker in die *Schreinerzunft;* die Holzschneider und Drucker Antwerpens dagegen waren der *Lucas-* also der *Malergilde* beigezählt. Auch in Wien und Krakau sahen wir den Zeugdruck durch Maler ausgeübt (pag. 51). Ebenso wurden in Venedig die stampatori mit den Druckern von Heiligenbildern und Spielkarten der *Malerzunft* zugetheilt. Gleiches galt wohl auch in Florenz und Padua, von wo aus Cennini den Zeugdruck als ein „malen mit der Form“, als ein mechanisch ausgeführtes Malen, gewissermassen als eine besondere Maltechnik bezeichnet. Der Zeugdruck erschien damals lediglich als eine veränderte Form des Malens mit der Schablone, wie dies in jenen Zeiten die Tafel- und Frescomaler überall übten, wo grössere Flächen mit immerwiederkehrend gleichen Ornamenten oder Figuren decorirt werden sollten. Auch die ältesten, meist vielfarbig colorirten Holztafeldruck- und Kupferstichbilder waren ja lediglich mechanisch vereinfacht ausgeführte „Malerarbeiten“.[1]) Wie die Zeugdrucker für sich allein keine eigene Zunft zu bilden vermochten, so waren in manchen Städten auch die Maler nicht zahlreich genug, um eigene Zünfte zu schaffen; in diesen Fällen wies man die Maler und mit ihnen die Zeugdrucker, später auch die Bild- und Buchdrucker, den *Goldschmiedsinnungen* zu oder gab sie auch wohl ganz frei. Belege fehlen bis jetzt, doch ist es keineswegs ausgeschlossen, dass in manchen Städten auch schon im Mittelalter einzelne Drucker bei den *Färbern, Tuchern, Tuchscheerern* und *Gewandschneidern* eingereiht wurden; in den Urkunden sind sie dann einfach als Tucher, Färber u. s. w. aufgeführt, wie dies auch in späteren Jahrhunderten noch gelegentlich vorkommt. So gehörte Neuhofer der Augsburger *Tuchscheererzunft* an, Engelhard in Cassel (vgl. pag. 44 und 91) wird *„Schönfärbermeister“* genannt, und über Neuhofers Nachfolger wird bestimmt, dass in Augsburg als Stoffdrucker nur *Weber, Kramer, Tucher, Illuministen, Patronisten, Formschneider, Nestler* und *Färber* zugelassen werden sollten (vgl. pag. 35).

Die Einführung der indisch-persischen Deckdrucktechnik in Europa zu Ende des XVII. Jahrhunderts rief in den Kreisen der Textilindustriellen eine grosse Bewegung wach. Der 30jährige Krieg, die französischen Protestantenausweisungen und anderes Missgeschick hatten zahlreiche Fabrikanten und Kaufleute erwerbslos gemacht, und als nun jene geheimnissvolle Drucktechnik von England und Holland aus auch in Deutschland Eingang fand, als die Mode gebieterisch derart decorirte Stoffe verlangte, da war diese neue Kunst ein Ding, nach dem man strebte wie Jahrhunderte zuvor nach dem „Stein der Weisen“ und ca. 100 Jahre später nach dem Geheimniss der Porzellanfabrikation. Wir haben oben gesehen, wie Neuhofer auszog, das Räthsel der neuen Druckweise zu erforschen, und wie später seine Augsburger Collegen sich beeilten hinter die Sache zu kommen. Herrn Archivrath *Dr. Koennecke* in Marburg verdanken wir einen weitern interessanten Einblick in Urkunden, welche jene „Jagd nach dem Glück“ characterisiren. Es handelt sich um den schon Seite 36 und 37 erwähnten Handelsmann in *Neuhanau*, *Johann Peter Kipp*, der, „durch die bekannte Französische tyranney und verherung aus der Churpfältzischen Stadt *Frankenthal* mit groszem verlust des seinigen vertrieben,“ sich vor 2 Jahren in *Hanau* niedergelassen, und, da seine Mittel immer geringer wurden, auch keine Aussicht auf Rückkehr in die Pfalz war, „um seine vorige Nahrung zu reassumiren“ *„eine weite reisz über sich genohmen und an einem weitentlegenen orth die Catoun und leinen Truckerey von allerhand farben gleich den Indianischen auf solche Manier gelernet, dasz die Wahr ohne verliehrung der Farben gewaschen werden kann.“* Kipp bat deshalb den Grafen von Hanau um die Erlaubniss zur Errichtung einer Kattundruckerei, worauf er das oben Seite 37 abgedruckte *Privilegium* vom 19. Juli 1692 erhielt. Kaum aber waren 2 Jahre verflossen, als Peter Kipp sich genöthigt sah, unterm 12. Mai 1694 bei der Hanauer Regierung eine Beschwerde einzureichen, worin er sagt, dass er seine „neue fabrique mit nicht wenigen Kosten angefangen und von Tag zu Tag in einen solchen stand zu bringen suchte, damit jedweder an der künstlichen arbeit ein gutes genügen haben möge; habe jedoch mit höchstem Befremden gesehen, und sei inne geworden, *wie durch die ganze Neustadt Hanau so viele Leinendrucker entstanden*, dass es ihm unmöglich sei, „eine beständige gute catoun und leinen Truckerey mit nutzen alhier zu continuiren.“ Er bittet daher, *„ihm sein Privilegium zu mainteniren und den übrigen Druckern, die ihm durch ihre schlecht gefärbten wohlfeilen Waaren schaden, das Handwerk zu legen.“* — Daraufhin wurde Kipp angewiesen, diese Drucker, seine Concurrenten, zu nennen, worauf er folgende Liste einsandte:

„1. Herr *Lentz*, Kunstmaler von Heidelberg, hinter dem Catzenent.

2. Meister *Johann Philipps Zueich*, neben H. Lentz.

3. Meister *Philipps Kirchberger*, Hosenstricker, neben dem Rebstockh.

4. Meister *Hansz Jakob Muth*, schuhmacher.

5. Meister *Johann Ullrich*, Stattschreiner.

---

[1]) Uebrigens enthält sogar noch das seit 1729 bis circa 1800 in vielen Auflagen edirte Buch *Johann Melchior Croekers „Der wohl anführende Mahler“* (Jena 1729 u. ff. J.) unter Maler- und ähnlichen Recepten im 53. Capitel Anweisungen zum Zeugdruck: „Auf Cattun, Leinwand und semisch Leder allerley Figuren, Spitzen u. Bluhmen zu drucken.“ Croeker beschreibt den *Wasserfarbendruck* als „nicht dauerhaft“, den mit *Oelfarben* als „viel beständiger“ (Schwarzdruck mit Handcolorit und Roth- mit Schwarzdruck übereinander) und giebt dazu diverse Farbenrecepte.

6. Meister *Wilhelm Weisz*, schreiner beym gulden hertz.
7. Meister *Matheas Weisz*, schreiner hinder der Rath Fabritzin hausz.
8. Meister *Schultheisen*, Wittib, im Nonnenkloster.
9. Meister *Erasmus Dopf*, schuhmacher gegenuber dem Nonnenkloster.
10. Meister *Jean Bereu*, grochen Macher hinder der welschen Kirchen.
11. Meister *Jacob Campieu*, gegenüber dem Fendrich.
12. Meister *Hansz Jacob Zeitz*, schneider hinter der welschen Kirchen.
13. Meister *Jean Vieuae*, schnürmacher bey grünen Waldt.
14. Meister *Johann Caspar Erb*, schuhmacher im Fröhliche Mann.
15. Meister *Hieronimus Wiedekindt*, schreiner hinter dem löwen.
16. Meister *Johann Jacob Seckler*, Schneider von Bacharach, im gulden hammer.
17. Ein *Zeugmacher* gegenüber.
18. *Christian Heber*".

Mit diesem Verzeichnisse schliesst die Akte, und wir wissen nicht, ob und wie Peter Kipp befriedigt wurde. Aber diese Liste an und für sich ist sehr vielsagend, denn wenn man selbst annehmen wollte, Kipp habe damit nicht allein die selbstständig druckenden Meister, sondern auch deren Helfer angegeben, so bleiben doch so viele „Leinendrucker", dass man ihm gerne glaubt, das Privilegium sei reparationsbedürftig und die Concurrenzfabrikate seien geringwerthig gewesen. Neu-Hanau scheint damals im Zeugdruck förmlich geschwelgt zu haben, denn neben einem ungenannten „Zeugmacher", dem man einen Uebergang zur neuen Kunst nicht übel nehmen könnte, figuriren da 1 Kunstmaler, 1 Groschenschläger, 1 Hosenstricker, 3 Schuhmacher, 2 Schneider, 1 Schnürmacher und 4 Schreiner. Die Liste Kipp's beweist zugleich wieder, wie in jener Zeit die Mode eine ungemein starke Nachfrage nach Druckstoffen hervorgerufen, und wie tief alles Handwerk darniedergelegen haben muss; sie beweist auch, welche Hoffnungen man allerwärts in diese neue „Erfindung" setzte. Dass diesem ungesunden Wettstreit ungeübter Kräfte sehr bald eine Scheidung der Spreu vom Weizen folgen musste, ist klar. *Es war die Uebergangszeit zu einer neuen Aera, aus der Epoche des Kleinhandwerks in die der grossen fabriksmässigen Betriebe.*

War der Zeugdruck im Mittelalter bald als „freie", bald als klösterliche Kunst ausgeübt, hier den Schreiner-, dort den Malergilden zugetheilt worden, hatte diese Regellosigkeit im XVI. und XVII. Jahrhundert noch zugenommen, so brachte dagegen das XVIII. saec. eine gewisse Einheitlichkeit durch die allmählige Einreihung fast aller Zeugdrucker unter die Fahne der *Färber*. So lange Neuhofer als Glied der Augsburger Tuchscheerer seine Tuche bloss durch Öl- und Wasserfarbendruck gemustert, war seine Thätigkeit unbeanstandet geblieben; als aber mit der englisch-holländischen Deckdruckweise ein nachheriges Ausfärben der Stoffe nöthig geworden, reclamirte die dortige Färberzunft jene Kunst als ein nur ihr zustehendes Handwerk und zwang damit Neuhofer, sein Geheimniss mit einem Färber zu theilen. Damit wurde der Zeugdruck ein Hospitant des *Färberhandwerks*. Von nun an lag diese Technik mehr als jedem andern Gewerbe den Färbern nahe. Die Mehrzahl der Zeugdrucker recrutirte sich von nun ab aus den Färbern, so dass mit Beginn des neuen Jahrhunderts *der Zeugdruck gewissermassen ein Privileg der Färber, und der Drucker zur Färberzunft pflichtig geworden waren.* Wie intensiv diese Verschmelzung geworden, geht daraus hervor, dass in den Urkunden jener Zeit zahlreiche Drucker sich meist nur als „Färbermeister", „Schwarzfärber" (in Frankreich als teinturiers en grand & teinturiers en petit teint) bezeichneten.[1]) Wo in grössern Städten eine Theilung in „Schwarz-" und in „Schönfärber" stattgefunden, wurden die Kattundrucker bald diesen, bald jenen zugewiesen. J. N. Bischof, der auch der vielen Streitigkeiten zwischen jenen beiden Färberzünften Erwähnung thut, sagt in seinem „Versuch einer Geschichte der Färberkunst" anno 1780 (pag. 155) über das Verhältniss der Drucker zu den Färbern: „So könnte ich nun füglich auch die Beschreibung des letzten Zweigs der Färberkunst, nämlich der *Schwarzfärberey*, beschliessen, wenn ich nicht der *Leinwanddruckerey*, oder der Kunst,

---

[1]) So entstand die noch heute existirende *Friedrich Engelhard'sche* Blaudruckfabrik in Cassel aus der durch Johann Justus Engelhard (geb. 1727) gegründeten und von dessen Sohn Johann Heinrich (geb. 1763) fortgeführten „*Schwarz- und Schönfärberei*", nach der sich Heinrich, wie dessen Sohn Friedrich Engelhard, beide hervorragende *Blaudrucker*, „*Schönfärbermeister*" nannten. Mittheilung von Hrn. Dr. Brunner in Cassel.

vermittelst gewisser Formen, Blumen und andere Figuren auf weisse Leinwand zu drucken, damit sie in der Farbe weiss bleiben, hier hätte gedenken wollen. *Ob nun gleich diese Kunst den Schwarzfärbern gar nicht ausschliesslich und eigenthümlich zukommt, indem auch Schönfärber und andere Leute dieselbe treiben können, so beschäftigen sich doch jene am häufigsten damit . . .*" Ebendort wird auch bezüglich der „Formschneider oder Formstecher" gesagt, dass „gemeiniglich die Schwarzfärbergesellen ziemlich geschickt in dieser Kunst sind."

Zu unterscheiden ist allerdings zwischen jenen Druckern, die nach althergebrachter Weise die Stoffe durch einfachen Farbenaufdruck musterten, und jenen, die nach der neuen Weise, also mit Deckmasse druckten und nachher den Stoff färbten. Diese Letztern zählten, wie wir sahen, zu den Färbern, die der erstern Art aber waren, wie es scheint im Allgemeinen freigegeben. An Versuchen, sie in die Färberzünfte zu zwingen, hat es jedenfalls nicht gefehlt, und an manchen Orten mag das auch geglückt sein, dagegen haben wieder anderwärts die Drucker jenem Ansinnen erfolgreichen Widerstand entgegengesetzt. Ein Beispiel boten wir Seite 38, wo wir das Kölner Färberamt in den Jahren 1737, 1795 und 1796 erfolglos „Leinendrucker" als zunftpflichtig reclamiren sahen. Aus der abweisenden Antwort des Rathes geht hervor, dass in der That „diejenigen frei und nicht inbegriffen sein sollen, welche das Wissen und die Kunst (des Zeugdrucks) profitiren, auf eine zumal andere Gattung Leinentuch figurenweise zu drucken", mit andern Worten, *dass diejenigen vom Eintritt ins Blau-Leinenfärberamt befreit sein sollten, welche nach alter Art, d. h. ohne nachheriges Ausfärben, druckten.* — Zu dieser letztern Categorie von Druckern, die vereinzelt überall und bis in die neueste Zeit fortexistirt haben, zählten auch jene Drucker, die *Gelegenheitsdrucke* aller Art besorgten: Heiligenbilder auf Seide und Leinwand für Wallfahrtsorte (analog Taf. XXIX), „Vivatbänder" zur Verherrlichung von Siegesbotschaften (analog Fig. 30), Neujahrswunschbildchen auf Seidentaffet und ähnliche Bild- und Schriftdrucke für profane oder religiöse Zwecke. Herrn Custos *Schirek* verdanke ich die Kenntniss der Geschäftsempfehlung solch' eines „Gelegenheitsdruckers". Sie entstammt dem Brünner Hauskalender von 1787 und lautet: *„Strasser, Franz,* auf der kleinen Bäckergasse in der Vorstadt No. 57 H(aus) I(nhaber) Joseph Nedostal (zu *Brünn*:) Sticht vorzüglich Ausschneidbögen zum Spielwerke, und kleine geistliche Bilder in verschiedenem Formate, und Paketten (Paketumschläge oder Plaquettes), die er auf Papier, Taffet und Leinwand je nach sie jemand fordert, abdruckt". — Diese lediglich in Öl- und Wasserfarbendruck arbeitenden kleinen Betriebe verschwanden von der Bildfläche, je grössere Ausdehnung die fabrikmässig eingerichteten Kattundruckereien gewannen, und je mehr schliesslich an Stelle des Handbetriebes der Maschinendruck sich setzte. Die Einen fanden Beschäftigung in Zeugdruckereien, die Andern suchten sie in Buchdruckereien. Diese Letztern waren von jeher gewohnt, nach der besonders im XVII. und XVIII. Jahrhundert geübten Sitte *die für Dedicationszwecke bestimmten Erstabzüge von Büchern, Sonetten, Kupferstichen etc. auch auf Seide herzustellen.*

Fig. 30. Vivatband in schwarz bedruckter weisser Seide, auf den Sieg Friedrichs d. Gr. bei Crefeld anno 1758. (1/5 n. Gr.[1])

Eine eigenartige, an die mittelalterliche Einordnung der Zeugdrucker unter die „Maler" erinnernde Bezeichnung der Kattundrucker bieten die „Schleswig-Holsteinischen Provinzialberichte" der Jahre 1787, 1793 und 1797. Dort wird auf Grund des vom damaligen Oberpräsidium über die Altonaer Manufacturen erhobenen Materials von einem *„Kattunschilderer"* berichtet, der anno 1785 in *Altona* mit 8 Gesellen und 75 Gehülfen arbeitete, und pro Jahr ca. 10000 Stück fabricirte, die er von Hamburger Kaufleuten zur Bearbeitung erhielt; anno 1791 beschäftigte er 6 Gesellen und 106 Arbeiter, und lieferte 16000 Stück. Laut Bericht von 1797[2]) gab es 1797 in Altona 3 Zitz- und Kattunfabriken mit zusammen 60 Gesellen und 60 Arbeitern; darin war jener bisher besonders aufgeführte, jetzt aber nicht mehr extra erwähnte „Kattunschilderer" jedenfalls mit inbegriffen, sei es, dass er ehedem nur das wirkliche „Einschildern", also das Ausmalen der Stoffe in Handmalerei be-

[1]) „Crevelt le 23. Juin 1785 a la Memoire de la Victoire — Chantez Dames Chantez Chapeaux les grands Exploits de nos Heros". Über „Vivatbänder" vgl. Dr. G. G. Winkel im Berliner „Sammler" (v. J.)

[2]) „Mittheilungen des Vereins für Hamburgische Geschichte", 1883.

sorgt und erst jetzt zum Druck übergegangen war, sei es, dass er ehedem neben dem eigentlichen Schildern den Farbdruck übte, 1797 aber auch den Druck mit nachherigem Ausfarben begonnen hatte und deshalb erst jetzt den andern beiden Cottondruckern beigezählt wurde. Einer dieser Drucker, *Lazarus Samson Popert*, arbeitete 1785 mit 44 Gesellen und 95 Gehülfen 53000 Stück Cattune, 1791 mit 82 Gesellen und 106 Arbeitern, nebstdem mit 26 ausserhalb der Fabrik beschäftigten Arbeitern, „theils für eigene Rechnung, theils für Hamburger Kaufleute", welche die weissen Kattune diesen Druckern zum Mustern übergaben.[1]) In *Hamburg* werden anno 1784 neben 18 Kattundruckereien 24 *Gelbdruckereien*, für das Jahr 1797 27 jener Fabriken und 24 Gelbdruckereien, die zusammen mit 1334 Drucktischen und ca. 3000 Personen arbeiteten, erwähnt (Mittheil. d. Ver. f. Hamb. Gesch. 1883, p. 17). Die gelbe Deckdruckmasse mag in Hamburg jenen Fabriken, welche Reservagedruck mit Blaugrund betrieben, die locale Bezeichnung „Gelbdruckereien" gebracht haben; jene Technik fand vorzugsweise auf Leinwand, der mehrfarbige Modeldruck auf Kattun Anwendung. Zu diesen Fabriken gesellten sich ausserdem „*die Kattunglättereien*, wo 300 Menschen arbeiteten, *die Kattunbleichen, die Schilderwinkel*, wo Mädchen und Frauen die Farben auftrugen, und die *Formschneider*". Nach derselben Quelle soll Hamburgs erster Kattundrucker *Henbrock* gewesen sein; dieser war es, der seine 1730 gegründete Fabrik anno 1737 dem oben Seite 38 erwähnten *L. König* abtrat. Von 1730 bis 58 folgten 16 weitere Fabriken, unter welchen neben den schon Seite 38 und 43 erwähnten *Alardus & Hardung, Bostelmann & Schulz, Nicolaus, R. Rücker & Sohn, Blacker & Co.* und *Poppe & Co.* als die ansehnlichsten genannt werden. In dem Werke „Niedersachsen, ein Reisejournal von Quintus Aemilius Publicola" wird 1789 von den 10 Hamburger „Cottun-, Zitz- und Leinwanddruckereien theils in der Stadt, theils in der Umgegend", gesagt, dass sie „4000 Menschen Arbeit und Brot gegeben. *Sie drucken eine Menge roher sächsischer und ostindischer Cattune und deutsches Leinen, wovon die letztern stark nach Frankreich, Spanien und Portugal, die erstern aber häufig auf der Leipziger, Braunschweiger und Frankfurter Messe nach verschiedenen deutschen Ländern und ausserdem nach der Ostsee, Schweden und jetzt auch nach America Absatz finden.*"

Hier seien auch über die von einem Hamburger eingerichtete, oben pag. 55 kurz erwähnte Druckerei in *Schwechat bei Wien* einige mir nachträglich bekannt gewordene Documente beigegeben. J. H. G. v. Justi „Vollständige Abhandlung von den Manufacturen und Fabriken" (Th. 2., II. Ausg. v. J. Beckmann, Berlin 1780) berichtet p. 137/38, dass, „Als man die grosse Kattunfabrik auf der Schwechat bei Wien anlegte, man zur Errichtung des Druckereywesens einen gewissen *Schuhmacher* aus *Hamburg* hat kommen lassen, der ein sehr fähiger und munterer Kopf war, und das ganze weitläufige Druckereywesen eingerichtet hat, und in der Direction desselben bis an sein Ende aushielt, ohngeachtet er wegen seiner lutherischen Religion mancherley Verfolgung auszustehen hatte . . . Schuhmacher gestand, 4 Farben nicht dauerhaft machen zu können und es wurde dem kaiserlichen Gesandten in Holland aufgetragen, sich um diese Farben zu bemühen; es hatte sich gar bald ein Druckermeister gefunden, der sich 100 Ducaten gefallen liess, um solche aufrichtig mitzutheilen." Schuhmacher bezog ein Gehalt von 2000 Gulden und „ein kais. kön. Decret auf 300 fl. Pension nach seinem Tode vor seine Wittwe." Unsere Tafel LXXVIII bietet die Portraits zweier spätern Directoren dieser „*privilegirten Schwechater Cotton Fabrique.*" Das eine Bild enthält zugleich eine kleine Aussenansicht jener Bauten, dabei die Notiz „Consec. 11. Juny 1765"; das andere Portrait zeigt im Hintergrunde eine Garnspinnerin und die *Darstellung zweier an den Drucktischen beschäftigter Cottondrucker.* Der Eine setzt eben eine Druckform auf den zu bedruckenden Stoff, der Andere schlagt mit dem Holzhammer auf ein eben auf den Stoff gesetztes Holzmodel, indessen ein Druckerknecht ihm das Ende des Druckstoffes festhält. Justi (a. O. p. 130—32) berichtet weiter, dass, nachdem zu Ausgang des vorigen (d. h. XVII.) Jahrhunderts man in Holland mit der Anlage von Kattunfabriken begonnen habe, die Schweiz, Hamburg und *Bremen*, endlich auch *Kopenhagen*, nachgefolgt seien, und dass weiter in *Ungarn* zu *Holitsch* eine fast ebenso grosse Druckerei wie zu Schwechat errichtet worden sei.

Wenn man von einer Aera spricht, in welcher der handwerksmässige Betrieb des Zeugdrucks

---

[1]) Das Leipziger „Frauenzimmer-Lexicon", von 1773 erwähnt unter „Cattun": „In Altona ist auch eine sog. *Cattuntrauer mit und ohne Glanz üblich*" d. h. apprêtirte und nicht apprêtirte dunkel gehaltene „Trauerkattune".

durch den Fabriksbetrieb verdrängt wurde, so darf man allerdings nicht ausser Acht lassen, dass auch im Zeugdruck *der Kleinbetrieb nie ganz aufgehört hat.* Er wurde eingeschränkt, vom grossen Markt und aus den grossen Städten verdrängt, fristete aber noch lange seine Existenz *als Nebenbeschäftigung in den kleinen Landfärbereien* weiter, ja ist in dieser Form heute noch nicht ausgestorben. — Hier sei nachgetragen, dass auch Oberkampf von Jouy aus einer solchen Landdruckerfamilie hervorgegangen ist. Nach Labouchère (Oberkampf, Paris 1866) entstammt Oberkampfs Vater, *Jakob Philipp Oberkampf,* einer *Färberfamilie* in *Vaihingen an der Enz* (Württ.). Nach vollbrachter Wanderschaft suchte er lange vergeblich nach einer Stätte zu dauernder Niederlassung. Seine Absicht war, sich ganz auf den Druck zu verlegen. „Er konnte nämlich mit Reservagen drucken und blau ausfärben, und erhielt somit ein weisses Muster auf blauem Grunde. Viel war dies nach unsern Begriffen gerade nicht, aber selbst dies Wenige war damals noch eine Art Geschäftsgeheimniss" (Luckenbacher, a. O. p. 473). Nachdem er sich in *Fulda, Mainz* und *Strassburg* vergeblich bemüht hatte, eine dauernde Niederlassung zur Ausübung seiner Kunst zu finden, etablirte er sich schliesslich in *Weissenbach* (Luckenbacher sagt Weissenburg) im Anspachischen, wo ihm 1738 sein Sohn Philipp Christoph, der spätere Gründer von Jouy, geboren wurde. Von dort gieng Vater Oberkampf mit seiner Familie später nach *Kloster Heilbronn,* wohin eine Färberei ihn engagirt hatte. Hier war seine Arbeit das Färben von Flanellstoffen und deren nachheriges Bedrucken durch Kupferplatten mit ein bis zwei Farben (ohne Zweifel die Seite 74/75 durch Bonvalet resp. Platière beschriebene Technik). Nebstdem übte er den Leinwand- und Kattundruck weiter, erzielte Blaudrucke auf weissem Grunde und ward darauf von einer Kattunfabrik in *Basel* engagirt. Dort war es, wo der junge Philipp seinen ersten Unterricht im Zeichnen und Modelstechen, die Vorbildung für seine spätere Laufbahn erhielt. Von Basel zog die Familie nach *Schäffisheim,* wo Oberkampf-Vater die Direction einer Kattundruckerei übernahm, dann endlich anno 1755 nach *Aarau,* nachdem ihm dort vom Rathe die Erlaubniss zur Errichtung einer eigenen Druckerei ertheilt worden war. Erst hier und in seinem spätern Wohnorte *Othmarsingen bei Lenzburg* (vgl. Anm., p. 73) entwickelte sich Oberkampfs Thätigkeit vom Handwerks- zum Fabriks-Betrieb, gleichzeitig als auch sein Sohn in Jouy vom kleinen Landdrucker zum grossen Fabriksherrn sich emporschwang. — Nicht alle Landdrucker erstrebten, noch weniger erreichten so hohe Ziele, wie die beiden Oberkampf. Die Meisten blieben bei der vom Vater auf den Sohn vererbten Deckdrucktechnik mit Blaufärberei, übernahmen von ihren Vorfahren sogar die alten Muster zu immer neuer Verwendung. So kommt es, dass bis tief in unser Jahrhundert hinein bei solchen Landdruckern Formen gebraucht wurden, welche schon vor 50 und 100 Jahren denselben Zwecken dienten. Herr *Hans Müller* in *Lübeck* schreibt mir, dass von den dortigen drei Zeugdruckereien noch heute mit zum Theil bis ins XVIII. Jahrh. zurückgehenden Formen gedruckt wird. Das Museum in Lübeck besitzt aus einer der drei anno 1790 dort erwähnten „Schönfärbereien" eine grössere Anzahl alter Druckformen, auf welche mich Herr Director *Brinckmann* aufmerksam machte, und von denen ich durch einen in der Nähe Lübecks wohnenden Landdrucker Abdrücke in der alten Blaufärbetechnik auf altes Hausmacherleinen jener Gegend herstellen liess. Die Formen bestehen aus Holz, tragen theilweise auch aus Messingstiften gebildete Muster, und gehören zwischen die Jahre 1790 bis 1800. Eines dieser hier unter Fig. 31 abgebildeten Model ist bezeichnet „G. F. 1797." — Von einem andern norddeutschen Landdrucker giebt die in gleicher Technik hergestellte hell- und dunkelblaue leinene Truhendecke Fig. 2 Taf. XLVII Kenntniss. Das Dessin ist aus verschiedenen Holzformen combinirt und scheint mit dem eine Palme haltenden preussischen Adler und der Inschrift „Vogel fris oder stirb" auf Friedrichs d. Gr. ersten schlesischen Krieg anzuspielen. Die Signatur „*J. H. Meier — Buxtehude 1776*" ist mit Deckmasse eingemalt und nach dem Druck eingefärbt worden. Weitere „Bauerndrucke" bieten Fig. 1 Taf. LVIII aus Norddeutschland, der russische und die ruthenischen Drucke Taf. LXII, der schweizerische Blau- und Rothdruck Fig. 1 Taf. XXXV, und der ebendort abgebildete bayrische Leinendruck Fig. 1, der besondere Beachtung verdient, *weil der Drucker die Formen vor dem Abdruck mit verschiedenen Farben einrieb,* also (technisch analog den englischen Farbtischen) regelrecht „mit der Form malte". Im obern Bilde sind z. B. der Bäuerin Brautkrone, Schürze und Strümpfe, des Bräutigams Hut, Stock und Strümpfe in blauer Farbe aufgetragen, Brautbouquet und Rock der Braut, ebenso die Säulen links und rechts sind grün, des Bauern Kittel, sowie Gesicht und Hände Beider roth, die Hosen des Bräutigams schwarzgrau gefärbt. Es dienten diese Tücher zum Verdecken der in den Bauernstuben an der Thüre angebrachten Handtücher des täglichen Gebrauches. Das Vorliegende scheint in seiner zwar unbeholfenen, aber doch mit viel liebevoller Mühe hergestellten Darstellung eines Brautpaares einer bäuerlichen Brautausstattung angehört zu haben, und gewährt — im Gegensatz zu den für den allgemeinen Handel fabriksmässig hergestellten Erzeugnissen der „Cottonhändler" — ein interessantes Beispiel der Thätigkeit unserer „auf Bestellung" arbeitenden Landdrucker: Das Landvolk brachte ehemals sein in den Truhen aufgespeichertes Leinen dem „Schönfärber", wählte bei Diesem das Muster aus und empfieng später den Stoff schön weissgeblümt auf blauem Grunde gegen den üblichen „Färberlohn" zurück. Seit aber bei der Landbevölkerung die Hausweberei immer mehr ausser Uebung gekommen ist, und seit die alten Leinentruhen geleert sind, greift auch die Bäuerin immer häufiger zu den billigen und in ihren vielfarbigen, zierlichen Mustern verlockendern Fabrikkattunen. Der Untergang der Landdrucker hängt also auf's engste zusammen mit dem Niedergang der Hausweberei.

Fig. 31. Abdrücke alter Druckformen im Museum zu Lübeck. Die Mittlere datirt 1797 1/2 n. Gr.

Der eben erwähnte bayrische Bauerndruck Taf. XXXV bietet in seiner Brautpaar- und der Bärentanzgruppe — beides richtige Dorftypen — das seltene Beispiel selbstständiger Composition seitens eines Landdruckers. Die das Ganze umrahmenden Blumengewinde verrathen dagegen unverkennbar eine Anlehnung an Vorbilder analog Taf. XXXI; ebenso ist das die Mitte des Tuches zierende Kirchenbild, wie die Ansicht „Jerusalem's" von Tafel XXXIII, zweifellos den vom XVI. bis XVIII. Jahrhundert beim Landvolk vielbeliebten blau-weissen Bildwebereien nachgezeichnet worden. Aber, wie die Mehrzahl der bäuerlichen Drucke, ebenso wie die Erzeugnisse der kleinern Fabrikanten, lediglich mehr oder minder vereinfachte Copieen der von den Grossbetrieben mit eigenen Zeichnern hergestellten Druckstoffe sind, so waren wiederum diese „tonangebenden" Fabriken durch die Fesseln der „Mode" gezwungen, sich in ihren Entwürfen an die Dessins der gewebten Stoffe zu halten. Dieser durch die Mode hervorgerufene Zwang ist keineswegs ein Produkt der Neuzeit, sondern hat schon die früheren Jahrhunderte beherrscht: Im Mittelalter wollte man sarazenische Muster mit orientalisirenden Inschriften, im XVII. Jahrhundert Spitzenbelag-Imitationen und indisch-persische Stoffmuster; das XVIII. Jahrhundert brachte die Mode der Nachbildung chinesischer und japanischer Papiertapetenmuster und, zu Beginn des Classicismus, die Wiederaufnahme antikisirender Ornamentik. „Sa théorie décorative est la même que celle du tissage, dont elle n'était du reste que la copie économique; les brodeurs et les tisserands étaient simplement remplacés par des peintres ou par des imprimeurs qui suivaient dans leurs compositions les caprices de la mode", sagt treffend über den Zeugdruck *Paul Blanchet* in seinen „Notices sur quelques tissus antiques et du haut moyen âge jusqu' au XV. s." (Paris, 1897). Es fehlen aber auch keineswegs Beispiele erfreulicher Emancipation: Das Flächenmuster des Pultbehanges von Innichen (Taf. XX) scheint unmittelbar der Natur abgelauscht zu sein, und für die beiden grossen Bilder der Auferweckung des Lazarus und der Hochzeit zu Canaan (auf demselben Stoffe) dürften gothische Kirchengemälde als Vorbilder gedient haben. Die Tapete von Sitten (Taf. LXXX) macht den Eindruck, als hätten dem Zeichner für die Tänzergruppen Wandteppiche, für die historischen Bilder Fresken und für die Bortenmodel mit den Mädchenbüsten und „Bestiaux" mittelalterliche Mauerfriese und Säulencapitale ähnlicher Decoration vorgeschwebt. Dass endlich das Antependium Fig. 13 an Tiroler Flachschnitzereien erinnert und zweifellos solche als Vorbilder dienten, habe ich bereits Seite 51 angedeutet. Volle Selbstständigkeit erlangte der Zeugdruck erst unter Oberkampf, als gegen Ende der Regierung Ludwigs XVI.

Fig. 32. Rothdruckborte mit Bestiaux Aus der Tapete von Sitten (Taf. LXXX). ½ nat. Gr.

und während des Directoriums der Kattun die Mode beherrschte, und geschickte Zeichner ihn auf das figurale Gebiet, ein Feld führten, welchem die damalige Webetechnik zu folgen ausser Stande war. Kleinere Fabrikanten, denen die Gewinnung hervorragender Zeichner unmöglich war, begnügten sich damals mit dem Copiren von Holzschnitten und Kupferstichen (besonders für Taschentuchdrucke und Nachahmungen der figürlichen Toiles), führten damit aber schliesslich den gänzlichen Verfall dieser Decorationsweise herbei.

Aehnliche Wege, wie die bei den Landdruckern vom XVII. bis XIX. Jahrhundert üblichen, nahm der *Grossbetrieb* im Mittelalter bis weit hinauf in die Zeiten der Renaissance: Der Kaufmann gab das Rohmaterial dem Zwirner resp. Spinner, dann dem Weber, von Diesem als Gewebe zur weitern Herrichtung dem Färber, Tuchscheerer u. s. w. Noch heute sind verwandte Verhältnisse bei den kleinern Seidenfabrikanten der Schweiz zu finden. Wer nicht, wie z. B. das Nürnberger Katharinenkloster, die Kunst des Zeugdrucks selbst auszuüben in der Lage war, übergab den zu bedruckenden Stoff den, wie wir gesehen haben, im Mittelalter diese Arbeit besorgenden *Malern*. Im XVI. und XVII. Jahrhundert scheinen damit vornehmlich die *Tuchscheerer* betraut worden zu sein. Es geht dies daraus hervor, dass Neuhofer-Vater und Jeremias Neuhofer anfänglich als *Tuchscheerer* den Zeugdruck betrieben (vgl. p. 32, 33), und dass in einem Zürcher Zollbuche des XVI. Jahrhunderts von Leinöl und Kienruss für Tuchscheerer die Rede ist, zwei Dingen, welche dieselben nur zum *Tuch-Druck* gebraucht haben können („Schneyder, Kursiner, Tuchschärer: . . . Desgleichen die Tuchschärer so von Frömden Lynöl, Kienruss, Endich, Weid, Tuchschären oder anders kauffen, söllen den ordentlichen Pfundtzoll einzühen, und in die Büchsen stossen, vom Guldin wärth 1111 hlr.“)[1]). Die Ursache der Zuweisung des Zeugdrucks an die Tuchscheerer suche ich vor Allem darin, dass Diese neben dem Scheeren der Tuche auch das Pressen (Mangen, Kalandern, Apprêtiren) derselben besorgten. Sie benützten dazu an Stelle der im Mittelalter üblichen „Glättesteine“ hölzerne Pressen, in den spätern Jahrhunderten hölzerne Walzenmaschinen ähnlich den Druckpressen Fig. 14 und 33. Durch Einschaltung gravirter Walzen ergaben sich gaufrirte Stoffe, wie dies Glorez (p. 54), die Merkelsche Handschrift (pag. 97) und der französische Découpeur et gaufreur d'étoffes von pag. 66 bezeugen. Schwärzte man diese dessinirte Walze ein, so ergab sich regelrechter Zeugdruck. Dem das Mangen besorgenden Tuchscheerer lag also gegenüber allen andern Textilindustriellen in Folge Besitzes einer auch für Zeugdruck verwendbaren Maschine die Ausübung dieser Kunst am nächsten. Sie war es für ihn auch dadurch, dass er die für den Tapetendruck mit Sammtimitation nöthige „Scheerwollen von den Tuchscheerern“ (Nürnberger Recepte, p. 18 und Glorez p. 54) in seinem Gewerbe selbst erzeugte. *Das Bedrucken des Sammt gieng mit dem Gaufriren der Leinwand, Beides wieder mit dem Farbdruck Hand in Hand; wo also eine dieser Techniken geübt wurde, mögen auch die beiden Andern Kenntniss und Eingang gefunden haben.* Indessen ist gerade das XVI. Jahrhundert auffallend arm an Zeugdrucken, dagegen merkwürdig reich an gepresstem Sammt und gaufrirten

[1]) Damit wird zugleich die Existenz Zürcherischer Zeugdrucker um die Mitte des XVI. Jahrh. nahegelegt.

Seidenstoffen, so dass man zu der Annahme gelangen muss, die „Mode" habe auch hier ihr Wort mitgesprochen.

So lange die Zeugdrucker den *Malerzünften* zugetheilt waren, müssen sie wie Jene das *Künstlerwappen* mit den 3 Schilden bezw. den 3 Farbtöpfen (wie jene 3 Schilde neuerdings gedeutet werden) geführt haben. Als später der Uebergang zu den *Färbergilden* sich vollzogen, werden die Kattundrucker auch das *Färberwappen* übernommen haben, einen goldenen Doppeladler in rothem Schilde, für die Blaufärber einen blauen Doppeladler auf silbernem Schilde. Aber auch ein *selbstständiges Zeugdruckerwappen* führten die Stoffdrucker, wenigstens die *Nürnberger*, von deren Existenz, allerdings ohne Namenangaben, wir auf diese Weise Kenntniss erhalten. Es ist eine gelbbraun ausgemalte Wappenskizze in der schon oben citirten Merkelschen Handschrift No. 981 im germanischen Nationalmuseum zu Nürnberg, betitelt *„Vom Ursprung und Herkommen sammt der Beschreibung aller Hand Werker in der Stadt Nürnberg."* Das Wappen stellt eine Walzendruckmaschine ähnlich derjenigen des Glorez von 1699 (pag. 54) dar, ist aber von wesentlich einfacherer Ausgestaltung. Hier wie dort liegen die beiden Walzen in einem senkrechten Balkengerüste und ist die Druckwalze mit Blumenmusterung decorirt; aber am Nürnberger Apparate sind die Drehkurbeln überaus einfach gedacht, und eine Vorrichtung zum Festschrauben der Walzen fehlt anscheinend gänzlich. Indessen muss dahingestellt bleiben, ob diese Druckerpresse wirklich einen älteren Typus, ob diejenige des Glorez wirklich einen bereits verbesserten Druckapparat darstellt, oder ob der Zeichner jene Presse nur in der üblichen heraldischen Vereinfachung wiedergab. Die Handschrift datirt nach Director Boesch zwischen 1690—95, doch weiss der Autor in dem jener Wappenskizze beigefügten Texte anscheinend noch nichts von der neuen englisch-holländischen Deckdrucktechnik. Er spricht lediglich vom Schwarz- und anderen Farbdruck, erwähnt aber bereits, wie sehr diese bedruckten Stoffe Mode zu werden begannen. Dieser dem Wappen beigefügte Text lautet: *„Die Zeugdrucker,* so von Blumwerk mit schwarz und andern Farben auf mancherley farb leinwandt auch wohl Theils auf Schwarz und ander Farben Macheyr, Grobgrün, Vierdrath, und dergleichen ohne Farben, also eingetruckt. Es haben auch nunmehr die Fränckisch Adelichen Frauen und Jungfrauen ganze Kleidung von weisser Leinwandt undt schwarzer Farb mancherley Opera darauf getruckt, auch (als) obgerings unten herumb eine breite Spitzen aufgebremt wäre, so allgemach andere Frauen nachmachen lassen, und also derffte gemein werden." Glorez bezeichnet seine Maschine als für *Tapetendruck* üblich, das Merkel'sche Manuscript zeigt, dass man sie auch für den Druck von *Kleiderstoffen* verwandte. Seltsamerweise scheint die Anwendung dieser Walzendruckpresse als Zunftzeichen der Zeugdrucker eine auf Nürnberg beschränkte geblieben zu sein, trotzdem jene Maschine in annähernd ähnlicher Form in Frankreich (vgl. pag. 66) und wohl auch ebenso in England und in der Schweiz üblich war.

Fig. 33. Das Wappen der Zeugdrucker um 1690. Nach einem Mscr. im german. Nationalmuseum. Facsimile von Director Dr. Bezold.

Jede Zunft hatte ehedem ihren *Schutzpatron,* doch sind wir in der Frage nach demjenigen der Zeugdrucker bisher weniger glücklich gewesen, als in der eben behandelten Wappenangelegenheit. Merkwürdig ist aber, *dass bei den mohammedanischen Persern Christus der Schutzpatron der dortigen Färber und der mit Diesen verbundenen Zeugdrucker war.* Diese seltsame Nachricht erhält durch, in der persischen Tradition überlieferte, weitere Détails nicht geringen Werth. *Der persischen Ueberlieferung zufolge sei nämlich Christus ein Färber gewesen:* „Christus sei bei einem Färber in die Lehre getreten, der ihm befohlen, Zeuge von verschiedenen Farben zu färben; *Christus habe diese alle in einen Kessel gethan und, da sie der Färber ganz erschrocken herausgezogen, habe jeder seine bestimmte Farbe gehabt.*"[1]) Damit vergleiche man den oben gegebenen Text des *Plinius* und wird dann einen gewissen Zusammenhang zugestehen und zugeben müssen, *dass in jener persischen Tradition ein auf das Alterthum zurückgehender Kern liegt.* Lange vor den Holländern und Engländern übten die Perser den Deckdruck mit

[1]) Bischof a. O. pag. 60, nach Sike: not. ad. Evang. Infantiae Salvator. p. 55.

nachherigem Ausfärben, vielleicht sogar auch schon das Aufdrucken verschiedener Substanzen (Mordants), welche beim Färben den Stoff verschiedenfarbig musterten. Zieht man die Aegypten benachbarte Lage jenes Landes und die Nachricht des Plinius in Betracht, so wird man zu der Annahme getrieben, jene Kunst sei den Persern von den Aegyptern durch die textilkundigen Sassaniden überliefert worden. Gerade aber die Heranziehung der Person Christi macht es wahrscheinlich, dass es christliche Arbeiter, wohl aus Aegypten, waren, die jene Kunst nach Persien brachten. *In der That heissen in Persien die Färbereien noch jetzt Christuswerkstätten* (Angeli de la Brosse, Lexicon Persicum, sub tinctoria ars), und so ist Christus bei den Persern trotz ihres Muhammedanismus bis heute der Schutzpatron der persischen Färber und Zeugdrucker geblieben (Sike, a. O. p. 55).

Die Technik des directen Farbaufdrucks ist zweifellos ebenso alt, wahrscheinlich noch weit älter, als die des Deckdrucks, und dürfte ebenfalls im alten Aegypten ihren Ursprung genommen haben. Das Bemalen der Gewebe war dort eine vielgeübte Technik, das Suchen nach einem die Arbeit vereinfachenden Hülfsmittel also durchaus natürlich. Der Roth- und Schwarzdruck Fig. 2 Taf. II verräth denn auch, dass ihm eine lange Zeit der Vorübung vorangegangen sein muss. Von den Aegyptern mag die Kunst schon im Alterthum weitere Ausdehnung gefunden haben, doch fehlen leider Anhaltspunkte, wie sich jene Technik nach Deutschland verpflanzt hat. Wahrscheinlich ist es, dass die Kunst von den Arabern auf die Mauren *Spaniens* übergieng und von dort in der Carolingerzeit nach Deutschland kam. Um jene Zeit treten hier die ersten einheimischen Drucke auf (vgl. Taf. III). In Spanien selbst wird der Zeugdrucke anno 1234 in einem Edikte Jacobs I. als *„Estampados“* gedacht, ohne dass allerdings bis jetzt mittelalterliche Originaldrucke dort sich gefunden hätten (Fischbach, Geschichte der Textilkunst, „Siklât“, pag. 73: Verbot Jacobs I. gegen die Verbrämung der Gewänder und das Tragen der Estampados). Da nun gaufrirte Stoffe damals noch nicht fabricirt wurden, kann es keinem Zweifel unterliegen, dass mit jenen Estampados in der That bedruckte Stoffe gemeint waren.

Aus all' Dem ergeben sich für den einfachen Farbenaufdruck und für den Deckdruck mit nachherigem Ausfärben zwei in ihrer Geschichte bis zu einem gewissen Punkte ganz getrennt laufende Entwicklungsbahnen. Den Deckdruck sehen wir schon im hohen Altertum bekannt, zuerst in Aegypten auftreten, dann in den ersten christlichen Jahrhunderten nach Persien übertragen und von den Sassaniden übernommen werden; die Neuperser gaben dieser Technik allgemeine Verbreitung im Orient, bis von hier aus im XVII. Jahrhundert europäische Reisende diese Kunst nach England und Holland verpflanzten, und sie von dort aus in Bälde in Deutschland und Frankreich, später auch in der Schweiz, in Oesterreich u. s. w. Anwendung fand. — Die Technik des einfachen Farbenaufdrucks, wohl ebenso alt, wie die des Reservagedrucks, und von derselben Provenienz, erscheint schon im frühen Mittelalter in Spanien und am Niederrhein, bald darauf in Italien und in Oesterreich. Ihre Blüthezeit liegt im Mittelalter. Vom Beginn des XVI. Jahrhunderts ab macht sich ein Rückgang bemerkbar, bis im XVII. Jahrhundert das Auftreten der orientalischen Drucke neue Nachfrage erweckt und im XVIII. Jahrhundert die Verbindung der beiden Techniken, Farb- und Reservagedruck, sowie die Anwendung des Kattuns, allerorts diese Kunst in gewaltigem Aufschwung über den damaligen „Handwerksbetrieb“ hinaus zu einer für den heutigen Fabriksbetrieb vorbildlichen Grossindustrie erhob. In unserem Jahrhundert haben dann Errungenschaften der Technik und der Chemie, insbesonders auch die Einführung der Dampfmaschine, in Bezug auf künstlerische Ausführung wie Massenproduction eine vordem nie geahnte Leistungsfähigkeit des Zeugdrucks erzielt.

Sach-Register.

Orts- und Namen-Register.

Deutschland.

Oesterreich-Ungarn.

Schweiz.

Belgien und Holland.

*) Essai statist. sur le canton de Neuchâtel. Zürich, 1818.

Frankreich.

*) Labouloye, Dict. des arts et manufactures, Paris, 1847. „Impression sur étoffes" nach „Art de peindre et d'imprimer les toiles en grand et en petit", par B. . . . Paris, 1800.

England.

Russland.

Italien.

Fig. 34 Zunft-Wappen der Färber um 1760.

Fig. 35 Zunftwappen der Dresdener Färber um 1750.

Antike Kindertunika, in Deckdruck gemustert, blau gefärbt, auf weissem Leinen. Aus dem Gräberfelde von Achmim-Panopolis, ca. IV. Jahrh. n. Chr. (pag. 8, 10.) ⅓ nat. Gr.

1. Holzerne Druckform von Achmim, VII.–VIII. Jahrh. n. Chr. (pag. 8). — 2. Roth- u. Schwarzdruck von Achmim, VI.–VII. saec. (pag. 9). — 3, 4, 5. Holzerne Druckform von Achmim, ca. IV. saec (pag. 10). — 6, 7, 8. Antike Wirkereimuster von Gewandstoffen aus Achmim, II.–IV. Jahrh. n. Chr. — 9. Schwarzdruck vom Seberoenberge in Achmim-Stadt, VI.–VII. Jahrh. (pag. 10). Fig. 2 ca. $^2/_3$, Fig. 1 u. 3–8 ca. $^5/_7$ n. Gr.

1. Karolingischer oder frühromanischer Silberdruck auf rosa Seide, vom Niederrhein (pag. 22). Natürl. Gr.
2. Frühromanischer Silberdruck auf schwarzer Seidengaze, Kölner Gegend. Natürl. Gr.

IV

[illegible]

V.

1. Romanischer Silberdruck auf braunrothem Leinen, niederrheinisch. XII.–XIII. Jahrh. (pag. 23 u. 24). ca. $^1/_2$.
2. Romanischer Schwarzdruck auf hellbrauner Leinwand, Kölner Gegend. XIII. saec. ca. $^1/_2$.

1.

2.

1. Blaudruck auf grünem Leinen. XIII. sec. Rheinisch. pag. 21. ca. [illegible]
2. Rothdruck auf [illegible] Seide. XII. Jahrh. Rheinisch. pag. 21. ca. [illegible]
3. [illegible]druck auf röthlich. m Leinen. Um 1400. Gegend von Köln. [illegible]

1. Rothdruck mit Adlern und Leoparden auf grüner Leinwand, rheinisch, XII.–XIII. Jahrh. (pag. 21.) $^3/_4$. — 2. Heraldisch gemusterter Schwarzdruck auf rother Satin-Seide, rheinisch, XIII.–XIV. Jahrh. (pag. 21.) $^3/_4$. — 3. Schwarzdruck auf blauem Leinen, rheinischer Provenienz, XIII.–XIV. Jahrh. $^3/_4$.

1. Schwarzdruck auf gelber Seide, ca. XIII. Jahrh. (pag. 21) n. Gr.
2. Schwarzdruck auf brauner Seide, XIII.—XIV. sec. (pag. 21)
3. Bräunlicher Schleierstoff mit roth eingedruckten Greifen u. Drachen in schwarz gedruckten Kreisen. Rheinisch XIII.
4. Blaudruck auf grünlich weisser Seide, XIV. Jahrh. ?

1. Schwarzdruck auf orangebrauner Seide, XIII.—XIV. Jahrh. (pag. 24). — 2. Schwarzdruck auf brauner Seide, XIII.—XIV. Jahrh. Rheinisch (pag. 24). — 3. Rötheldruck auf hellbrauner Leinwand, rheinische Imitation eines sarazenischen Gewebes mit kufischer Inschrift. XIII.—XIV. Jahrh. — 4. Heraldisch gemusterter Blaudruck auf weisser Leinwand, wahrscheinlich gothisch. Aus Köln a. Rh. — Alle $^3/_4$ n. Gr.

Golddruck auf grüner Seide, rheinisch. XIII.–XIV. Jahrh. German. National-Museum, Nürnberg (pag. 21) $^{1}/_{1}$

Rötheldruck auf gelblich-weisser Leinwand, niederrheinisch, XIII.—XIV. Jahrh. Coll. Forrer u. German. Museum, Nürnberg. (pag. 24.)

XII.

1/1

Schwarz- oder Silberdruck auf brauner Seide, niederrheinisch. XIII.–XIV. Jahrh. pag. 24.

Gothischer Rothdruck auf grauem Seidentaffet. Aus der Eifelgegend. XIII. XIV. Jahrh. (pag. 21 u. 65).

XIV.

Schwarz- oder Silberdruck auf rosa Seide (niederrheinischer Herkunft? XIII., XIV. Jahrh.)

Frühgothischer Silberdruck auf blauem Leinen. Futter einer grossen gothischen Casel aus der Kölner Gegend. XIV. Jahrhundert. (pag. 25.) ca. $^{3}/_{5}$

1. Gothischer Schwarzdruck auf weissem Leinen. Rheinische Imitation eines italienischen Gewebes. XIV. (p. 25.) ½.
2. 3. 4. Reliquienbeutel in Rothdruck auf gelblichgrauer Leinwand. XIV. Jahrh.
Kestner Museum. Hannover (pag. 21.) ½.

Kelchdeckchen in Schwarzdruck auf weissem Leinen; Rehe und Adler. Rheinischer Provenenz. XIV saec. (pag. 25). 1/2

Weissleinenes Kelchdeckchen mit Schwarzdruck, XIV. Jahrh. Kölner Gegend. (pag. 25.)

1.

2.

1. Silberdruck auf dunkel[illegible] Seide. [illegible] XIV. Jahrh. [illegible]
2. [illegible] Druck auf hellbraunem Leinen, das [illegible] Muster [illegible]
XIV. Jahrh. Ehemalige Sammlung Weig[illegible]

Gothischer Lesepultbehang von Innichen (Tirol). Um 1400.

Gothischer Schwarzdruck auf weisser Leinwand, um 1400; Kölner Gegend.
Kgl. Kupferstichkabinet, Berlin (pag. 25.)

1

2

3

1. Gothischer Schwarzdruck auf Leinwand, um 1400. Niederdeutsch [illegible] K. K. [illegible] Museum für Kunst und Industrie, Wien, und Kensington Museum, London (pag. 26 [illegible])

2. Gothischer Schwarzdruck auf weisser Leinwand, mit theilweiser Handmalerei, um 1400 [illegible] Ehemalige Collection Weigel (pag. [illegible])

3. Gothischer Schwarzdruck auf weisser Leinwand, mit theilweiser Handmalerei, XV. Jahrh. K. [illegible] Ehemalige Collection Weigel (pag. 25 [illegible])

Caselfutter in schwarz bedruckter weisser Leinwand. Rheinisch. Mitte des XV. Jahrh. (pag. 25 u. 26). $^{1}/_{2}$.

Gothischer Schwarzdruck auf weisser Leinwand, Caselfutter aus Köln a. Rh. II. Hälfte des XV. Jahrh. pag. 25. [illegible]

Futter einer gothischen Casel. Schwarzdruck auf rosa Leinwand, zweite Hälfte des XV. Jahrh. Aus der Gegend von Dusseldorf (pag. 25. 26.) ¹/₃

Spätgothische italienische Pest-Casel aus dem Aosta-Thal
Schwarzdruck auf rosa Gebildleinen aus der II. Hälfte des XV. Jahrh. pag. 25 u. 87

Schwarzdruck auf weisser Leinwand, deutscher Provenienz, Mitte des XVI. Jahr'h. Ehemals Coll. Bock, jetzt South-Kensington-Museum, London (pag. 31 ... a.)

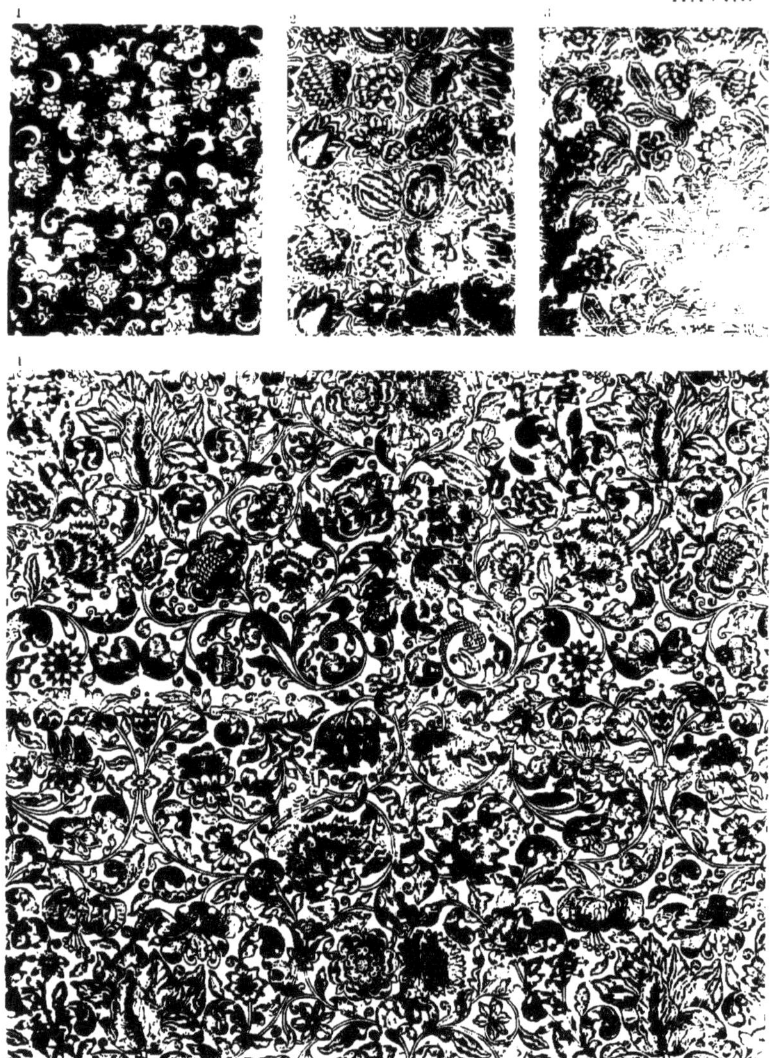

1. und 2. Schwarzdrucke auf weisser Leinwand. XVII. Jahrh. Rheinisch. (pag. 31.)
3. Kelchtüchelchen in Schwarzdruck auf grüngrauem Leinen. XVII. Jahrh. Aus der Gegend von Aachen. (pag. [illegible])
4. Weissdruck des Schwarzdruckfutters eines Marienkleides, gelb angemalt. Aus Spanien. XVII. Jahrh. ([illegible])

Wallfahrtsbilder im Germanischen Museum zu Nürnberg (vgl. pag. 88 u. 92).
1. Erinnerungsbild aus Florenz. Schwarzdruck auf weisser Seide, signirt „Everard Jollart excudit". XVII. s. — 2. Schwarzdruck auf gelber Seide. Ansicht der Wallfahrtskirche „S. Maria Czenstochoviensis" v. 1750. — 3. Silberdruck auf blauem Seidentaffet. Maria Lauretana, um 1600. — 4. Schwarzdruck auf weisser Seide. S. Maria von Gorzzano. XVIII. Jahrh. — 5. Schwarzdruck auf gelber Seide. Der Kreuzes-Nagel von Trier. Signirt „Simon Thaddäus Sondermayr sculps. Aug. Vind. 1729" (pag. 88 u. 92). ca. $^1/_2$.

XXX.

Bedrucktes Antependium mit aufgestreutem rothem Wollstaub als Sammt-Imitation. Aus Bayern. XVII. Jahrh. (pag. 31 u. 54). $^{2}/_{18}$.

Leinenfutter eines Louis XIV-Seidenrockes, Roth- u. Schwarzdruck, aus Belgien, um 1700 (pag. 61)

Vielfarbiger Schweizer Wasserfarbendruck auf blau grundiertem Leinen, zweite Hälfte des XVII. Jahrh.
pag. 32 u. 78. (ca. ¼)

1. Indigo-Deckdruck (Wachs-, auch Porzellan- oder Reservage-Druck genannt) auf weissem Leinen, aus Hessen, Ende des XVII. saec. (pag. 33, 34, 52) [illegible].
2. Indigo-Deckdruck, wahrscheinlich von Neuhofer in Augsburg, um 1700 (pag. 34) [illegible].
3. Schweizer Wasserfarbendruck, mehrfarbig auf grauweissem Leinen, um 1700 (pag. 58) [illegible].

1

2

3

1. Französischer Schwarzdruck auf weissem Geldleinen. Ende des XVIII. Jahrh. Aus dem Elsass (pag. 68). 3/9.
2. u. 3. Sächsische Schwarzdrucke auf weissem Leinen; „Jagdlappen" König August's III., um 1742. 3/9.

1

2

1. Schweizer Bauerndruck in blau und roth, nebst Handcolorit; handschriftlich datirt 1778 (pag. 60 u. 91). $^{1}/_{5}$.
2. Bauerndruck in violett, grün, braun u. schwarz eingeriebenem Druck auf weisser Leinwand; Mitte des XVIII. Jahrh. Bayrisch (pag. 94-95). $^{1}/_{5}$.

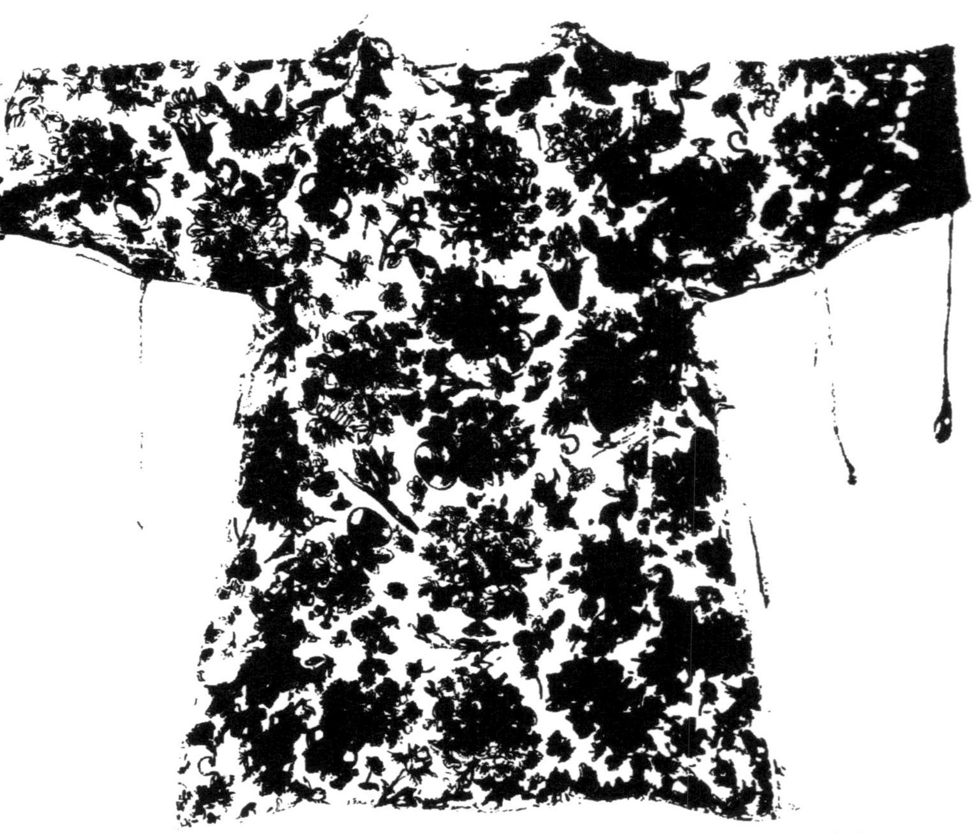

Priestergewand aus weisser gemusterter Japan- oder Chinaseide mit aufgedruckten Blumenbändeln in Schwarzdruck, nebst Handcolorit. Aus Genua. Erste Hälfte des XVIII. Jahrh. (pag. 88–89). $^{1}/_{6}$

Orientalisirender italienischer Schwarzdruck auf weisser Chinaseide, mit Handcolorit. Aus Genua. Mitte des XVIII. Jahrh. German. National-Museum, Nürnberg (pag. 88/89).

Hamburger Modeldruck mit schwarzem Contour u. rothem Grunddruck auf weisser Baumwolle. Um 1740. ca. $^2/_3$

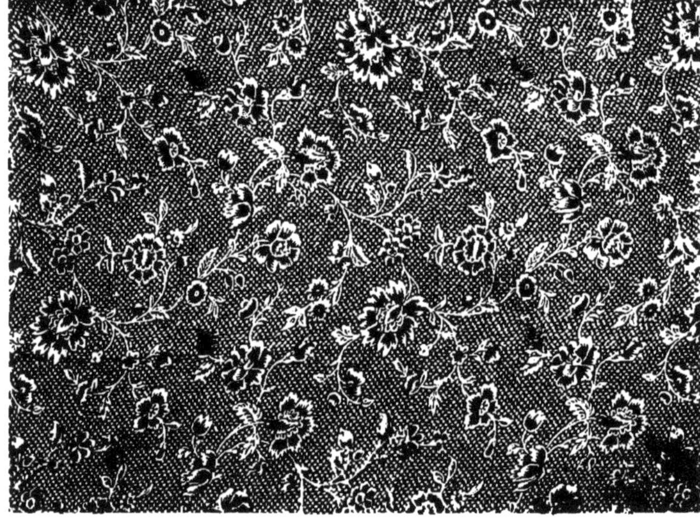

Frühclassischer Baumwolldruck mit schwarzem Contourdruck u. roth eingedruckten Binnen. Um 1750. ca.

Weissdruck auf grüner Seide, wahrscheinlich englisches Fabrikat; Kupferplattendruck um 1760
Caseltheil im German. Museum, Nürnberg; Stola i. d. Sammlung Forrer. (pag. 80.) 2/7.

Toile de Jouy mit chinesischen Motiven, Rothdruck von Oberkampf. ca. 1765–70. Kgl. Gewebesammlung, Crefeld (pag. 70).

Englischer Rothdruck mit Chinoiserieen, um 1765 (pag. 79). $^1/_5$.

1. Fauteuilbezug in Toile de Jouy von Oberkampf. Um 1770 (pag. 70). 1/4.
2. Caselkreuz in mehrfarbig bedrucktem Streifenbrocat, aus dem Unterelsass. Um 1760. 2/9.
3. Frühelsassischer Kissenbezug in Roth- und Schwarzdruck auf weisser Baumwolle. Um 1750. 2/9.

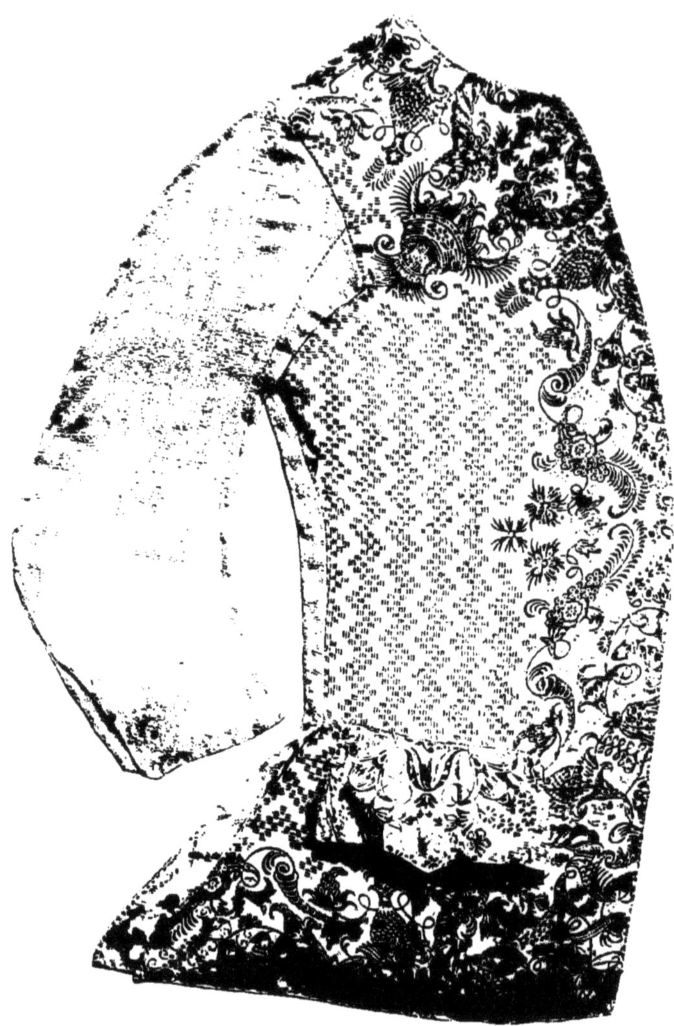

Schweizer Leinenweste mit Blaudruck. 1770—80; aus dem Canton St. Gallen (pag. 60). 1/8

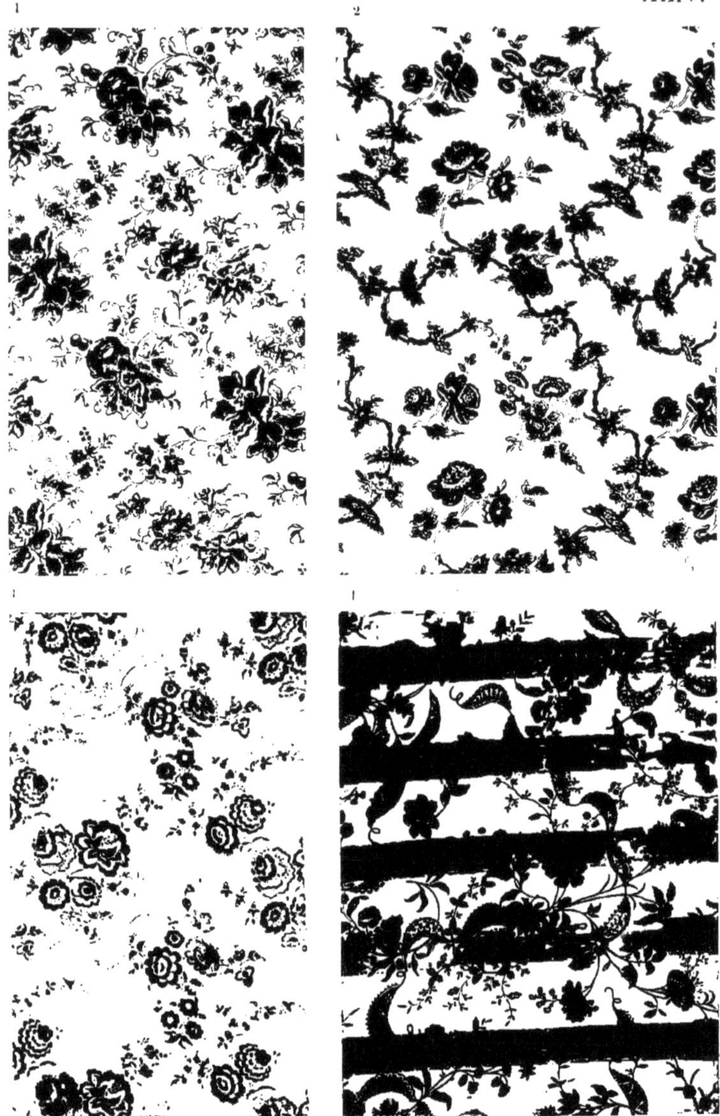

1. Schürzenstoff in Roth- und Blaudruck auf gestärktem Kattun, von Schüle in Augsburg, um 1760 (pag. 42). $^{1}/_{5}$.
2. Kissenbezug in Roth- und Blaudruck, von Schüle in Augsburg, um 1765 (pag. 42). $^{1}/_{5}$.
3. Gewandkattun in Roth- und Blaudruck, von Schüle in Augsburg, um 1770 (pag. 42). $^{1}/_{5}$.
4. Rothdruck auf weissem Kattun mit eingewebten grauen Streifen. Hamburger Fabrikat, um 1780. $^{1}/_{5}$.

Mehrfarbig bedrucktes Schweizer Umschlagetuch aus Baumwolle, mit symbolischen Darstellungen der vier Jahreszeiten, Spielbelustigungen etc. Aus Basel, um 1770. $^{2}/_{15}$

Schweizer Wachstuch [illegible] bedruckt [illegible] Mitte [illegible] in Oel [illegible] [illegible] Seidenbrokat [illegible] in der Ecke [illegible] Nr. [illegible] Mitte des XVIII. Jahrh. (pag. 61 [illegible])

1

2

1. Kattun-Taschentuch in Blau- und Rotdruck, auf den Frieden von Teschen. Berliner Fabrikat von 1779. 1/6.
2. Blauer Indigo-Deckdruck auf weissem Leinen, auf Friedrich's d. Gr. ersten schlesischen Krieg resp. den Frieden von Berlin anno 1772. Signirt J. H. Meier-Buxtehude, 1774 (pag. 91) ca 1/5.

XLVIII.

Rothdruck von Oberkampf, mit Darstellung des Platten- und Walzendrucks, seiner Fabrikgebäude etc. Hergestellt um 1785, signirt „Manufre. Royale De S. M. P. Oberkampf." (pag. 69–72.)

Toile de Jouy von Oberkampf, Rothdruck, ca. 1780–85. Aus Paris. (pag. 70.) 1/3.

1

2

1. Kissenbezug in roth bedruckter Toile de Jouy, von Oberkampf. Directoire (pag. 70/71). ca. 1/4.
2. Bettbezug in roth bedruckter Toile de Jouy, von Oberkampf. Spät Louis XVI. (pag. 70/71). ca. 1/4.

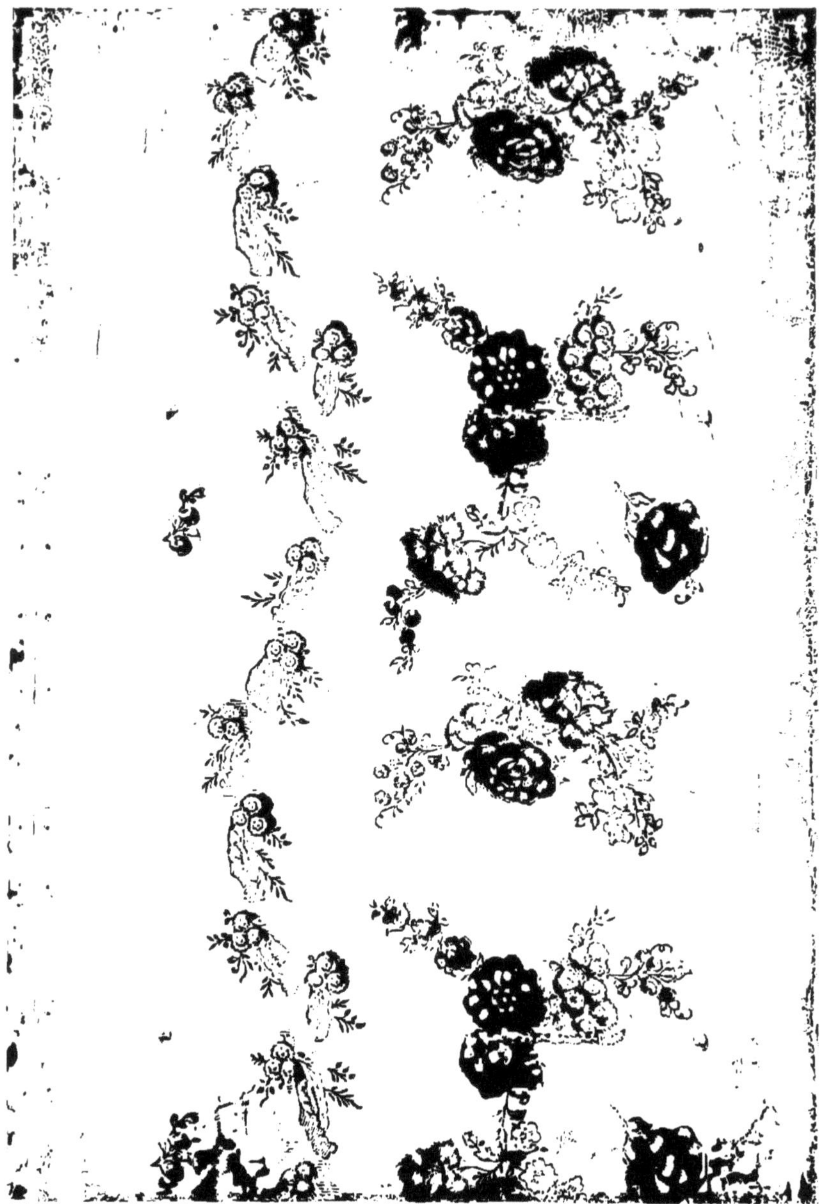

Blau granulirte, weiss und braun bedruckte, roth, blau und hellgrün bemalte Leinentapete, ca. 1770. Süddeutsch. pag. 10

Englisches Taschentuch in Rothdruck auf weisser Leinwand: Die Schinkenprocession von Dunmow in Essex. Um 1780. Signirt „W. Sherwin Sculpt." (pag. 79). ca. ¼

1. Französischer Farbdruck mit Chinesen, auf weisser Seide mit eingewebten blauen Streifen, um 1780. Aus Paris.
2. Leimentapete mit grün gemalter chinesischer Landschaft und grünen Rosetten als (vielleicht älterer) Unterdruck. Um 1770–80. Aus Aachen.

Französische Louis XVI-Tapete, weisse Seide mit eingewebten grünen Streifen und eingeschilderten Blumenranken. Um 1785. Aus Paris. $^1/_3$.

Gelb gefärbter Kattun, in welchem die Blumen weiss ausgespart und mehrfarbig eingedruckt sind. Um 1800. (pag. 89). $^{1}/_{2}$.

Toile de Jouy von Oberkampf, zur Feier der Bastilie-Erstürmung und auf die Beschwörung der Constitution anno 1791. Rothdruck auf weissem Kattun (pag. 70, 72). 1/3.

Busentuch in Farbdruck und Handcolorit aus der Zeit der französischen Revolution. Französisches Fabrikat. 1/3.

1. Norddeutscher Bauerndruck, schwarz und roth auf weisser Baumwolle (pag. 94). — 2. Norddeutscher Baumwolldruck in schwarz, roth und violett. — 3. Mehrfarbiger Kattundruck mit Ausschilderung, wahrscheinl. v. Schüle in Augsburg (p. 56). — 4. Roth- und Schwarzdruck auf weissem Kattun; wahrscheinl. Hamburger Fabrikat. — Alle um 1795. Alle ca. $^1/_3$ nat. Gr.

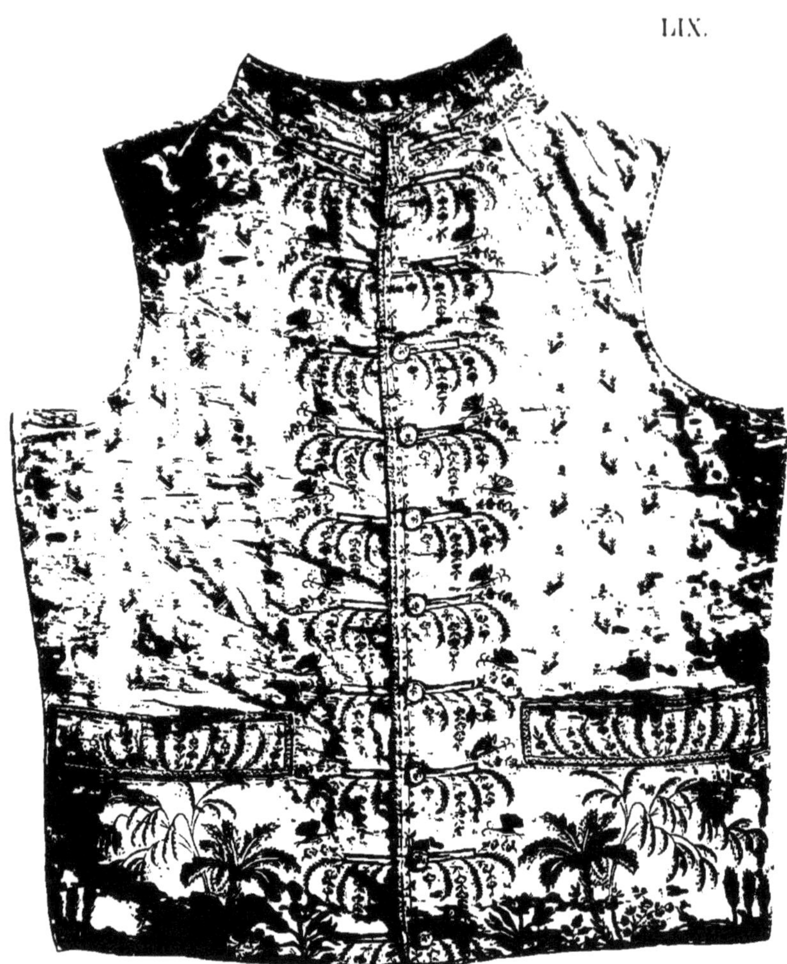

Weste in Violettdruck auf weissem Leinen, um 1800. Wahrscheinlich Hamburger Fabrikat.
Germanisches National-Museum, Nürnberg.

Englisches Taschentuch mit Totentanzdarstellungen in Rothdruck, um 1800 (pag. 80). ca. 1/3.

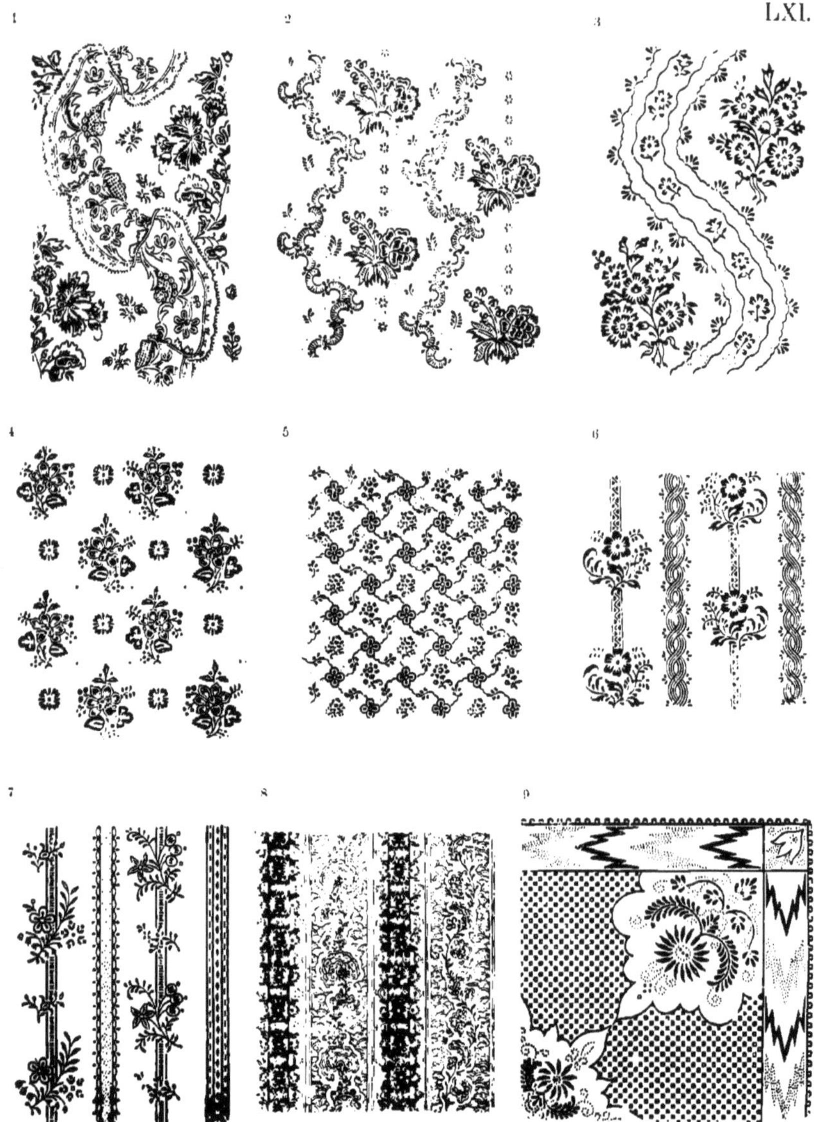

1—9. Abdrücke von Originalholzformen aus dem letzten Viertel des XVIII. Jahrhunderts.
Im ungarischen Kunstgewerbemuseum zu Budapest (pag. 55). ca. 1/3.

1. Russischer Leinendruck in blau u. violettgrau auf weiss, XVIII. Jahrh. (Aus Kloster Manaesa, Ostgalizien, Gewerbemuseum Lemberg und Collection Forrer) pag. 83 u. 91, [illegible]

2–6. Ruthenische Blau- u. Rotdrucke auf weissem Leinen, Anfang des XIX. Jahrhunderts (Aus Galizien) pag. 57 u. 91, [illegible]

Empire-Rothdruck auf weissem Kattun, von Oberkampf in Jouy, Dessin von Prudhon. Um 1805. (pag. 71.) 1/4

LXIV.

Empire-Toile de Jouy von Oberkampf. Violetter Druck auf weissem Kattun. Um 1810 (pag. 73.) 1:0,45

Berner Trachtenbilder: „Amours Suisses, Déclaration d'amour, Déjeuner de la veille des noces, La femme de ménage." Violettdruck auf weissem Kattun, signirt „Feldtrappe". Spät-Empiredruck, aus dem Elsass ca. 1/4

Schwarz-, Roth- und Blaudruck der spätern Empirezeit. Aus Paris. 1/4

Schweizerischer Roth- und Schwarzdruck, gelb ausgeschildert. Spätes Empire. 1/4

Österreichischer [illegible] Tischtuch [illegible] 1842 [illegible] k. k. priv. [illegible] Zitz- und Cotton-Fabrik [illegible]

Taschentuch, gelbe Seide mit Rotdruck, auf die Niederwerfung Napoleons, 1813/14. Im Mittelbilde die Kaiser Franz, Alexander und König Friedrich Wilhelm, daneben Siegesengel „Germanen"; im Rande Wappen- und Schlachtenbilder der Verbündeten, nebst Inschrift: „K: K: Pr: Cosmanoser Zitz & Cottonfabrick." pag. 56

Engl[illegible] Taschentuch in Roth- und Braundruck auf weisser Baumwolle
mit dem Brand von Moskau, 1812 (pag. 89 [illegible])
Englisches Taschentuch in Braundruck auf die Schlacht bei Waterloo, 1815 (pag. 89 [illegible])

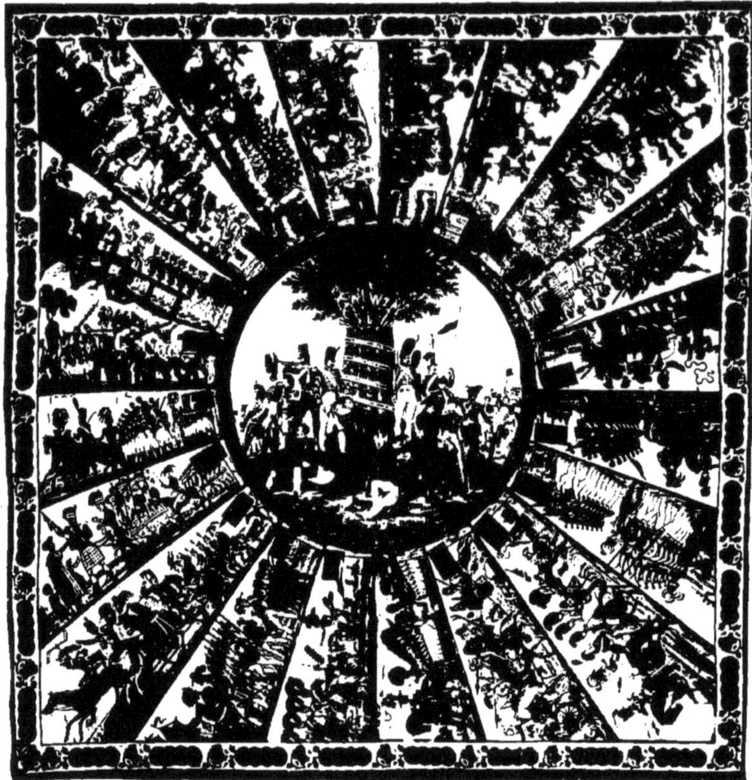

Elsässischer Seidendruck, 5farbig auf gelbem Grunde: Caricirte Holzschnitt-Darstellungen der im October 1818 abgezogenen letzten Besatzungstruppen der Verbündeten (Irländer, Engländer, Schotten, Sachsen, Hessen-Casselaner, Pommern, Preussen, Schlesier, Hannoveraner, Dänen, Ungarn, Oesterreicher, Böhmen, Badenser, Württemberger, Livonier, Russen, Crimeer, Pfälzer und Bayern). In den Borduren Monogramm Ludwig XVIII. mit der Jahreszahl 1818. Im Mittelbild: Steindruck: Veteranen und die neugebildete französische Armee gruppirt um eine mit den Namen siegreicher Schlachten geschmückte Säule aus eroberten Kanonen.
Signirt: Hartmann & fils, Munster H. Rhin.

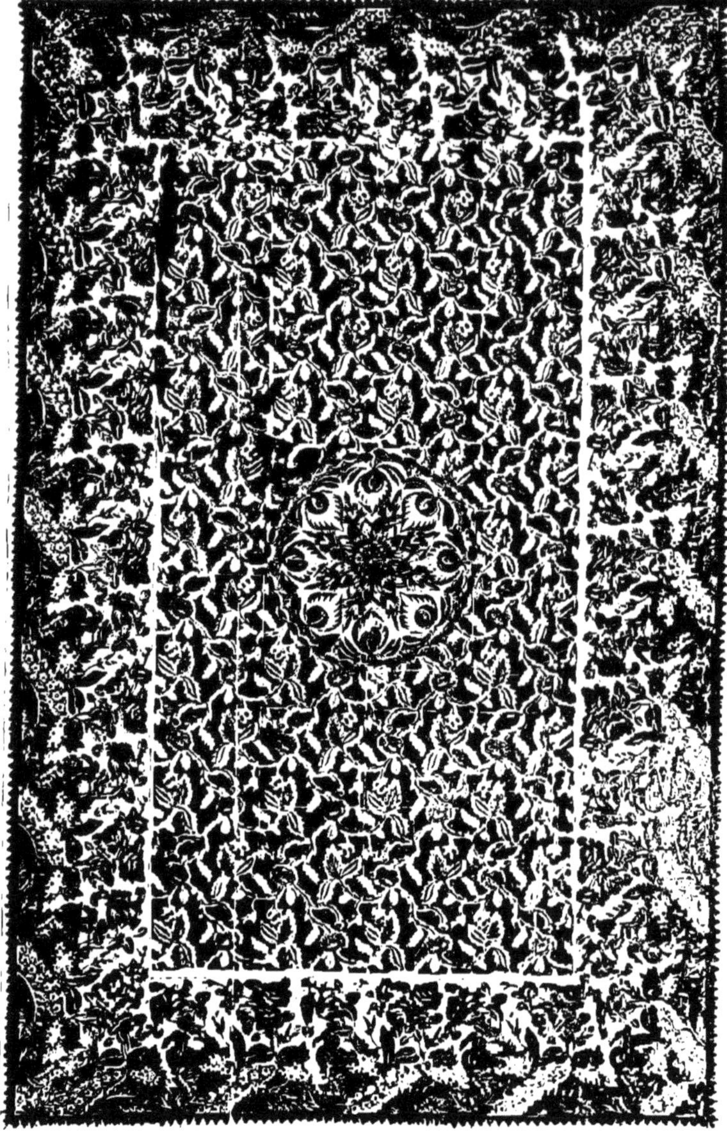

Toile de Gênes um 1815. Weisser Kattun mit schwarzem Contourdruck, rothem Grunddruck, grün, gelb und violett gedruckten Blumen (pag. 89). 1/6

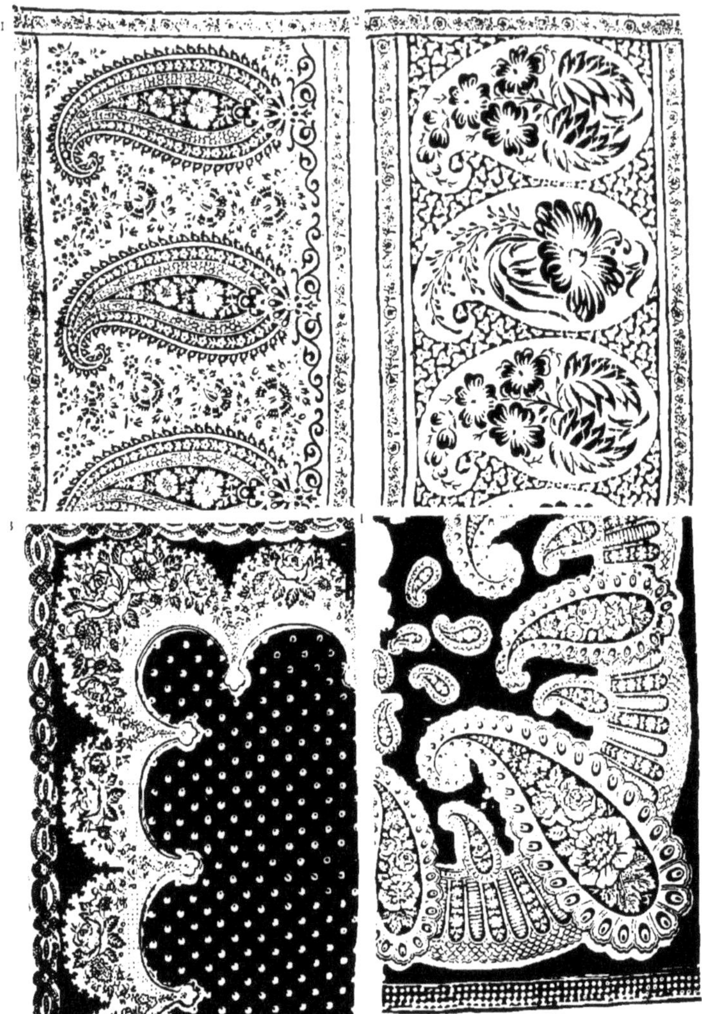

Vielfarbige „Orientals" auf weisser Baumwolle (von Bernhard Greuter in Islikon (Canton Zürich); ca. 1815–20) (pag. 59). (ca. 1/2.)

LXXIII.

Toile de Gênes in indisch-persischem Geschmack. 1815–20. Schwarzer Contourdruck mit mehrfarbigem Handdruck (ca. 1/8)

LXXIV.

Weisse Leinentapete mit roth gedruckten Rosetten und blauen Landschaften nach Art der Delfter Fayencefliesen. Wahrscheinlich belgisches oder holländisches Fabrikat, 1810–20. Wandtapete aus einem Hause in Köln a. Rh. 1/5.

Norddeutscher Taschentuch Rothdruck auf gelber Baumwolle, um 1820. Fröhliche Darstellungen eines Volksliedes jener Zeit: Herrn Schmidt's 12 Töchter mit den um sie werbenden Studenten
Vgl. E. Friedel, Erinnerungstücher. „Brandenburgia" Berlin 1895, ca. $^2/_5$.

Bucheinband nebst Etui.

Französische Arbeit um 1820. Weisse Seide mit schwarz aufgedruckter, farbig ausgemalter Decoration.
German. Museum, Nürnberg.

Zadenthal-Schwechat (vgl. pag. 55 u. 93)

Wolff-Schwechat (vgl. pag. [illegible])

Georg Abraham Neuhofer-Augsburg
Stich von Haid, 1766 (pag. 55, 56 u. 100)

Färberateliers um 1785 nach Roland de la Platière.

1. Druckpresse für Wollstoffe, mit erwärmbaren Kupferplatten; nebst Waschbank. — 2. u. 3. Walzendruckmaschinen für Wolldruck, mit erwärmbarer Metallwalze.
4. Walzendruckmaschine mit heizbarem Druckcylinder, für Wolldruck. — Nach Roland de la Platière in Amiens, 1780 (pag. 75).